九州大学
人文学叢書
10

戦争と平和，そして革命の時代の
インタナショナル

山内昭人

九州大学出版会

まえがき

　第一次世界大戦の勃発（1914年）からすでに100年が経過した。空前の「世界大戦」に遭遇した当事国および関係国の人々は，何に最も苦しんだであろうか？　戦争自体の，およびそれに伴う惨禍・犠牲に苦しんだであろう，そして終戦・平和を強く望んだのではなかろうか。ドイツの独立社会民主党全国議長 H. ハーゼの1917年4月25日付書簡には「パンの問題は，ますます平和の問題の陰に隠れた」と記されていた。また，世界ないし社会へ不平・不満を抱き，ヨリ良い世界ないし社会が訪れることを切望する人々もいた。そのような中，ロシア革命が勃発し，それに希望を託す人々もいた。そうした時代背景をもって，反戦および世界ないし社会の変革を求めて運動した一群の社会主義者がいた。

　その社会主義者によって追求された反戦・平和，そして革命をめぐるインタナショナル（国際社会主義）の理念と実践がどのような意義をもったかを歴史的に解明することが，私の研究である。

　それを説明する前に，大戦勃発100周年を記念して世界中で刊行された共同著作について触れておきたい。取り上げるのは，日本で刊行された代表的なものの一つ，山室信一／岡田暁生／小関隆／藤原辰史編『現代の起点　第一次世界大戦』全4巻（岩波書店，2014）である。それは第1巻「世界戦争」，第2巻「総力戦」，第3巻「精神の変容」，第4巻「遺産」から成り，大戦を「現代の起点」として捉え，その中でとくに文化面に力点をおいた共同論文集である。第4巻第III章「『戦後』の模索」の中で「大戦間期イギリスから見た国際連盟と平和主義」が論じられたりしているが，本文総計1,076ページのうち大戦中の平和ないし反戦について正面から取り扱った考察は皆無である。

　そこには構成上の不均衡があると言わざるをえない。というのは，J. ウィ

ンターほか編『ケンブリッジ版　第一次世界大戦史』全3巻（Cambridge University Press, 2014）の構成と比べてのことだが，後者は第1巻「世界戦争」，第2巻「国家」，第3巻「市民社会」から構成されており，第2巻第4部「平和の追求」に割かれたページ数は本文総計1,957ページの約9％を占めている。私が本書で考察の対象とする社会主義者による国際反戦ないし平和運動の代表例，1915年のツィンメルヴァルト会議および1917年のストックホルム会議について同書の索引を見ると，とくに第4部第21章「平和主義」を中心に前者は5箇所，後者は2箇所でそれぞれ言及されている。

　なぜ史上初めて最も広範囲にわたって展開された反戦・平和を求める国際的社会運動が挫折し，（あくまで自国の勝利を前提としての）「勝利（者）による平和」しか実現できなかったのであろうか。その反戦・平和の歴史的検討は未だ十分とは言いがたい。にもかかわらず，大戦100周年を記念した一連の学術出版においてその検討は等閑視されているし，上記ケンブリッジ版も十分とは言えない（ストックホルム会議と当地で開催された第3回ツィンメルヴァルト会議との混同すらある）。

　「戦争と平和」と言われるように，大戦にとって平和は不可欠な問題であって，それを取り扱わないということは，現実となった「勝利による平和」は当然だと，あるいは，それしか現実的にありえなかったと言うのであろうか。もしもそうであるとするならば，それはマルクス主義の理論的指導者K. カウツキーの「平和の道具としてのインタナショナル論」（大戦中は有効な道具となりえず，平和の到来によって再び機能するインタナショナル論）と同列であり，大戦が本質的に反省材料とならないどころか，将来の戦争についても同様な対応しか考えられなくなる。果たして，それで良いのであろうか。かつて社会主義者の一部によって「勝利による平和」ではない反戦・平和の実現がめざされた，その運動の歴史的意義は，今なお忘れ去られてはならないのではないか。

　その第一次世界大戦期の国際反戦社会運動を主導したツィンメルヴァルト運動（1915-19年）が，私の最初の研究テーマとなった。以来40数年にわたって一貫して私は，大戦勃発とともに第2インタナショナルが機能停止に陥っ

まえがき

たことを契機に登場したツィンメルヴァルト運動と，ロシア10月革命を背景として実現した第3インタナショナル，つまり共産主義インタナショナル（通称コミンテルン）の創設（1919年3月）との連続する二つのテーマを中心としたインタナショナル史を研究してきている。

研究史的には，それは第2インタナショナルから第3インタナショナル（コミンテルン）への国際社会主義運動の一大再編過程である過渡期の研究であり，その過程の中で重要な役割を果たしたのがツィンメルヴァルト運動である。1960年代から70年代にかけて研究のピークを迎えた中，G. オープトやR. ウィーラーの「社会史」的方法を駆使した「下から」のインタナショナルや草の根のインタナショナリズムの斬新な研究も登場した。けれども，両者が相次いで亡くなった1977, 78年以降，その斬新な研究は引き継がれることはほとんどなく，社会主義運動史研究自体が低調となった。とともに，一方で，第2インタナショナル「裏切り」史観やコミンテルンの「正史」が，他方で，「コミンテルン＝全体主義」論や第2インタナショナルの後継である社会主義インタナショナルの現状肯定論が，それぞれ築きあげられ，対峙した状態で硬直化したまま残ったと言ってよいだろう。

しかし，社会主義体制崩壊後，旧ソ連などの文書館史料の公開に伴い，イデオロギー的価値判断に惑わされることなく，今だからこそ可能な歴史研究として，とりわけ欧米ではコミンテルン研究がつい最近まで活況を呈していた。かかる動きに刺激を受けながら，私自身の研究も，西欧，アメリカ，そして旧ソ連の文書館を中心とした現地史料渉猟にもとづき新たに得られた史料を駆使して飛躍的に進められた。

本書の主要なテーマは以下の二つである。第一のテーマは，ツィンメルヴァルト運動からコミンテルン創設までの国際社会主義運動の再編過程を，複数のオルターナティヴ（選択肢）をもっていた過程として包括的に解明することである。第二のテーマは，インタナショナル史のケイス・スタディとして，"**Glo**be**trotter**"〔世界を股にかけて旅する人〕をヒントに "G.L. Trotter" を一時期偽名としていたオランダ社会主義者であり，コミンテルン創立大会への西欧からの数少ない出席者のひとりとして知られるS.J. リュトヘルス

に，スポットライトをあてたインタナショナルな「関係史」を追究することである。そして両者を言わば経糸と横糸としてインタナショナル史を織りあわせることがめざされる。

　本書では，既発表の著作は改訂し，未発表の著作のエセンスも新たに加え，全体にわたって編集し直している。また，概説的ではなく，文書館史料をも活用して実証的に掘り下げ，時には問題史的に対象を捉えることがめざされた。一部には仮説的な考察も含まれるのだが，それは私が長年めざしてきたインタナショナル史研究の方向性をヨリ見通せるかたちで問題提起的に示したいと願ったからである。

　第1回ツィンメルヴァルト会議100周年を想起しながら。

2015年9月

山内昭人

目　次

まえがき

凡　例

略語一覧

序　章 ……………………………………………………………………… 3

第1章　インタナショナル史研究の方法論的考察 ………………… 19
　1　「社会主義のインタナショナル史」と「社会主義の地理学」……… 19
　　　──ジョルジュ・オープト──
　　（1）　生涯 … 19
　　　　　亡命前／亡命とその後
　　（2）　研究 … 24
　　　　　研究テーマ／「社会主義のインタナショナル史」／
　　　　　民族問題と「社会主義の地理学」／最後期の研究
　　（3）　方法論 … 33
　　　　　テクスト・クリティークとプロブレマティーク／「なぜ労働運動史か？」／
　　　　　社会史と批判としてのマルクス主義
　2　社会史的・数量的アプローチと草の根のインタナショナリズム …… 46
　　　──ロバート・ウィーラー──
　　（1）　数量的方法と労働運動史 … 46
　　（2）　数量的分析①──若さ／「新参」と急進性との相関関係 … 47
　　（3）　数量的分析②──女性と急進性との相関関係 … 50
　　（4）　労働運動の社会構造──方法論的考察 … 51
　　（5）　博士論文とUSPD史の新研究 … 54
　　（6）　革命的社会主義インタナショナリズム … 57
　　（7）　ウィーラーの総括とそれへの評価の試み … 60
　3　ボリシェヴィズムへの文献史的アプローチ …………………………… 67
　　（1）　「ボリシェヴィズム」という用語と「国際化したボリシェヴィズム」… 67

目　次

　　(2)　ボリシェヴィキ文献とアメリカ … 71
　　(3)　日本共産党創立前夜のボリシェヴィキ文献 … 76

第2章　第2インタナショナルの「崩壊」と
　　　　インタナショナルの再建 …………………………………………… 81
　　　　──西川正雄著『第一次世界大戦と社会主義者たち』によせて──
　　はじめに ……………………………………………………………………… 81
　　1　執筆計画ならびに史料の問題 ………………………………………… 82
　　2　第2インタナショナルの崩壊とオープト・テーゼ ………………… 85
　　3　レーニンらボリシェヴィキと第2インタナショナル ……………… 89
　　4　大戦勃発とインタナショナル再建論 ………………………………… 92
　　5　大戦中のインタナショナル史研究 …………………………………… 94

第3章　ツィンメルヴァルト運動，1915-1919年 ………………………… 103
　　　　──コミンテルン創設前史（1）──
　　1　伝統的な解釈 …………………………………………………………… 103
　　2　第1・2期のツィンメルヴァルト運動 ……………………………… 106
　　3　ボリシェヴィキとツィンメルヴァルト運動，1917年3-11月 …… 111
　　4　ストックホルム会議とツィンメルヴァルト運動，1917年3-7月 … 114
　　5　第3回ツィンメルヴァルト会議，1917年9月 ……………………… 118
　　6　第3期（ロシア10月革命後）のツィンメルヴァルト運動 ……… 121

第4章　リュトヘルスとインタナショナル史研究 ………………………… 139
　　　　──片山潜・ボリシェヴィキ・アメリカレフトウィング──
　　1　オランダ──蘭領インド ……………………………………………… 141
　　　　リュトヘルスの父とその家族／デルフト工業専門学校時代のリュトヘルス／
　　　　ロッテルダム市建設局時代のリュトヘルス

2　蘭領インド――日本――アメリカ 142
　　　　現場技師兼管理者から会社顧問技師兼代表者へ／
　　　　『フレイェ・ウォールト』，スネーフリートとリュトヘルス

　　3　アメリカ合州国（1） 143
　　　　『インタナショナル・ソゥシャリスト・レヴュー』とリュトヘルス／
　　　　『ニュー・レヴュー』とリュトヘルス／
　　　　オランダ左派とアメリカ，それにリュトヘルス／
　　　　社会主義宣伝同盟とリュトヘルス／ボリシェヴィキとアメリカ／
　　　　片山潜とリュトヘルス／「国際化したボリシェヴィズム」

　　4　アメリカ合州国（2） 149
　　　　レフトウィング結集／『ニュー・インタナショナル』と『クラス・ストラグル』／
　　　　社会主義宣伝同盟の後半期の活動／1918年のレフトウィング運動／
　　　　最初の理論的応答／1919年のレフトウィング運動／
　　　　レフトウィング運動の総括に向けて

　　5　アメリカ――日本 158
　　　　リュトヘルスへの二重の嫌疑と離米／検閲・押収されたリュトヘルスの通信／
　　　　会社顧問技師としてのリュトヘルス／リュトヘルス一家の日本到着

第5章　第3インタナショナルへの道 163
　　　　――コミンテルン創設前史（2）――

　　1　ソヴェト・ロシアによる最初の試み 163
　　2　外国人グループ中央連盟とインタナショナリスト 166
　　3　1918年12月の二つの国際会議 171
　　4　「小インタナショナル」と社会主義諸ソヴェトの
　　　　世界共産主義インタナショナル 174
　　5　インタナショナリストとして，また技術顧問としてのリュトヘルス 185

目　次

第6章　初期コミンテルンと在外日本人社会主義者 ………… 193
　　1　コミンテルン在外ビューローの構想および創設 ………… 193
　　2　初期コミンテルンとアムステルダム・ニューヨーク・メキシコシティ …… 201
　　3　片山潜，在米日本人社会主義団と初期コミンテルン ………… 216
　　4　初期コミンテルンとシベリア・極東 ……………………… 220
　　5　片山潜，在露日本人共産主義者と初期コミンテルン ………… 225
　　6　越境するネットワーク …………………………………… 229

終　章 ……………………………………………………………… 237

補　章　在米ロシア人移民労働運動史研究 ……………………… 255
　　はじめに ……………………………………………………… 255
　　1　在米ロシア人コロニー統一の試みとロシア人全コロニー大会 …… 257
　　2　在米ロシア人労働者と在米ソヴェト・ロシア政府代表 ………… 262

　あとがき…277
　文献目録…279
　人名索引…299

ix

凡　　例

1. 和文史料・文献の引用に際して，漢字は適宜略字を用いた。
2. 外国人のスペリングは，著名人は除き初出時に記したが，名は女性活動家とまぎらわしい場合を除きイニシャルにとどめた。フル・ネームは人名索引を参照のこと。
3. 年号については，ロシアの旧暦を採らず，すべて新暦で記している。
4. 引用文または要約中の〔　〕内の記述は，断り書きがない限り，著者による。
5. ロシアの文書館史料は，フォント（фонд），オーピシ（опись），ジェーロ（дело），リスト（лист）の順に大から小へ分類されていき，例えばロシア国立社会‐政治史アルヒーフ（ルガスピ）所蔵の史料 ф. 495, оп. 18, д. 33, лл. 20-21 は，РГАСПИ, 495/18/33/20-21 のように略記した。
6. 山内の既発表著書・論文については，（第1章第1, 2節および第2章を除いて）分量を大幅に削減し，重要箇所だけを抜き出し，さらにそれらを可能な限り増補・改訂している。その際，注は極力少なくし，例えば ［Luxemburg (1915), 14］や［*Политбюро...и Коминтерн* (2004), 30-31］のように略記して本文中に挿入する場合も多いが，正式な書誌データは巻末の文献目録に掲げている。未発表論文についての注は，全体の表記上のバランスを考慮して逐一付していない。けれども，各記述は関連史料・文献の裏付けのあるものである。
7. 巻末の文献目録では，各研究領域に関する基本史料・文献および本文中で言及した史料・文献におおよそ限っている。ただし，オープトおよびウィーラーの著作については，便宜上，第1章第1節および第2節の各末尾に掲げており，改めて文献目録に再録していない。注も第1章だけは各節ごとに付している。
8. 本書で広範囲にわたって使用した略語の一覧を，次頁に掲げる。

略語一覧

BSI	Bureau Socialiste International	国際社会主義事務局
CEC	Central Executive Committee	中央執行委員会
CLPA	Communist Labor Party of America	アメリカ共産主義労働党
CPA	Communist Party of America	アメリカ共産党
CS	*Class Struggle*	『クラス・ストラグル』
FBI	Federal Bureau of Investigation	（アメリカ司法省）連邦捜査局
IISG	Internationaal Instituut voor Sociale Geschiedenis	社会史国際研究所
ISK	Internationale Sozialistische Kommission	国際社会主義委員会（ツィンメルヴァルト委員会）
ISR	*International Socialist Review*	『インタナショナル・ソゥシャリスト・レヴュー』
KPD	Kommunistische Partei Deutschlands	ドイツ共産党
MID	Military Intelligence Division	（アメリカ陸軍省）軍情報部
NARA	National Archives and Records Administration	アメリカ国立公文書記録管理局
NI	*New International*	『ニュー・インタナショナル』
SPD	Sozialdemokratische Partei Deutschlands	ドイツ社会民主党
UCPA	United Communist Party of America	アメリカ統一共産党
USPD	Unabhängige Sozialdemokratische Partei Deutschlands	ドイツ独立社会民主党
URW	Union of Russian Workers	ロシア人労働者同盟
VKPD	Vereinigte Kommunistische Partei Deutschlands	ドイツ統一共産党
ВСНХ	Высший Совет Народного Хозяйства	最高国民経済会議
(В)ЦИК	(Всероссийский) Центральный Исполнительный Комитет	（全露）ソヴェト中央執行委員会

ГАРФ	Государственный архив Российской Федерации	ロシア連邦国立文書館
ИККИ	Исполнительный Комитет Коммунистического Интернационала	コミンテルン執行委員会
НМ	*Новый Мир*	『ノーヴイ・ミール』
РГАСПИ	Российский государственный архив социально-политической истории	ロシア国立社会‐政治史アルヒーフ（ルガスピ）
РСФСР	Российская Советская Федеративная Социалистическая Республика	ロシア・ソヴェト連邦社会主義共和国
СНК	Совет Народных Комиссаров	人民委員会議
СТО	Совет Труда и Обороны	勤労防衛会議
ЦФИГ	Центральная федерация иностранных групп	外国人グループ中央連盟

戦争と平和，そして革命の時代の
インタナショナル

序　章

　本書のタイトルとなっている「戦争と平和，そして革命の時代のインタナショナル」の史的研究とは，どのようなものであるのか？[1] その導入的説明を最初にする必要がある。そのためにまず，私の40数年にわたるインタショナル史研究の過程を，とくにスタート時に力点を置いて略述させてもらうことにする（巻末の「文献目録　6　山内著作目録」参照）。私自身がテーマへの理解を徐々に深めていった過程の説明が，読者にも理解の一助となるのではないかと思うからである。

　1969年，大学紛争（闘争）が荒れ狂う中，私は京都大学文学部に入学した。教養課程を経て，というよりはむしろ最初の半年間，全共闘運動に理解を示した教官たちによってバリケードの中で自主開講されていた「反大学講座」への参加をきっかけに，ローザ・ルクセンブルク研究を志した。その結果として，当時新設されて間もない現代史学科へ進むことになった。

　卒業論文（1972年度）は「民族問題をめぐるローザ-レーニン論争」であり，そのための研究は，当時話題になっていたネトゥルの『ローザ・ルクセンブルク』2巻本［Nettl (1966)］を通読することから始められた。同書は，ポーランドにおけるローザ・ルクセンブルクの実証的研究にもとづき，従来支配的であったドイツ的なローザ像に新たにポーランド-ロシア的ローザ像を重ね合わせて，統一的なローザの全体像の構築をめざしたものである。その中に私は西欧社会主義と東欧社会主義の架け橋としての可能性を探ろうとした。具体的には，レーニンとローザの論争としてよく取り上げられてきた民族問題を私は扱ったのだが，レーニンの民族論は邦訳で網羅して読めるのに対して，レーニンが批判の俎上にのせた当の，ローザの民族論の主著と言

いうるポーランド語で書かれた「民族問題と自治」は全く考察の対象にされていなかった。同論文は1908-09年に『社会民主主義評論』に6回にわたり連載されたが，レーニンが集中して批判した第1章「民族自決権」だけが，1959年に刊行された2巻選集に再録されていることを知り，京都産業大学の中山昭吉先生からそれを拝借して，急遽ポーランド語を独学し，読み上げた[2]。

1890年代に展開されはじめたローザ・ルクセンブルクの民族論は，1905-07年ロシア革命のポーランドでの体験を経て，彼女の「資本主義的帝国主義」論と民族論とが統一的に結びつけられて定式化された。すなわち，いまや民族問題は帝国主義による植民地併合問題と分離して考えることはできず，「民族自決権」の実現，つまり民族単位の国家復帰は，今日の資本主義的発展傾向に逆らう企てなのである。被抑圧民族内部でも階級分化が進みつつあるとの現実認識を踏まえて彼女は言う，「現代社会においては，民族問題に対して社会民主党は，とりわけ階級的対立を考慮しなければならない」と[3]。

ローザは「民族自決権」を決して否定はしていない。がしかし，ロシア社会民主労働党綱領中の自決権の条項（第9条）がプロレタリアートの日常政策のための実践的指針も，また民族問題の実際的解決も与えていないことを問題視した。「民族自決権」を具体的情況を踏まえて，この場合は被抑圧民族のプロレタリアートの階級的利害から解決しようと試み，抑圧民族のプロレタリアートとの連帯＝共同闘争をめざしたのである。

階級闘争と民族解放闘争をどのように結合すればよいかという問題は，つまりレーニン流に言えば，ブルジョワ民主主義革命期におけるプロレタリアートの二重の任務というこの問題は，よく知られているように，1920年7-8月の共産主義インタナショナル（コミンテルン）第2回大会でのレーニン－ロイ論争につながる。そこでは，レーニンによる反帝国主義闘争に主眼を置いた「民族－植民地問題に関するテーゼ原案」だけがコミンテルンの民族－植民地政策の根本として，とりわけ「反帝統一戦線」のラインで継承されていき，ロイ（M.N. Roy; R. Allén）による「民族－植民地問題に関する補

足テーゼ原案」は忘却されていった。ローザと同様に，ロイは被抑圧民族内での階級分化の現実認識を踏まえブルジョワ的植民地解放運動の問題点を指摘したのであり，はしなくもそれは1927年4月の上海クーデタによって露呈したと言えよう。

　レーニンにせよ，ローザやロイにせよ，その時々の主張がいかに現実認識を踏まえたものであるか，こそが歴史的考察の要諦であるべきである。私の研究はその後もレーニンの所論への批判が続くのだが，その際とくに『レーニン全集』の中の文言を，正統化の根拠にするのではなく，あくまでも当時の変転する情況の中で考察することに努めたつもりである[4]。

　1914年7-8月の第一次世界大戦勃発は，第2インタナショナルの事実上の崩壊をもたらし，社会主義インタナショナリズムにとって試金石となった。その際いち早く，ローザ・ルクセンブルクは1915年4月に創刊された『インタナツィオナーレ』で「インタナショナルの再建」を提起し，その結びはこうだった。「……インタナショナルも，プロレタリア的事柄の利益に合致する平和も，ともにプロレタリアートの自己批判と，自己の権力への自覚からしか生まれない。……この権力への道――紙上の決議ではなく――は同時に平和への道であり，インタナショナル再建への道である」と［Luxemburg (1915), 14］。同論文は同年2月初めに脱稿されていたのだが，同月，彼女は逮捕され，続いて同年7月に再逮捕・保護拘置されてからドイツ革命勃発に伴う解放までの間，実践面で決定的なほどの制約を受けた。1915年9月に起こった国際社会主義反戦運動であるツィンメルヴァルト(Zimmerwald)運動（第3章）に対して，獄中のローザを理論的支柱とする「インタナツィオナーレ」派は，会議の決議よりもそれぞれの国での革命的実践を重視する立場から，参加はするものの積極的には関与しなかった。その間，実際に国際的規模で運動を展開しえたのはまさしくツィンメルヴァルト運動であり，私は修士論文のテーマをローザ・ルクセンブルクからツィンメルヴァルト運動へ移していった。

　修士論文の作成を機に，私は「ツィンメルヴァルト運動からコミンテルン創設へ」のテーマで本格的な研究をスタートさせることになった。つまり，

機能停止となった第2インタナショナルに代わって起こったツィンメルヴァルト運動は，インタナショナルの再建および国際的規模での反戦運動を模索する中，ロシア2月および10月革命に遭遇し，ますます第3インタナショナルへの道を歩むことになったのだが，その国際社会主義運動の再編過程を追究することをめざすことになった。

修士論文（1974年度）の題目は，「ロシア2月革命勃発後のツィンメルヴァルト運動，1917-18年」であり，内訳は以下のように各論が優に一論文に匹敵するぐらいのものであり，大部ゆえに補論は提出を控えることにした（第3部以外は公刊済み）。

  第1部　ストックホルム会議とツィンメルヴァルト運動，1917年3-9月
  第2部　第3回ツィンメルヴァルト会議
  第3部　ロシア10月革命後のツィンメルヴァルト運動
  補　論　ボリシェヴィキとツィンメルヴァルト運動，1917年3-11月

ツィンメルヴァルト運動研究が進む中で，或る人物の重要性が浮かび上がってきた。それがオランダ土木技師兼社会主義者セバルト・ユスティヌス・リュトヘルス（Sebald Justinus Rutgers〔1879-1961〕）である。途中回り道をして私は，リュトヘルスに焦点を合わせたインタナショナル史研究のケイス・スタディに着手した。その前半部をまとめ上げ，1996年に私のインタナショナル史研究の第一書『リュトヘルスとインタナショナル史研究——片山潜・ボリシェヴィキ・アメリカレフトウィング——』を公刊できた。

そして後半部の完成のために上記のテーマに立ち返ることになった。すなわち，第3インタナショナルへの道を，（オープトおよびウィーラーが開拓した）いわゆる「下から」のインタナショナル史という視点を加えて，ヨリ包括的に捉えるその第一歩を踏み出すことになった。

そうこうしているうちに，1991年のソ連崩壊によりモスクワのコミンテルン・アルヒーフが一部を除きすでに公開されており，私のリュトヘルス研究の後半の完成には研究を中断して今一度，モスクワにおける史料調査が不可欠であると判断し，数度にわたる現地調査で厖大な史料を収集できた。それらの史料群の中から，まず，創設されたばかりのコミンテルン（具体的に

は，リュトヘルスが活躍したアムステルダム・サブビューローや在米中の片山が議長を務めたパンアメリカン・エイジェンシーなどの在外ビューロー）と片山を中心とした在外日本人社会主義者との関係解明に力を注ぎ，未公開史料を駆使して包括的な研究をまとめ上げることができた。それが2009年に公刊された第二書『初期コミンテルンと在外日本人社会主義者——越境するネットワーク——』である。

最近，コミンテルン・パンアメリカン・エイジェンシーの研究でやり残していた片山の同僚ヤンソン（K. Jansons）が担当したカナダ共産党創立時の活動解明のため2012, 13年にオタワでの史料調査を行った。得られた史料の分析を経てその総合的研究をめざし，2014年3月に同エイジェンシーの英文史料集（増補改訂版）に続いて，2015年3月に論文「カナダ共産党とコミンテルン・パンアメリカン・エイジェンシー」を発表した。同年中に研究成果報告書をまとめる予定である。

以上が，私のインタナショナル史研究の軌跡である。本書では，これまでの著作を一括し，再編集してまとめることによって，私がめざしてきたインタナショナル史研究の現時点までに得られた研究成果の全体像を読者に提示し，インタナショナル史研究の意義を認めてもらうことをめざしている。

「まえがき」で少しく触れたように，本書の第一のテーマは，ツィンメルヴァルト運動からコミンテルン創設（厳密には，直後）までの国際社会主義運動の一大再編過程を，複数のオルターナティヴ（選択肢）をもっていた過程として包括的に解明することである。その際，（自らも発見した）文書館史料，従来利用されることが稀であった史料・文献（例えば，A. バラバノフのロシア語版回想録）などを網羅して徹底的に読み解き，そこから得られた数多くの史実を踏まえて，時には「隠された文脈」（a hidden context）を掘り起こし，時には「一体化した全体」（an integral whole）（第5章第4節参照）として捉え直し，独自の把握・解釈を提示することをめざす。

第二のテーマは，インタナショナル史のケース・スタディとして，リュトヘルスにスポットライトをあてたインタナショナルな「関係史」を追究する

ことである。リュトヘルスには，大戦前夜から1920年代にかけて蘭領インド――アメリカ――日本――ソヴェト・ロシア――ラトヴィヤ――オランダ――クズバスにおける文字通り「インタナショナル」を自ら体現したかのごとき，行く先々での同志たちとの共同行動があった。かかる行動の追跡調査というスタイルを本書に組み込むことによって，片山潜，スネーフリート（H.J.F.M. Sneevliet; H. Maring），フレイナ（L.C. Fraina），ロジン（F. Roziņš），アレクサンドラ・コロンタイ（Александра М. Коллонтай），ブハーリン（Н.И. Бухарин），Л.К. マルテンス（Л.К. Мартенс）ら多彩な顔ぶれの（越境するネットワークをも含む）インタナショナルな関係史が初めて本格的に捉えられることになる。

　かくして，ツィンメルヴァルト運動からコミンテルン創設直後までの過渡期のインタナショナル史研究を経糸にし，インタナショナルな関係史のケース・スタディを横糸にして，戦争と平和，そして革命の時代のインタナショナル史研究を織りあわせることになる。

　ここで，なぜリュトヘルスが選ばれたか，の理由を説明しておく［cf. 山内『リュトヘルス』(1996), 6-7]。

1) 一国史的な枠を越えたインタナショナルなリュトヘルスの活動に関連して，さきに川北稔の文章を引用する。「一国史観にもそれなりの意味はあるし，『比較』の手法を前面的に否定すると，われわれの思考そのものが停止してしまうところもある。しかし，にもかかわらず，同じ時を共有しているという『共時性』の感覚を失ってしまうと，これほど危険な認識法はほかにない」[5]。ここで川北が念頭においている事例は，当然のごとく本書の世界とは異なるけれども，その文章を借りて次のことを私は強調したい。つまり，20世紀初頭の社会主義運動のインタナショナルな規模での「比較史」ではなく，インタナショナルな各舞台で「『共時性』の感覚」をもつどころか実際に「時を共にした」リュトヘルスの活動を介して，インタナショナルな「関係史」が捉えられるのではないかということである（補足すれば，土木技師であると同時に社会主義者であるというリュトヘルスの二面性が，時として運動へ独特の関与のしか

たを生み出した)。

2) 大戦勃発時の第2インタナショナルの事実上の崩壊後,各国各地の社会主義運動は改めて反戦・平和運動を展開しはじめ,その上にツィンメルヴァルト運動が運動の一つの核となっていく中で,来るべき新インタナショナル創設への基礎が固められつつあった。リュトヘルスの本国オランダ左派の中からも,また彼がツィンメルヴァルト運動をいち早く紹介したそのアメリカ・レフトウィングの中からも,新インタナショナル論が展開された。その延長線上にリュトヘルスのコミンテルン創立大会への出席,さらにはコミンテルン・アムステルダム・サブビューローでの活動をみるならば,新インタナショナル創設をめざす運動の中で果たしたリュトヘルスの役割に着目する必要があるだろう。

3) 反戦・平和,さらには新インタナショナル創設をめざす運動の根底には,確かに社会主義インタナショナリズムと言いうるものが存在していた。リュトヘルスのアメリカ時代に,それはレフトウィングによる大同団結の結集過程の中に体現されていた(その結集の前提が,反戦とインタナショナリズムであったし,勃発したロシア革命が新たな契機となっていった)。

以上三つのインタナショナルの局面は,リュトヘルスの思想と行動においては形式論理的に区分されるものではなく,あくまで一体化したものであった。それゆえに,拙著[『リュトヘルス』(1996)]では主として「伝記」的追究を試みたけれど,かかる追究が後半のコミンテルン創設直後までのインタナショナル史研究にとっても有効だとの手応えを私は得ているので,本書でも第一テーマへ第二テーマを組み込んでの追究を試みている。

いずれの場合も,オープトおよびウィーラーによる方法論的考察に大いに示唆を受けている(第1章第1,2節)。オープトの整理によれば,第2インタナショナルという用語は以下の3点を包含する。① 1873年から1914年8月までの多様な面をもつ国際労働運動の一つの決定的な時期,②社会民主主義という総称で総括される労働運動の一タイプ,そして③一制度,つまり1889年に具体化した国際社会主義組織。オープトは,第2インタナショナ

ルは一つの制度としてでも一つの単なる連合としてでもなく，労働者と社会主義者の歴史の進展における一つの時期の根本的な表現として現れると捉えたのである。

これこそ伝統的な「上から」のインタナショナル史に対置される，新たな「下から」のインタナショナル史である。オープトが名づけた「社会主義のインタナショナル史」は，社会，労働運動，そしてイデオロギー間の弁証法的な関係に位置づけられるものであり，その出発点としては個別と全体との相互作用の中での考察が求められた。全体から個別へではなく，個別から全体へ進むべきであるゆえに，ラブルース（E. Labrousse）が提唱した「社会主義の地理学」がオープトによってインタナショナルな次元でも援用された（第1章第1節）。

本書が扱う「社会主義の地理学」を便宜的に国単位で挙げれば，以下のようになる。ロシア，ラトヴィヤ，ポーランド，ブルガリア，ルーマニア，スウェーデン，ドイツ，オランダ，スイス，イタリア，フランス，イギリス，カナダ，アメリカ合州国，メキシコ，日本，朝鮮，中国，蘭領インドなど。

本書がめざすインタナショナル史とは，従来，第2インタナショナルやコミンテルンを世界大会や執行機関を中心に捉えてきた「上から」の制度史的なインタナショナル史ではなく，オープトやウィーラーが「社会史」的方法論を駆使してめざした，言わば「下から」のインタナショナル史である。それは，次章で取り上げるウィーラーの『USPDとインタナショナル──革命の時代における社会主義インタナショナリズム』[Wheeler (1975)] の書名に端的に表されており，本書のタイトルはその書名を意識している。戦争と平和，そして革命の時代において社会主義者たちが，ナショナリズムが荒れ狂う中，いかにインタナショナリズムの理念を貫くか，第2インタナショナルが事実上「崩壊」した中，いかに新インタナショナルを再建するか，そのために，いかにインタナショナルな連帯・共同を築くか，それらの試行錯誤を重ねていった過程を，「下から」のインタナショナル史として包括的に解明することを本書はめざしている。

なお，「まえがき」で触れたように，両者の方法論およびそれにもとづく

研究はほとんど引き継がれなかったけれども，しかし，その有効性は今日なお保たれていることを付言しておこう。例えば，ツィンメルヴァルトの「ストックホルムからの平和宣言」が1918年1月ドイツでの大衆ストライキに与えた影響を論じる場合（第3章第6節），今日でもウィーラーの研究が引用されており（終章参照），それを超える実証が果たされているようにはみえない。

その背景説明に，近年公刊されたシュレーダーの博士論文からの以下の引用がなるであろう。「国家社会主義の崩壊とそれと同時に実現した文書館の公開以来，共産主義研究が明白な発展を遂げ，まさにコミンテルン史について無数の新研究を生み出してきているにもかかわらず，共産主義的な『実践のインタナショナリズム』（Internationalismus in der Praxis）を歴史書がこれまでほとんど扱ってきていないことは，驚くべきことかもしれない」[Schröder (2008), 18]。つまり，本書もめざしている「下から」のインタナショナル史研究は近年においてもなお低調なのである。それゆえ，シュレーダーの書でもオープト，ウィーラーの両研究はもとより，ひと昔ふた昔前の研究が近年の研究と同等に，場合によっては，それ以上に利用されている（オープトについては，第1章第1節の「追記」も参照）。

以上をまえおきとして，以下，本書の構成について，初出時の書誌データも加えて説明する。

第1章では，私がインタナショナル史研究を始めるにあたって大いに学んだ先学の方法論と，独自に考案した方法論とを中心に紹介する。第1，2節で紹介するのは，オープトおよびウィーラーによるインタナショナル史の方法論的考察である。各初出論文は，以下の理由で縮約していない（後者については増補・改訂し，各節名も加えている）。一つは，それらがこの国で紹介されることはほとんどなかったからであり，もう一つは，各人の「生涯・研究・方法論」にわたる全体的な紹介が試みられ，その脈絡での方法論の理解こそが重要だと考えたからである。

第3節では，大戦中にツィンメルヴァルト運動を契機に欧米レフトウィン

グ内で起こった新たな再編過程の中で形成された「国際化したボリシェヴィズム」の重要性を初めて明らかにし，それが一方ではアメリカ・レフトウィング運動の急進化の思想的背景をなし，他方では日本社会主義運動の場合はなしえなかったことを，文献史的アプローチでもって実証する。その際，重視されるのは，どのボリシェヴィキ文献が，どのような経路で届き，誰が（どの団体が）訳し，どのように訳されたか（どこが訳されなかったか），どの機関紙に載り（どの出版社から出て），そしてどれほど普及したか，その全体にわたる考察である。その「国際化したボリシェヴィズム」という概念および文献史的アプローチもまた，本書のインタナショナル史研究を進めるのに一役買うことになる。

「ジョルジュ・オープトの生涯・研究・方法論──スターリニズム批判・インタナショナル・労働運動史──」『史林』75巻5号，1992年9月，130-150.

「伝統的労働運動史と社会史的・数量的アプローチとの接合──ロバート・ウィーラー追悼──」『西日本史学会宮崎支部報 1950年－1979年』1981年5月，72-78.

「片山潜の盟友リュトヘルスとインタナショナル（II）」『宮崎大学教育学部紀要』（社会科学），53号，1983年3月，27-56.

"'Internationalized Bolshevism': The Bolsheviks and the International, 1914-1917," *Acta Slavica Iaponica. A Journal of Soviet and East European Studies* (Sapporo), Vol. 7, March 1989, 17-32.

「ボリシェヴィキ文献とアメリカ──1917年3月－1919年春──」『西洋史学』159号，1991年1月，35-51.

「ボリシェヴィキ文献と初期社会主義──堺・高畠・山川」『初期社会主義研究』10号，1997年9月，101-115.

　第2章は，この国において第2インタナショナル史研究の第一人者と目されてきた故西川正雄の著書への書評が元になっている。それは同書が大戦前夜から第2インタナショナル史を扱い，私の研究とは対照的な領域を取り扱っており，時期的にもツィンメルヴァルト運動直前の記述がほとんどであ

るため，同運動の章に先立って配置されている。

　その中で私は，「氏と私とのインタナショナル史研究の関連性（相違点も含めて）を明らかにし，今後のインタナショナル史研究の求められる方向性を私なりに見通したいと考えた」のだが，残念ながら氏と私との間で反論，再反論が続いてしまった。その後，氏が著した著書においても両者の溝はいっこうに埋まっていない（第2章の注1および「追記」参照）。この国のインタナショナル史研究の進展のために若い研究者には是非ともこの問題に取り組み，乗り越えてもらうことを切に願っている。

「戦争と平和，そして革命の時代のインタナショナル史研究——西川正雄著『第一次世界大戦と社会主義者たち』によせて——」『現代史研究』36号，1990年12月，63-76.

　第3章は，ツィンメルヴァルト運動に関する全論文（未公表も含む）を一括して，ほぼ時系列で並べ直したものである。論文では，ロシア2月革命勃発以前の研究は詳細ではないが，それはそれ以前の研究が多くあり，私なりの独自の「小括」で済ませ，むしろそれ以後の運動こそが，コミンテルン創設前史として捉えるうえで重要だと考えたからである。後半の運動に関する私の研究にはオリジナルな解釈がある。

「ボリシェヴィキとツィンメルヴァルト運動——1917年3月-11月——」『史林』59巻5号，1976年9月，79-118.

「ストックホルム会議とツィンメルヴァルト運動」同上，61巻5号，1978年9月，93-129.

「第3回ツィンメルヴァルト会議（上），（下）」『宮崎大学教育学部紀要』（社会科学），45号，1979年3，1-12; 46号，1979年10月，21-33.

"The Stockholm Conference of 1917——The Causes of Its Failure——," *Japanese Slavic and East European Studies* (Kyoto), Vol. 1, September 1980, 39-54.

「ロシア10月革命後のツィンメルヴァルト運動」（未公表）

　第4章は，拙著『リュトヘルスとインタナショナル史研究——片山潜・ボリシェヴィキ・アメリカレフトウィング——』（1996）に拠っているが，本

書の全体構想からみて，核となるもので省略するわけにはいかない。つまり拙著は，本書の（第一テーマとの関連性をもたせながら）第二テーマで私が追究してきている研究の前半部にあたるものである。再録にあたって重複はできるだけ避けるべきであるが，しかしリュトヘルスの全容紹介は部分的に省きがたく，各節各項ごとに最低限の要約で済ませ，重要箇所に関して詳述している。

　第5章では，ロシア10月革命直後からソヴェト・ロシア政権によって開始された新インタナショナル創設をめざす最初の試みをはじめ，革命ロシアおよびその周辺部において「もう一つの新インタナショナル創設運動」があったことが初めて網羅的に解明される。在露外国人グループ中央連盟，ロシア西方のドイツ占領地域共産主義者諸組織中央ビューロー（「小インタナショナル」）などに結集するいわゆるインタナショナリストやラトヴィヤ・リトアニア・ポーランド等共産主義者たちの理論と実践が，その直後に創設されることになるコミンテルンへ継承される面があったことが解明される。

　その流れの中に実は，アメリカから日本を経由し，国内戦および干渉戦下のシベリアを横断してモスクワへたどり着いたリュトヘルスも加わっていた。彼のいわゆるインタナショナリストとしての活動およびラトヴィヤ社会主義ソヴェト共和国での土木技師兼共産主義者としての活動についても付記する。

「片山潜の盟友リュトヘルスとインタナショナル（VIII）」『宮崎大学教育学部紀要』（社会科学），79号，1995年7月，1-33.

「在露英語を話す共産主義者グループと機関紙『コール』――片山潜の盟友リュトヘルスとインタナショナル（IX）――」『宮崎大学教育文化学部紀要』（社会科学），2号，2000年3月，1-37.

「初期ソヴェト・ロシアにおける英語出版――片山潜の盟友リュトヘルスとインタナショナル（X）――」同上，5-6号，2002年3月，1-19.

「ラトヴィヤ・ソヴェト政権と「世界革命」（1918年秋～1919年春）――リュトヘルスとインタナショナル（続1）――」『史淵』142輯，2005年3月，77-134.

「ロシア10月革命後のツィンメルヴァルト運動」(未公表)

第6章は，拙著第二書『初期コミンテルンと在外日本人社会主義者——越境するネットワーク——』(2009)に拠っている。拙著第二書は，本書の(第二テーマのリュトヘルスも関わる越境するネットワークというインタナショナルな関係史を追いながら)第一テーマの国際社会主義運動の再編過程についてコミンテルン創設後の一つの収束を予測させる時点までの考察を行っている(コミンテルン創設期の考察を「飛ばして」その少しあとの考察を行った理由は，その方面の旧ソ連文書館を中心とした第一次史料が，複数の史料集としていち早くロシアで公表され，またそれらに未収録の史料を私自身が網羅的に収集できたからである)。

本章は，第4章と同様の措置を講じており，再録にあたり各節ごとに重要箇所だけの詳述にとどめているが，文書館史料にもとづく新事実の解明が多く，多めの枚数となっている。

なお，第2節は，以下の後続の論文で増補されている。

「カナダ共産党創設とコミンテルン・パンアメリカン・エイジェンシー」
　『史淵』152輯, 2015年3月, 51-106.

終章では，本書の二つの主要テーマに沿って行ってきた研究をおおよそまとめ，それとともに，残された課題を加えておく。

補章は，ロシア革命(とくに10月革命)後の在米ロシア人移民労働者の社会運動を研究対象としたものである。それは，リュトヘルスもその一翼を担ったアメリカ・レフトウィング運動の展開を追究した(第4章)，その延長線上の研究である。最終的に「労働者移民」が母国の社会主義的建設へ向かっていく流れを米ソ労働者連帯前史として捉える。その流れの促進者のひとりがクズバス・コンビナート建設の立役者となるのだが，それがリュトヘルスであり，私のリュトヘルス研究と再びつながる見通しが立った。ここにリュトヘルス研究の続篇の可能性が出てきたのであり，その可能性を記すためにも補章が設けられた。

「在米ロシア人移民労働運動史研究ノート (1), (2), (3)」『史淵』148輯,
　2011年3月, 37-65; 149輯, 2012年3月, 31-78; 150輯, 2013年3月,

129-172.

　最後に，参考のため，本書の主要テーマに関する研究書類について言及しておくことにする。
　第一テーマに関して，古くはハルスの『コミンテルンの形成』［Hulse (1964)］やチョムキンらの『第2から第3インタナショナルへ』［Темкин/Туполев (1978)］などがあるが，近年公開の新史料を活用した専門書は出ていない。新史料を利用していち早く刊行されたマクダーモットらのバランスのとれた通史『コミンテルン史』［McDermotto/Agnew (1996)］では，1919年3月のコミンテルン創設から書き出され，その前史は「まえがき」でわずかに触れられるにすぎない。論集中の論文だが唯一，カービィの「ツィンメルヴァルトと第3インタナショナルの起源」［Kirby (1998)］が注目に値するが，それについては終章で詳しく論じる。また，創設直後にコミンテルンによって世界各地域に設置された在外ビューローのうち四つについては，ヴァトリン［Watlin (1993)］，カン［Kan (2004)］，フールマン［Voerman (2007)］，ヘイフェッツ親子［Л.С. Хейфец (2000); В.Л. Хейфец (1997)］，スペンサー［Spenser (2007)］らの新研究があり，いずれも本書において参照され踏まえられているが，私の研究には在外ビューロー全体にまたがる独自性が発揮されている。
　日本において新史料を活用した専門書としては，本書で触れる著書のほかは栗原浩英『コミンテルン・システムとインドシナ共産党』（東京大学出版会，2005），青木雅浩『モンゴル近現代史研究1921～1924年－外モンゴルとソヴェト・コミンテルン－』（早稲田大学出版部，2011），島田顕『ソ連・コミンテルンとスペイン内戦』（れんが書房新社，2011）が挙げられる。が，一，三番目は私のテーマとは重ならず，二番目がわずかに接点をもつ程度である。ツィンメルヴァルト運動を全面的に扱った書物はこれまで出ておらず，近年では西川正雄の『社会主義インターナショナルの群像1914-1923』（岩波書店，2007）が部分的に扱っているが，その箇所に関しては新味はない（第2章参照）。

序　章

　このような研究情況の中で，「ツィンメルヴァルト運動からコミンテルン創設へ」のテーマでの邦語単行本化は，前者の運動にとっては初めての本格的な著書となり，後者にとっては（肝心の創設にまでは至っていないけれども）新史料を踏まえた直前までの前史の著書となりえている。

　第二テーマのリュトヘルスの研究史に関しては，以下のように私の研究の貢献が認められる。つまり，拙著第一書で紹介したリュトヘルスの娘とその夫による『リュトヘルス』のロシア語版とオランダ語版［Г. Тринчер/К. Тринчер (1967); G.C. Trincher[-]Rutgers/K. Trincher (1974)］およびジャーナリスト，オリンク［Olink (1993)］の研究書のあとが続いていない。フールマンの上記論文とその元になっている博士論文［Voerman (2001)］で言及される程度であり，定評のある『オランダ社会主義・労働運動伝記的辞典』第 2 巻の「リュトヘルス」の項で挙げられた三つの研究文献のうちの一つが私の初期のリュトヘルス論文であり[6]，のちに改訂・更新されたインターネット版（De website van het BWSA）でも拙著が挙げられている。

1)「インタナショナル史」は日本においては見慣れない表記であろうが，欧米の専門領域では一般的に使われてきている。古典的な専門書で言えば，ブラウンタールの『インタナショナルの歴史』(J. Braunthal, *Geschichte der Internationale*, 3 Bde. [Hannover, 1961, 1963, 1971]) は第 1 から第 3 インタナショナルを中心とした一世紀にわたるインタナショナルの一大通史であり，ノラウの『インタナショナル』(G. Nollau, *Die Internationale* [Köln, 1959]) はコミンテルン史である。本来，それはインタナショナル（国際社会主義）の理念と実践全般に通用する用語であろうが，通例は第 1 から第 3 インタナショナルの組織中心のいわば「上から」のインタナショナル史をさす。それに対して，社会史的な「下から」のインタナショナル史研究の重要性が本書で語られることになる。

2) R. Luksemburg, *Wibór Pism*, t. 1 (Warszawa, 1959), 114-166. 今日ドイツ語訳版も利用できるが，それを私が入手したのは卒論提出直前であった。R. Luxemburg, *Internationalismus und Klassenkampf. Die polnischen Schriften* (Neuwied/Berlin, 1971), 220-278.

3) Luksemburg, *Wibór Pism*, 150. 第 1 章第 1 節 (2) 参照。

4) その当時の情況を包括的に把握しようとする作業によって，のちにリュトヘルスがコミンテルン・アムステルダム・サブビューロー時代にロイと会い，最初のきっかけをつくったことが明らかになった。すなわち，1920 年 4 月から 6 月にかけてロイ

17

とアムステルダム・サブビューローのリュトヘルスらとの間で，民族および植民地問題に関して同年 7-8 月コミンテルン第 2 回大会での論争の前哨戦のような意見交換があった。リュトヘルスは，ロイの「補足テーゼ原案」に対して部分的な賛成しか与えず，自らの蘭領インドの経験を踏まえて，次のようにロイに反論した。あらゆる民族的感情から離れすぎたところのプロレタリア運動についてあまりに楽観的で，かつプロレタリア革命以前の民族運動の成果についてあまりに悲観的すぎるのではないか，と。とはいえ，その問題が来たるコミンテルン第 2 回大会で十分に討議されることを期待したリュトヘルスは，ロイへモスクワ行を強く勧めた。РГАСПИ, 497/2/9/3-5, 6-10, 11; S.J. Rutgers, "Kolonial Politiek," *De Nieuwe Tijd* (Amsterdam), Jrg. 25, No. 14, 15.VII.1920, 449-456.

また，同大会でレーニンとロイの両見解の調停に努めたマーリンことスネーフリートとも，ロイはモスクワへ赴く途中ベルリンで会っていた〔Roy (1964), 283〕。その時，インド行についてロイの賛同と共同を求めたスネーフリートもまた，同大会出席のためオランダからの途次であった。実は，出発に先立ってスネーフリートは，リュトヘルスから自らが出席したコミンテルン創立大会に関する情報と資料の提供を受けていた。Archief H. Sneevliet, Inv. nrs. 188-191, Internationaal Instituut voor Sociale Geschiedenis (IISG). その上，（後日スネーフリートがブハーリン宛書簡の中で記したのだが）「リュトヘルスが私のモスクワへの旅を可能にした」。Ibid., Inv. nr. 230; Saich (1991), Vol. 2, 476. リュトヘルスはヘンリエッテ・ロラント - ホルスト (Henriette G.A. Roland Holst-van der Schalk) とともに，スネーフリートが〔蘭領〕インド共産党 (PKI) を代表して同大会に出席できるよう以下の信任状をコミンテルン執行委員会 (ИККИ) に提出した。「植民地問題が第 2 回世界大会のプログラムに入っているので，我々は彼のモスクワ大会への出席を非常に重要であるとみなしている。たとえ彼がこの大会のためにいかなる信任状も持っていなくとも（それを得るために時間が足りなかったのだが），我々は以下を証明する。同志スネーフリートが PKI をヨーロッパにおいて代表していて，モスクワにおいてもまた同党を代表することは全く正当なことである，と」。大会でスネーフリートはジャワ代表として ИККИ メンバーに選ばれることになるのだが，それにはこの信任状が貢献したものと考えられる。РГАСПИ, 489/1/30/2.

5) 川北稔「『残余の要因』——イギリス近代史研究の三〇年——」『歴史科学』133 号, 1993, 10; cf. 遅塚忠躬 / 近藤和彦『過ぎ去ろうとしない近代　ヨーロッパ再考』（山川出版社, 1993), 162-163.

6) *Biografisch woordenboek van het socialisme en de arbeidersbeweging in Nederland*, Deel 2 (Amsterdam, 1987), 130-132.

第1章

インタナショナル史研究の方法論的考察

1 「社会主義のインタナショナル史」と「社会主義の地理学」
——ジョルジュ・オープト——

　ここに紹介するのは，1958年にルーマニアからフランスへ亡命し，西欧で再デビューを遂げ，そして1978年に一陣の風が吹き抜けるように50歳の若さでこの世を去った特異な歴史家ジョルジュ・オープトである。

　前半生はゲオルゲ・ハウプトと発音し，後半生はフランス語読みする彼の生涯は，まさしく20世紀の騒乱に巻き込まれていた。つまり，世界大戦，革命，ファシズム，そして国際社会主義運動の希望と失敗に。その中で彼は，ユダヤ人としてホロコーストに遭遇し，生き残り，次いでマルクス主義者としてスターリニズムに直面し，亡命の道を選んだ。

　オープトは生涯を賭けて労働運動史の非スターリニズム化をめざしたと言える。以下，その彼の研究および方法論の紹介・検討が，伝記的な事実紹介のあと行われるのだが，その際，すでに高い評価が定まっているものばかりか，最後期のヨリ仮説的ながら斬新な研究・方法論にも光があてられる[1]。

(1) 生涯

亡命前

　オープトは自らの経歴，経験について多くを語らなかった。ましてや公にしたものは皆無に近い。ここでは友人たちに控え目に語られた話をもとに，彼の伝記的事実を明らかにしていく[2]。

　オープトは1928年1月28日，トランシルヴァニア地方のサトゥ・マーレ

でハンガリー人の母とドイツ系の父との間に生まれたユダヤ人の子である。ハンガリー領であったその地は，第一次世界大戦後ルーマニアに属することになった。父親は小さなシャンデリアの会社を経営し，オープトは幼年期，恵まれた教育を受けた。中等教育を受けていた16歳の年，1944年に彼は家族とともにナチスによって収容所に送られた。アウシュヴィツ，ダッハウ，そしてブーヘンヴァルトを転々とし，翌年連合国軍によって解放された時，彼らについて行かず，ルーマニアに戻ることを選んだ。それは家族に会えるかもしれないとの希望をもってのことだったが，むだだった。

　学業に復帰したオープトは，大学入学資格をとり，クルージュの大学に入学した。1946年，彼は学士となり，ヨリ高等の教育を受けるため奨学金を得て，レニングラートに（スターリン時代の最後の）6年間留学することになった。1952年にレニングラート大学歴史学部での研究を終え，新たな奨学金を得て学位論文の準備に入った。そして，19世紀後半のルーマニア－ロシアの革命的関係史で学位を得て帰国後，ブカレスト大学歴史学部の助教授に任命された。

　レニングラート留学中にマルクス主義者となり，党員にもなっていたオープトは，ますます重要な役割を担うことになった。すなわち，1953年からルーマニア・アカデミーの歴史研究所の近・現代史部長に，55年か56年から同アカデミー刊行の『研究　歴史雑誌』の副編集長になった。

　亡命とその後
　そのようなオープトが，なぜ亡命するに至ったのか。
　1953年3月5日，スターリンは死去した。それに先立つ1月13日，ソ連の諸機関紙は白衣の，つまりクレムリン医師団の陰謀を摘発したと報じた。4月4日，逮捕されていた13名が釈放されたが，残る2名は拷問死を遂げていた。この事件の報道でユダヤ人の国際的民族主義組織との関係がフレーム・アップされ，ポグロム的反ユダヤ主義カンパニアが展開されることになった。医学関係だけでなく，その他の研究所や大学からも「予防的に」何千というユダヤ系の専門家が放逐された。オープトはユダヤ人として，この

第1章 インタナショナル史研究の方法論的考察

事件に深く心揺さぶられたという。
　続くきっかけは1956年に訪れる。同年2月，ソ連共産党第20回党大会の秘密会でフルシチョフによるスターリン批判演説が行われ，そのテクストは一部修正されてひと月後に東欧共産主義各党に送付された。7月にブダペシュトに赴いていたオープトは，そのスターリン批判についてペテーフィ・サークルのメンバーやレニングラート留学時代の同僚と議論したという。
　ここで，オープトが当時のルーマニア情況を報告している数少ない文献を取り上げる。その中に間接的ながら亡命に至る理由が読み取れるからである。1968年に発表されたその論文［Haupt (1968)］[3)]は，それまでの10年間のソ連-ルーマニア紛争に関する論評で，紛争の起源として1956-62年に焦点が合わせられ，その前半期にはオープト自らが渦中にいた。
　ルーマニアの体制は不人気で，1956年初めには重苦しい雰囲気が漂っていた。そしてハンガリーの諸事件に刺激されて，トランシルヴァニアのハンガリー系住民の一部や首都ブカレストのいくつかの地区の労働者や学生の間に，興奮と動揺がみられた。しかし，当初たじろいだ体制指導者たちは情況を掌握した。運動の弱さの原因として以下を，オープトは強調した。ハンガリー，ポーランドでは，反体制勢力は共産主義知識人から，とくにスターリニズムの犠牲となり投獄されたことのある幹部から集められた。まさにその種の反対勢力がルーマニアでは少なかった。逆に，党指導者は巧みに党内の潜在的反対者を孤立化させ，沈黙させた。
　ルーマニア労働者党書記長ゲオルギュ-デジ（G. Gheorghiu-Dej）らの「スターリニズム批判」への対応について，オープトは以下の事実を明らかにする。1956年3月末，ソ連共産党第20回大会について討議し，ゲオルギュ-デジ批判も出てきた党中央委員会拡大委員会の数日後，極秘の会議がもたれた。党，政府，軍およびブカレストの諸組織の幹部が集められ，ゲオルギュ-デジが主宰した。メモをとることすら禁じられた中で，彼がフルシチョフの一部縮約された秘密報告を読み上げた時，衝撃で出席者は大混乱をきたした。ゲオルギュ-デジは「個人崇拝」の徹底解明を訴えたトリアッティ（P. Togliatti）の立場を激しく批判し，続いて断言した。フルシチョフ報

21

告は自党の内部情況に関わりはない。中央委員会の首尾一貫したマルクス－レーニン主義的政策のおかげで,「個人崇拝」の追従者たち〔アンナ・パウケル（Anna Pauker）, ルカ（V. Luca）ら〕は 1952 年以来排除されている, と（振り返ってみれば, それは同報告がルーマニアにおいて「公」にされた唯一の例だった）。

　非スターリン化の道を拒んだゲオルギュ－デジ体制の維持・強化の中で, 次にオープトが着目するのは, 1958-59 年に第二の選択が党指導部によって企てられたことである。

　1958 年に民族政策が, とくに少数民族の地位が, 大いに修正された。すでにこの時までに, 共産主義知識人の隊列または党のイデオロギー部門に占めるハンガリー人とユダヤ人の割合は, 相当なものになっていた。そのことが 1948 年以来の旧ブルジョワ知識人への厳しい態度を変更させることを可能にした。大学や文化面での役割が認められた彼らは, 徐々に権力とも結びついていった。支配機構とブルジョワ知識人との同盟が準備されはじめ, それはルーマニアにおける政治的雰囲気の一特徴となる。それは知識人自身の用語によれば,「啓蒙化されたスターリニズムの勝利」であった。

　その同盟は, 1962 年以来表面化し, 65 年に頂点に達する民族主義的一大攻勢を容易にした。党指導部は, 経済的利益を守りながら, 民族的利益の存在をも自覚し, ソ連との関係では経済的, それゆえまた政治的な独立の道を歩むことになった。これら内・外の諸要因に条件づけられて党がめざした目標は, 近代化だった。そのために産業化のスターリン的モデルが適用された。

　かくして非スターリン化の道が閉ざされたルーマニアにおいて, 歴史学の要職についていたオープトは, 責任ある歴史部門で「ブルジョワ・イデオロギーと修正主義の残滓に反対する」闘争を遂行しなければならなかった。しかし, まもなく彼は, それを不手際かつ不十分にしか遂行していないと非難され, 自己批判をせざるをえなくなる。逃れようという考えが, ますます彼の頭から離れなくなる。スターリニズムと歴史の歪曲に反対し, 国家と歴史学の分離する世界を, 彼は西欧に求めた。彼は自らの出版物のいくつかを, パリのまだ見ぬ労働運動史家メトロンに送りつけた。メトロンが主宰してい

たフランス社会史研究所の機関誌『歴史のアクチュアリテ』〔『社会運動』の前誌〕は，ルーマニアに輸入されていた数少ない歴史雑誌だった。

1958年7月，オプトは2年前に結婚した夫人とともに地中海周遊への参加が許された。彼ら夫妻は，子供なしで許された唯一の組だった。ギリシア，イタリアを巡り，ニース港に入った船を7月18日朝，夫妻はあとにした。パスポートは持参できず，8ドルの所持金と何ページ分かの原稿，それがすべてだった。警察に出頭し，ようやく入国が認められた彼らは，その日の晩にパリへ向かう。一夜明けてパリに着いた彼らは，奨学金を得てパリ郊外アントニの学生公共住宅団地に落ち着くことになる。

そしてオプトはメトロンを探し，訪れ，ルーマニアから送った自分の著作を取り戻した。それらの著作が当地の知的世界への名刺代わりとなり，オプト夫妻はメトロンからアンドレ・マルチ文庫の目録作成を委ねられた。1959年6月5日，夫妻はメトロンにその報告書を提出して，最初の報酬を得た。それがフランスにおけるデビューとなった。

亡命後のオプトの活躍は，よく知られている。ここでは経歴だけ触れ，研究業績については項を改めて記す。

1960年1月1日からオプトは，夫人とともに高等研究院に雇われることになった。その後同院のソ連・東欧研究センターの副部長となり，1969年から部長となる。有力な学界誌の編集委員も務めることになり，1962年から『社会運動』，63年から『ロシア・ソヴェト世界研究』の各委員を。

オプトの活躍はフランスにとどまらず，1966年のリンツにおける第2回労働運動史家国際会議での共同報告［Andréas/Haupt（1967a）］を皮切りに，国際会議・シンポジウムでの報告や研究者円卓会議への参加，あるいは客員教授としてのセミナー開催などが続いた。1960年代末から彼が客員教授を歴任した大学は，ウィスコンシン，ノースウェスト，チューリヒ，ベルリン自由大学，そしてニューヨーク州立大学。

ホブズボームの表現によれば，パリはオプトの基地であり続けたけれど，彼は二大陸を飛びまわった。飛行機で飛びまわる学者となった彼の新しい流浪の時代が始まった，と。そしてその一つであるレリオ・バッソ研究所

スタッフとの打ち合わせを終え，1978年3月14日，ローマ空港で飛行機に乗り込もうとしていた時，彼は突然の心臓発作で亡くなった。

(2) 研究

研究テーマ

オープトは亡命後20年の間に実に多くを書き，また語った。彼による総合的な主著は書かれなかったけれども，彼は著作を，時には改訂版というかたちで繰り返して，国際的規模で専門誌や論集にふりまくように公表した[4]。その彼の研究は，しばしば試行的，仮説的であった。それは彼の好みと才能が古い問いに答えるよりもむしろ新しい問いを示唆することにあったからであるが[5]，彼の問題意識，方法論とも深く関わっていた。

オープトの研究の広がりと深さを便宜的に時期，地域，テーマにそれぞれ分けて概観することにするが，その前にいずれも彼の個人的経験に深く関わっていたことに触れておく。

本節冒頭で記したように，ユダヤ人としてマルクス主義者として，言わば二つのカタストローフにオープトは遭遇したわけだが，彼の主たる研究が，一つのカタストローフであった第一次世界大戦勃発時におけるインタナショナルの崩壊についてであり，そのカタストローフの瞬間における労働者・社会主義運動の生き残りに関わっていたことは決して偶然ではない[6]。

また，ナチスによって自らの民族的文化から引き裂かれたばかりか，戦後ルーマニアでの名声ある地位をも放棄して亡命したオープトは，民族と国家という二重の伝統から排除された。そのことがかえって，彼をして本質的なインタナショナリストにさせた。かつてとりわけローザ・ルクセンブルクにそれが期待されたように，東欧と西欧との間の歴史的経験のギャップに橋を架けることが，オープトに期待されていた。ホブズボームが指摘するところでは，オープトはもう一つの世界の生き残り，つまりほとんど，と言っても全くではないが，歴史の中へと過ぎ去ってしまっている国際社会主義の世界の生き残りとなった[7]。

インタナショナル（国際社会主義）こそオープトのメイン・テーマであっ

た。その研究領域は，時期で言えば，例外的に1790年時を扱っているものがあるが，マルクスの時代から始まり，第一次世界大戦前夜の第2インタナショナル期に力点が置かれ，そしてほぼ1920年代までを含む。また時事的論評を含めるならば，1970年代の現代社会主義論やソ連異論派紹介にまで及ぶ[8]。地域で言えば，まさしくインタナショナルで，社会主義の中心から周縁，つまり西はアメリカ西海岸，ブラジル，東はトルコにまで及び，時としてアジア・アフリカの旧植民地にまで及んだ。この研究の時間と空間における広がりは，近代資本主義社会が生み出した労働階級の自らの歴史が，またその中の社会主義の歴史が，彼によって包括的に追究されようとしたことを端的に示している。

研究テーマは，社会主義（マルクス主義），アナーキズム（バクーニン主義），戦争，革命，民族問題，植民地問題，国際労働運動，そして「社会主義の地理学」（下記）という視点からのさまざまな国・地域の社会主義運動，さらに亡命インテリゲンツィアや移民労働者にまで及びつつあった[9]。これら列記したテーマは，多様であるばかりか，自発性と独創性に富み，かつ質的深さをもっていた。その上，これらは個別にではなく，絶えず全体性の中で，相互関連の中で追究された。これからいくつかの研究を紹介していく。

「社会主義のインタナショナル史」

オープトの整理によれば，第2インタナショナルという用語は以下の3点を包含する［Haupt (1980), 14］。

① 1873年から1914年夏までの多様な面をもつ国際労働運動の一つの決定的な時期
② 社会民主主義という総称で総括される労働運動の一タイプ
③ 一制度，つまり1889年に具体化した国際社会主義組織

さらに，オープトのヨリ動的な把握によれば，社会主義のインタナショナル史は，社会，労働運動，そしてイデオロギー間の弁証法的な関係に位置づけられるであろう。かかる展望の下に第2インタナショナルは，一つの制度としてでも一つの単なる連合としてでもなく，労働者と社会主義者の

歴史の進展における一つの時期の根本的な表現として現れる，と［Haupt (1964), 92］。

　これこそ伝統的な「上」からのインタナショナル史に対置される，新たな「下」からのインタナショナル史である。オープトは，前者を「社会主義インタナショナル〔つまり第2インタナショナルという制度〕の歴史」(Histoire de l'Internationale socialiste)，後者を「社会主義のインタナショナル史」(Histoire internationale du Socialisme) とそれぞれ規定し，後者を提唱した。

　その社会主義のインタナショナル史のための出発点の仮説は，個別（当該民族国家的社会に固有のオリジナルな現象としての労働運動の多様性）と全体（運動のグローバルな歴史的意味，近代産業社会の同一傾向の表現）との間の相互作用の仮説であり，全体と個別は，同一総体の二つの次元（面）として考察されなければならず，一つを水平面（次元）と，もう一つを垂直面（次元）と呼ぶことができよう。水平面における探究は，何よりもまず原資料（sources）の問題であり，また垂直面における研究は，民族国家的典型（prototypes nationaux）の研究である。

　実際，具体的に掘り下げたしかたで現実の運動について調査に取りかかれるのは，民族国家的規模において以外にはない。それゆえ当該時期における社会主義のインタナショナル史の出発点を探さなければならないのは，このレヴェルにおいてである（全体から個別へではなく，個別から全体へ進むべきであるゆえに，後述する「社会主義の地理学」がオープトによって援用されていく）。

　以上の仮説は，オープトの1962年の博士論文［Haupt (1964)］の第4章「方法のいくつかの問題」の中で提示され，その章だけが学術誌に掲載されもしたのだが［Haupt (1962)］，その具体的探究は1978年の急逝の瞬間まで続いた。ここでは，上述の「一つのカタストローフ」であったインタナショナルの崩壊問題に立ち入ることにする。

　オープトが記すように，第2インタナショナルは理論的に予測された戦争がまさに始まろうとする瞬間に麻痺することになった。あらゆるインタナショナル大会で称揚された修辞的なインタナショナリズムは，現実の試練に

耐えられなかった［Haupt (1964), 84］。その理由の解明はまず，彼の博士論文の根底で意図されていた。続くドイツ語改訂版［Haupt (1970)］で，その問題は正面から，表題にまでなった「綱領」と「現実」との乖離という観点から鋭く分析された。

さらに，『開かれなかった大会』［Haupt (1965)］の英語改訂版『社会主義と大戦——第2インタナショナルの崩壊』［Haupt (1972)］では，新たに総括的な最終章「戦争か革命か」が加えられたのだが，その中でオープトは，インタナショナルの崩壊をヨリ包括的に捉えようと試み，とりわけ社会史的分析を駆使して有力テーゼを提出した（詳細は本書第2章参照）。そして本テーマに関する彼の追究は，亡くなる直前まで続いた。その論文「社会主義とサンディカリズム——国際的次元における党と組合の関係：一つの変化か？」［Haupt (1981)］は，ヨリ広い展望の下で新たなアプローチも加えた再解釈の試みである。もともと「ジョレスと労働階級」に関する学術会議の報告であったそれをオープトは何度も手直しし，最終稿を提出した日にローマに発ち，帰らぬ人となった。

その中で最初に，オープトは問題提起を行う。政治と経済の分離は，第2インタナショナル時代に明確化する近代労働運動の基本的特徴であろうか？ いつ，どこでその分離は起こったか？ いかなる形態で，いかなる精神の下でか？ かかる問いの下に，労働運動のそれぞれの制度的表現となった社会主義政党と労働組合との分裂，さらにそれぞれの運動の展開の相違が，社会史的アプローチも加えられて分析された。すなわち（詳述する余裕はないが），19世紀末の労働組合運動と社会主義運動の分離・別展開を背景に，1900年以降のインタナショナル各大会においては，それまで政党とその重要性と役割に関して同等であった労働組合が格下げされるようになった。そして大戦前までに労働運動は，三つの構成要素，つまり組合，党，そして社会主義に投票だけする選挙民に分かれてしまった。

かかる分析を踏まえて，オープトはインタナショナル崩壊について再解釈を試みる。大戦前夜に例えばドイツ社会民主党（SPD）が追いやられた窮地は，改革か革命かという戦術的選択を前にしての躊躇の単なる結果ではな

い。それは労働階級の構成内に起こった変化の結果であった。SPD は，組合側からの増大する要求を受けとめられず，労働運動の現実に起こった深い社会的変化をほとんど感じとれなかった。

　結びでオープトは，1907 年インタナショナル大会でのドゥ・ブルケール (L. de Brouckère) の訴えを引用する。「組合と社会主義政党との関係は，単に良き隣人の関係であるだけでなく，行動における統一をまた追求すべきだ。親密な関係と組織関係の確立，それはそこでは空疎な考えではない」。ジョレス (J. Jaurès) こそ，その統一の上に彼の平和の全戦術を築くことをめざし，そこにまた「戦争に対する戦争」における労働階級の動員の唯一の保証をみていた，と捉えるオープトは次のように結んだ。しかし，求められた行動の統一は実現しなかった。その結果は，党と組合との間の権限をめぐる闘争を予感させる以上にはるかに重いものであった，と。

　ここまでくれば，オープトにとってインタナショナルの崩壊の問題は，今後の労働運動の発展可能性の問題につながっていく。その追究は彼の死によって断たれたのだが，少なくともその直前の労働運動史の方法論的研究では今一歩先に進みえた（次項）。

民族問題と「社会主義の地理学」

　民族問題に関する研究は，オープトのインタナショナル研究にとって不可欠であった。帝国主義時代の民族・植民地問題を，インタナショナルを軸に彼は追究した。ただし植民地問題については，論文集『第 2 インタナショナルと東洋』[Haupt/Rebérioux (1967)] を共編し，またヨーロッパ中心主義への反省として，我々が戦争の危険の問題を取り扱う時，植民地問題を全く除外することのできない植民地主義の全問題がある，と指摘するけれども [Haupt (1974d), 138]，彼自身の取組は本格的なものにはならなかった。それゆえ，その問題への批判的論評にもかかわらずドイツ，イギリス，ベルギーの各植民地についての研究がオープトに欠けている，とのロベール (J.-L. Robert) の指摘に対して[10]，そのことが本質的問題かどうかは確かめがたい。

　オープトは，とりわけ第 2 インタナショナル時代の民族問題をめぐるマル

クス主義思想の変化・発展をグローバルな社会的発展と関連づけて理論的に考察した。ローザ・ルクセンブルク，カウツキー（K. Kautsky），バウアー（O. Bauer），レーニンらの論に光をあてながら［Haupt/Lowy/Weill (1974); Haupt (1974a)］，以下の三つの時期に分けて試みられた考察を，少しく紹介する。
1) 19世紀末の段階では，民族問題への無関心や拒否がインタナショナル指導者のメンタリティで，それゆえに彼らの唱えるインタナショナリズムはユートピア的すぎた。そこから現実認識を踏まえてルクセンブルク，カウツキーらによって，かつてのマルクス・エンゲルスの立場と相反するような民族論が展開されはじめる。
2) 1905年革命を契機に，マルクス主義思想がこの新たな局面を捉えようとする。が，その前に資本主義が帝国主義へと転換を遂げる。その結果，社会主義の地理的分布が未だヨーロッパに限られているのに対し，帝国主義体制は「歴史なき民」やヨーロッパ外の植民地での民族解放運動にエネルギーを与えつつあった。かかるずれによって労働運動の視野は条件づけられ，その拡大・深化は未だ望めなかった。
3) 戦争の危機が高まる大戦前夜，帝国主義時代における民族問題，という新たな見直しがルクセンブルクらにとって急務となる。それは問題を民族次元にとどまらせず，帝国主義の根本問題にまで行き着かせる。他方，労働運動の側にとっても，民族問題は自らの内的ダイナミズムの要求によって認知されるようになり，民族運動は社会革命との関係で動的に捉えられるようになりつつあった。そこに，大戦が立ちはだかった。

その大戦勃発時に直面した問題もそうだったのだが，民族問題をオープトが論じる際に絶えず留意したのは，ナショナリズムとインタナショナリズムとのパラドクスであった。彼はハンガリー系のルーマニア人かつユダヤ人として，ナショナルな伝統のディレンマに自ら敏感であらざるをえなかった。その一方で，19世紀後半のルーマニア労働運動の形成に関する研究で彼が強調したものの一つに，民族的な知的伝統があった。それゆえに，とりわけスターリン時代に支配的となった偽インタナショナリズムこそ，イデオロ

ギー的均質化の下に民族的文化の生きた現実を否定するものとして批判された。そして具体的歴史研究の次元でオープトがめざしたのは，ラブルースが提唱していた「社会主義の地理学」である[11]。

その提唱者であるラブルースがフランスにおける左翼の地理的分布を19世紀半ばから100年間にわたり三つの局面で考察したのに対して，オープトはその「社会主義の地理学」をインタナショナルな次元にまで拡大した。その概念でオープトが訴えたのは，社会主義の比較史を可能にし，またその発展における共通性を捉えることだけではなく，その一方で，各地域，各民族におけるその特殊性や相違をそれ自体として捉える必要であり，かかる相違の理解に立って初めて総合的認識は可能となるとする，個別から普遍への視点である。さらにはホブズボームを援用してオープトは，各労働運動を世界史の中へ組み入れ，そしてその発展をその時期の経済・精神・社会史の全体的発展に関わらせて捉えようともした［Haupt (1975); Haupt (1970), 131］。オープトの最後期の，ヨリ深められたその実際の研究を，次にみていく。

最後期の研究

オープトの死は突然で，彼自身にとって予期されたものでなかったがゆえに，死の直前の研究を最後期のそれと括ってしまうのには無理がある。にもかかわらず，何らかの括り方をしたくなるようなものを私は感じている。それを仮説的に説明したい。

最後の数年間オープトは運動の「根本」を探した，とイェムニッツ（Jemnitz J.）は記している[12]。そのように，一方では，決して楽観視できない労働運動の現状認識を踏まえて，オープトは労働運動史研究の今後の可能性について方法論的に根本的な問いを発し，その解答を試みた。そのことについては，次項でまとめて考察する。

もう一方では，オープトは研究領域を拡大し，多様化させていた。それは欧米での1960，70年代の労働運動史研究の新たな成果を積極的に摂取しようとした彼の姿勢にも関わっていた。そのような中で私が着目するのは，バルカンへの回帰と言いうるような一種の収束が彼の研究にみられるように思

えることである。バルカンは亡命前の彼の研究領域であったが，亡命後西欧での彼の一連のデビュー作はそれとは対照的なインタナショナル研究，しかも第2インタナショナル事務局（Bureau Socialiste International; BSI）を中心に据えての包括的な研究であった。それでも，「社会主義の地理学」の観点からバルカン研究の必要性は持続し，実際に多角的な研究が高等研究院でのオープト・セミナーで進められていた[13]。けれども，最後期のバルカン研究への傾倒は単純な回帰ではなく，新たなアプローチや方法論を積極的に導入してヨリ深い研究が進められつつあった，と私は捉える。以下，それをみていく。

　他の誰が本稿を書きえただろうか，とホブズボームによって評された「『指導的党』か？——第2インタナショナル時代におけるドイツ社会民主党の東南ヨーロッパへの影響」[Haupt (1979)] では，マルクス主義イデオロギーの影響が社会史的・数量的分析をも駆使して以下のように解明された。

　当地の社会主義運動にとっては，経済面での後進性のゆえにイデオロギー面での活動が主要闘争手段となった。そこでは，教義への忠実が志向されることによって正統派的見地が採られ，修正主義的逸脱から自らを守ろうとするようなイデオロギー的非妥協性が貫かれる。そのモデルがSPDに求められるのだが，そのような「指導的党」の理想化は何よりもまず，自分たち社会主義政党の存在を正統化するために必要とされた。マルクス主義政党の「理念型」へと高められたSPDは，弱小社会主義諸党のための正統化の源となった。かかるイデオロギー的傾向性こそが，ロシアとフランスの文化的影響力がそれぞれ支配的であるブルガリアとルーマニアにおいて，なぜSPDの精神的影響力がそれほどまでに強かったかを理解させる[14]。

　次にみるのは，オープトの亡命インテリゲンツィア研究である。第2インタナショナル期の国際的指導者の多彩な面々，つまりジョレス，ヴァイアン (E. Vaillant)，レーニン，ユイスマンス（C. Huysmans），ルクセンブルクらがオープトの考察の対象にそれまでなっていたが，最後期に近づくにつれて，指導者の中でも国家間を移動するか数カ国で時をほぼ同じくして活躍した，またはナショナルなものより主義に献身した活動家の解明に力が入れられ

た[15)]。そこには，オープトの亡命者としての共通性が読み取れるかもしれないが，ヨリ着目すべきは，東欧社会主義者へのまなざしである。

　オープトは「革命的インテリゲンツィアのイメージの普及における亡命の役割」[Haupt (1978b)]の結びで，次のようにまとめた。革命的インテリゲンツィアは，人民の中での経験によって自らの積極的行動主義を強化した。また，革命的知性は自らに属するとの意識も強化した。政府の弾圧が彼らに自らの大義と正当性を確信させた，と。インテリゲンツィアという語が革命や社会主義の概念と再び同一視され，また彼らの組織が「革命的」とか「社会主義的」とかの形容詞が付されるようになった1870年代からの研究をオープトは始めたのだが，同論文を導入部として，それぞれルーマニアとイタリアの労働運動の形成に重要な役割を果たした亡命ロシア人インテリゲンツィア，ドブロジャーヌ－ゲーリャ（C. Dobrogeanu-Gherea）とアンナ・クリショーフ（Anna Kuliscioff）の研究が進められつつあった。亡くなる数カ月前もオープトは，イタリア研究者を前にロシア系ユダヤ人で，ルーマニア労働運動の創始者のひとりとなった前者のプロフィールを提示したという[16)]。

　クリショーフを例に，オープトは次のように捉えた[Haupt (1978c)]。彼女の例は，労働運動の中でよく知られてはいないが，しかし無視できない次元の存在を歴史家に喚起させる。政治亡命は，19世紀においては革命思想の古典的な仲介役を果たした。亡命ロシア革命家にとって外国は，単なる避難所にとどまらず，彼らの戦闘的活動の範囲内でもあった。要するに，個人であれ集団であれ，突発的であれ固く組織されてであれ，一時的であれ永続的であれ，ロシア人であれその他であれ，亡命者こそ第2インタナショナル時代の思想の流布の推進要因であった，と。

　さらにオープトは，ついに公表には至らなかったが，ブルガリア生まれでルーマニア，ソヴェト・ロシアで活躍したラコフスキ（C. Racovski; K. Раковски）の研究，伝記，そして文献目録を準備していたという[17)]。そのことは，同じく準備していたというフランスへの亡命ロシア人ラポポール（Ch. Rappoport）の伝記の場合とともに，我々に改めてオープトの死を痛感させる。

　実は，クリショーフ論文[Haupt (1978c)]は亡命インテリゲンツィアの枠

を越えて，ヨリ底辺の移民労働者の考察にまで達していた。オープトの最後の新テーマとなった未完の考察を，以下みていく。

　オープトは『プルリエル』誌を舞台に，移民労働者研究にも着手した。それは移民労働者への社会主義の普及に関する研究にとどまらず，移民自体の政治意識の形成さえも捉えようとした。彼によれば，あらゆる移民はメンタリティの変容によっても，また母国への彼らの反動（リアクション）によっても，根本的に政治的たらざるをえなかった[18]。

　クリショーフ論文で提起された問題は，こうである。19世紀末の国際労働運動の拡大・均質化と大衆の移民運動との間に関係はあるのか，それとも単なる同時併存の問題か，と。オープトによれば，国際的な労働者移民について我々の知識は未だ限られているが，しかし第一次世界大戦前の労働階級の誕生と発展に深く影響を及ぼした労働者移民の複雑な現象に対する深い理解なしには，我々はいかなる仮説的答えも与えることができない。それほどまでに政治亡命者同様，労働者移民の果たしたであろう役割が強調される。

　オープトは続ける。元来，労働界への社会主義の普及は「輸入」の現象である。問題は職工，熟練工らの行動である。徒弟時代の間に彼らはヨーロッパを巡って，外国の地で組織された労働運動に接し，その時かなりの者は社会主義思想になじみ，その中に入っていく。かかる労働者移民の役割は，南北両アメリカという新世界においても多様なかたちで果たされる，と。ここには，第2インタナショナル時代の労働運動史の新たな捉え直しの可能性を予感させるものがある。

(3) 方法論

テクスト・クリティークとプロブレマティーク

　オープトの研究で誰もが最初に驚くのは，驚異的なまでに習得されたヨーロッパ諸言語を駆使して獲得された，原文主義者と言われるほどの文献学的博識である。

　既述のように，亡命後の最初の仕事も文献目録作成だったし，西欧学界誌へのデビューもまた文献案内，つまりソ連で刊行されてきたロシア近・現代

史に関する文献目録類の概観だった［Haupt (1960)］。さらにオープトは，アムステルダム，ミラノをはじめヨーロッパ中の文書館を渉猟し，再発見した原史料を信頼に足る批判的編纂を経て公刊した［例えば，Haupt (1963); Haupt (1965); Haupt (1969)］。

そのテクスト・クリティークの徹底性が，第2インタナショナルの史料目録［Haupt (1964)］で強烈に示された。その中で，第2インタナショナル関係の印刷物の異同が逐一吟味され，完全という言葉が決して遠いものではないとの印象を与えるほどの史料目録が，それぞれ所蔵図書館も明記のうえ作成された。

そればかりか同書は，ラブルースによる序文の中で指摘されたように，ただ単に史料の一覧表にとどまらず，諸問題の一覧表でもあった。オープトは強調する。史料の探求と整理は，ドキュメンテーションの面から不可欠であるばかりか，方法の面，例えば労働者・社会主義運動についての歴史研究のまさにそのプロブレマティークの拡大の面からも等しく不可欠である，と。

かかる観点からオープトは「プロブレマティーク」（problématique）という用語を重視する。彼の口からしばしば発せられる「科学的」という語の意味は，彼にとってまず第一に，史料への忠実をさし，それを前提としてその上に「プロブレマティーク」であった。後者は問題提起的とか問題史的とか訳しうるような意味で，史料の探求にしろ分析にしろ，そこには実証主義的伝統にとどまらず，絶えず「プロブレマティーク」な姿勢が，別言すれば，本質的な問題を追いつづけようとする姿勢があった。

オープトは言う。もしも歴史的経験の再発見や利用が，その過程において歴史的諸現実の全体性を否定することなく現在の諸問題に引き継がれなければ，意味ある歴史的伝統はありえないだろう，と［Haupt (1978a), 24; Haupt (1980), 40］。史料が容易に近づきうるようなテーマは彼の選ぶところとはならず，また小集団の研究もそれ自体としては彼の興味を満たさず，その研究を社会主義や労働運動の歴史の大論争の中に挿入しようと彼はした[19]。

「なぜ労働運動史か？」

「プロブレマティーク」を強調するオープトにとって，方法論的考察は博士論文以来，絶えず繰り返されるものであった。死の直前の論文「なぜ労働運動史か？」[Haupt (1978a); Haupt (1980), 17-44] こそ，「オープトの生涯と業績にとって中心的であった関心を反映し」たものであった[20]。以下それをもとに，そしてその初稿とも解される報告「社会史と正統化の学問との間」[Haupt et al. (1974c)] なども加えて，彼の方法論を検討する。

オープトは次のように書き出す。1960年代初め労働運動史家は労働史の認知という深い変化の始まりを目撃した。その時以来，トムスン（E.P. Thompson），ホブズボーム，トランペ（R. Trempé），ペロ（M. Perrot）らによる方法論をめぐる議論が，労働史への伝統的なアプローチに疑問をなげかけ，そして新しい方向性が与えられた労働史は，社会史と結びつくようになった。かかる労働運動史研究の隆盛にもかかわらず，なお否定しがたい不安が感じられる。その証拠は明らかだ。いまやアカデミックな専門となった労働運動史は，戦闘的労働者の中にわずかな読者しかもっていない。世評を得るやその著作は，本来向けられるべき人々へ訴える力を失ったのだろうか？　あるいは，労働運動が自らの過去に無関心になってしまったのか？　歴史家はこれを無視することはできない。誰のために，この歴史はめざされるのか？　その目標は？

それらの問いへの解答を求める前にオープトは，伝統的労働運動史の限界についてみていく。労働運動の担い手が抱く自らの歴史への関心は，運動自体の出現とともに現れた。19世紀末までの創成期において，その歴史は戦闘的労働者自身によって書かれ，そしてそれは歴史探究への情熱に劣らぬほど，彼らの運動への傾倒に左右された。彼らのイデオロギー的立場の要求に従属させられて，歴史は書かれた。かくして労働運動史は，一つのイデオロギーへと変形された。正統化の源とみなされることによって労働運動史は，正統化，自己正当化の一道具へと変形され，その歴史の本質的機能はイデオロギー的となった。

この労働運動史の「神話化」のプロセスは，1920年代から制度化された

形態を見出した。すなわち，第2インタナショナル崩壊の結果として起こり，ロシア10月革命によって深められた大分裂によって，労働運動史は敵対する指導者たちによって押収され，それぞれの要求に従属させられた。そこでは労働運動史は「運動のさまざまな分派間のイデオロギー論争の本質的構成要素」（シュタインベルク〔H.-J. Steinberg〕）となり，運動内の敵対者間の武器となった。それこそとりわけスターリン時代において，党官僚によってつくられたイデオロギー的構築物の基礎となる「正統化の学問」となった。その時，歴史は（労働運動の生きた経験の総計でもある）集団的記憶，階級意識の源泉，そして実践の反映であることをやめた。

　労働運動のインタナショナルな次元においてもまた同様だった。今日，インタナショナルなプロブレマティークに敏感な歴史家はほとんどいない，がオープトに言わせると，このインタナショナルな次元は本来，労働運動史の豊かで複雑でかつ本質的な部分であり，また社会主義の発展への接近方法でもある。にもかかわらず国際的社会主義もまた，正統化の必要不可欠な源となり，さらには単なる参照へと還元されてしまった。そのことによって制度としてのインタナショナルが，国際的規模での労働運動に取って代わった。そして支配的潮流の敵対者は制度から排除され，国際的労働運動の埒外に置かれた。

　オープトは続ける，労働運動史の盛衰（変質も含めた）の問題のほかに，もう一つの困難がある，と。すなわち，それはまた解答の緒として取り上げられるのだが，労働運動がそれ自体の歴史の二重の利用を要求するところの二重の要請に直面したことである。

　一つは実践としての労働運動史であり，それは失敗と成功を伴う実験場として，あるいは理論的か戦略的な実験場として要求されている。それはまた，「歴史的経験は唯一の教師である」（ローザ・ルクセンブルク）という観点からも，他方，ヘゲモニー維持のためのイデオロギー的基礎としての利用という観点からも，ともに要求される。

　もう一つは伝統としての歴史であり，それは正統化やイデオロギー的論証の源として利用されてきた。が，もう一つの側面をオープトは見落とさない。

第 1 章　インタナショナル史研究の方法論的考察

すなわち，伝統は維持・伝達されることによって集団の結合力や持続の一要素，動員要因，そして集団的記憶や階級意識を育む生き生きとした源となるということを。ここに伝統に割り当てられた機能に関する二者択一が，我々に迫る。過去を追い払うか，それとも，それを批判的省察や参考のまさにその中心に置くか，が。

　実践としての歴史と伝統としての歴史のそれぞれの要請は，一部は重なりあい，一部は互いに補いあうか矛盾しあう。いずれにせよ，労働階級にそれ自身の過去は返還されねばならず，過去の，その「現実の運動」（マルクス）の明晰でグローバルな知識が求められる。労働階級の歴史への省察は，それ自身のアイデンティティの省察であるのだから。かくして労働運動史によって提出された根本問題は，信仰することではなく，〔世界を〕知ること，つまり行動するために理解することである。

　いまや労働階級のその運動の歴史的諸経験が実践的意図へと仲介されるような一種の歴史記述に達するために，いかに労働運動についての探求領域を拡大すべきか，をオープトはさらに論ずる。その問いに答えるためには以下の方法論的前提が成立しなければならない，と彼はみる。すなわち，一元的歴史を放棄して，労働運動史についての探求を進歩的な歴史記述の全般的傾向に適合させること［Haupt et al. (1974c), 271-272］。

　そのために何よりも求められるのが，「教義的レンズ」（die »doktrinäre Optik«）の除去である。その除去は認識論的な面でも，またドグマあるいはイデオロギー的な面でも求められるのだが，そのために以下のアプローチが必要である，とオープトはみる。第一に，労働運動の史料が明らかにされ，広く利用されなければならない。次に，「教義的レンズ」の起源は探られなければならない。とりわけ，マルクス主義を教義にまでさせた第 2 インタナショナルにおける「綱領と現実」との間の分離に対して。そして最後に，歴史著作は（1960 年代以来社会科学によって開拓されてきた）広汎な分析的カテゴリーを発展させなければならない，と［Haupt (1970), 119-124］[21]。

　ここまできて，オープトが最後に強調するのは，その実践的意味である。すなわち，伝統的な歴史と断固社会的な労働史との対決は，ただ単に不毛で

アカデミックな論争や抽象的な方法論的論争ではなく,それは新しい労働史のための闘争であり,歴史的知識の問題をも越える,と［Haupt (1978a), 27; Haupt (1980), 44］。かかる強調は,彼が最後までマルクス主義歴史家であることに深く関わっていた。

社会史と批判としてのマルクス主義

オープトは『第2インタナショナル』のドイツ語版で,研究対象が国際的な労働運動の「社会史」であることを明記した。しかしその際,次のことを彼は自覚していた。「労働運動と社会主義の歴史は,単なる社会史の副産物ではない。それはその内的メカニズムと推進力の機能としてその特殊性において捉えられねばならない。そうすることによって人は,理論の意義とイデオロギーの役割を考慮に入れる」［Haupt (1970), 11, 125］。

社会主義は,まさしく理論を通して世界を変える熱望である。それゆえに,ドイツ語版では「綱領と現実」の間の変化する関係がいかに決定的な問題であるかが,オープトによって提起された。また,彼の研究の一特徴となったのが,労働者・社会主義運動内のランク・アンド・ファイルよりもむしろ国際的な指導者グループの研究である。彼らによる教義や綱領をめぐる論争は,運動にとって特別で重要な意味をもった。彼らにとって理論は,政治的行動の指針でもあったからである[22]。

オープトは亡くなる直前に言わば原点に帰って,マルクス主義の概念がいかに・なぜ発生し,いかに広まり,そして,いかに使用されたか,を歴史的経過を踏まえて理論的に考察した［Haupt (1982);その早期の版が Haupt (1978)］。その中で強調されたことに,「マルクス主義」という語がカウツキーらにとって綱領的な価値をもっていたことがある。その語はイデオロギー・政治的闘争の一つの武器として作用した。すでにオープトによって,政治闘争もまたしばしばイデオロギー闘争に変装して展開された格好の例として,ボリシェヴィズムの歴史が考察されていた[23]。

ここでまた,オープトによるもう一つの社会史の定義を取り上げる。すなわち,「社会史は『庶民』の歴史でも日常生活の歴史でもなく,労働者階級

のミクロな歴史でもなく，それはむしろ歴史への一つの方法，一つの態度であり，その際，力点は唯物論的歴史観に置かれている」。さらに，「唯物論的歴史記述の役割の問題は，正統性か非正統性かの問題ではなく，この歴史記述が批判的なものでありうるかどうか，労働階級に役立ちうるかどうかにある」［Haupt et al. (1974c), 292］。それほどまでに彼は，社会史家の範疇をはみ出し，ミリタン（militant）と言いうるほどの戦闘的マルクス主義歴史家として，批判としてのマルクス主義にこだわった。

例えば，ストライキの分析に際しても，オープトはそれが急進的かそれとも防衛的かの判断を下すことにこだわったのだが［Haupt (1974d), 183］，そこにはまた社会史を実践する可能性が意識されていたからである[24]。また，死後公表された「いかなる意味で，またどの程度，ロシア革命はプロレタリア革命だったか？」［Haupt (1979a)][25] は，彼の暫定的ながら唯一と言ってよいロシア革命論なのだが，その中でもマルクス主義的批判の立場から，彼独自の強調点が以下のようにあった。

オープトはいわゆる複合革命論の立場からロシア革命を捉える。すなわち，都市革命（そしてその中の労働階級革命）はもちろんだが，1917-18 年で最もダイナミックで爆発的な現実を捉えるためには，農業革命と諸民族の革命を見落としてはならない。レーニンの戦略は，三つの勢力である労働階級運動，農民運動，そして諸民族運動をボリシェヴィキ党のヘゲモニーの下に結合させることであった，と。その上に，オープト独自の強調が続く。政権を掌握したボリシェヴィキにとって大問題は，彼らがパリ・コミューンより長く権力にとどまれるかどうかだった。政権 75 日目にレーニンは，「我々はパリ・コミューンよりすでに三日長く政権にいる」と演説したが[26]，それは単なる逸話ではなく，ロシアにおけるプロレタリア革命の分析にとって中心問題である。すなわち，この革命は世界革命の展望の下にのみ考えられた。ロシア革命が社会主義的であるかどうかは，ロシアが巨大な帝国主義体制の一部であるという事実に関わっていた。それゆえ，そのことはヨーロッパのプロレタリアートが運動に続くかどうかにかかっていた。革命的諸事件は，先進国の産業労働者階級を巻き込もうとしていたがゆえに，プロレタリア的

性格をもちつつあった。

　1917-18年のロシア革命は何であったか？　それは第一に，20世紀最初の人民革命の一つであった。しかしその時，なぜこの人民革命はプロレタリア的衣服をまとったのか？　なぜその自己イメージや正当化は，プロレタリア革命のそれであったのか？　かかる問いにオープトは，むしろ伝統的な見地から，その数年間全体の脈絡で答える。すなわち，大戦後のヨーロッパは急進化の時代だった。すさまじい反資本主義，反ブルジョワの感情があった。人々は革命をもたらしうる社会的力を求めていた。プロレタリアートこそ，その力になろうとしていた。歴史的使命をもつ階級としての労働階級という考えは，ヨーロッパ左翼の中に広まっていた。それゆえ，ヨーロッパにおけるさまざまな共産主義政党の形成は，接木ではなかった。それはむしろ，ロシア革命というイメージ化されたシンボルとともにヨーロッパにおける変化の希望とヴィジョンの中に集合したものであった，と。

　しかし，とオープトは続ける。革命ロシアの方では，かかる世界革命へと連なる戦略をソヴェト－ポーランド戦争敗北後の1921年にではなく，すでに1918年にレーニンが完全に変えてしまった。レーニンの二者択一的戦略は，上記の三つの革命を結合させつづけることにますます専念していった，と。

　表題からみて社会史的・数量的分析が予測され，確かにその分析が本論にみられるけれど，むしろ以上のような強調で本論が結ばれたところに，私はオープトの研究姿勢をみる。大戦直後のヨーロッパ的規模でのプロレタリア革命の客観的可能性，それについての考察と結びつけられてこそ，ロシア革命がいかに「プロレタリア的」であったかの説明が果たされる，と彼は捉えた。

　最後に，オープトがマルクス主義の再生をめぐって考察しつづけたことに触れる。論文「今日マルクス主義は再生か停滞か？」[Haupt (1974b)]の中で，彼は問う。今日なお，マルクス主義はアクチュアルか？　さらに深く問うならば，いかにマルクス主義は，複雑で可動な世界を解釈してきたか？　いかにマルクス主義は，革命的変革を招くためにその組織形態，戦略，理論をさ

第1章　インタナショナル史研究の方法論的考察

らに発展させてきたか？

　当然，かかる問いへの答えが容易に得られるものではない。オプトが確認したのは，今日のマルクス主義の紛れもない矛盾と限界であり，その再生が不可避であるということである。その再生をめざす彼が結びで今後に向けて問うのが，こうである。しかしながら，世界を解釈するだけでなくそれを変えるために，異なる体制において示された選択の可能性が，当今あるのか，と。

　生涯を通じてオプトが闘ったのは，インタナショナルな規模での労働運動史の「市民権」の獲得だった。その際，学への関心とは別のもう一つの影響が絶えず彼の思考の中にあった。たとえそれが時に矛盾していたかもしれなくとも，それは純粋な学としてではなく，批判としてのマルクス主義の影響だった[27]。

1）ここでオプトの業績の評価に関してあらかじめ注記しておけば，彼の学問的貢献を総括した研究書は未だ出ていない。それは評価に値しないからでは決してなく，本文でも強調されるように，彼の尋常ならぬ多種・多方面の研究ゆえに，そのフォローを全体的になしうる研究者を見出しがたいことによるところが大きい。その証拠に，フランス労働運動史の老舗的学界誌『社会運動』(Le Mouvement social) は，同誌の生みの親であるメトロン (J. Maitron) への追悼号 (144号付録特別号, 1988年10-11月) に匹敵する，否，その1.8倍の268頁を費やした追悼号 (111号, 1980年4-6月) を故オプトに献じたほどである。

　　メトロンへの追悼がフランスの研究者によって占められたのと対照的に，オプトへは欧米各国から追悼文や追悼記念論文が寄せられた。にもかかわらず，それらによってオプトへの全体的評価が下されたわけではない。各研究者によって自らの専門と交錯する限りでの（しかしそれだけでも大したものだとの）評価にとどまっている。わずかにラビンバック (A.G. Rabinbach) が小論ながら，オプトの生涯と業績を包括的に捉える試みを先駆的に行い，またホブズボーム (E.J. Hobsbawm) が死後公刊されたオプトの英訳論文集への序文の中で概括的ながら，オプト評価の本質に迫る論評を行っている。両者をはじめ追悼号等でなされた各評価の検証作業もまた，本論においてオプトの個々の業績に立ち入ってなされる。

　　日本では，いち早く1969年に西川正雄がオプトの綿密な第2インタナショナル史料目録および研究に着目・利用しはじめたものの，後続の研究者がほとんど現れていない。オプトの研究に少なからず負っている西川の第2インタナショナルに関する研究も，その著作を私が論評したように（本書第2章），オプトの主テーゼへ肉

薄する方向に向かってはいないし，業績全体への目配りも弱い。それゆえ，オープトの業績の包括的把握・紹介がまずは求められると考える私は，それを先のボリシェヴィキと第2インタナショナルとの関係についての研究紹介（注23）に続いて本論で試みる。

2）主として以下の文献に拠った。J. Maitron, "Vingt ans après...," *Le Mouvement social*, No. 111, IV.-VI.1980, 30-32; E. Hobsbawm, "Preface," in: G. Haupt, *Aspects of International Socialism 1871-1914* (Cambridge, 1986), vii-xvii; D. Tomich/A.G. Rabinbach, "Georges Haupt 1928-1978," *International Labor and Working Class History*, No. 14/15, Spring 1979, 2-5; E. Labrousse, "Georges Haupt historien français du socialisme international," *Cahiers du Monde russe et soviétique*, Vol. 19, No. 3, VII.-IX.1978, 217-220.

3）オープトの引用文献は，刊行年順に一覧を作成し末尾に一括して掲げ，本文では一覧に付された略記号を用い，そのあとにページ数を加えることにする。

4）オープトの著作目録は以下の追悼号に掲載されている。*Le Mouvement social*, No. 111, IV.-VI.1980, 255-268. それとて完全からほど遠いものだが，以下の編注は傾聴に値する。編者として多くの場合，どの論文が他のどの論文から訳されたかの確定作業をあきらめねばならなかった。なぜならオープトは論文を公表する前にしばしば別の言語で新たに本文を手直ししたし，またそれらの点検は常に正確になされたわけではなかった，と。

5）Cf. Hobsbawm, xii.

6）Cf. Tomich/Rabinbach, 2; A. Rabinbach, "Georges Haupt: History and the Socialist Tradition," *Le Mouvement social*, No. 111, 79.

7）Hobsbawm, viii.

8）本論の付論として「ソヴェト社会主義論」を準備していたが，規程枚数との関係で割愛せざるをえなかった。〔追記　ソ連・東欧社会主義体制崩壊後はじめて公開されることになった諸文書館史料群を利用して増補改訂する必要性を感じながらも，目下その余裕がなく，再録にあたり同付論を復元しないこととした。〕

9）Cf. Tomich/Rabinbach, 3; Labrousse, 220.

10）J.-L. Robert, "Georges Haupt," *Cahiers d'histoire de l'Institut Maurice Thorez*, No. 25-26 (53-54), 1978, 261.

11）Cf. Rabinbach, 78-79; Tomich/Rabinbach, 4; E. Labrousse, "Géographie du socialisme," *La Revue socialiste*, [Vol. 1] No.2, VI.1946, 137-148.

12）J. Jemnitz, "Le feu ardent de l'histoire," *Le Mouvement social*, No. 111, 49.

13）Cl. Weill, "Le seminaire de Georges Haupt à l'Ecole des Hautes Etudes," *ibid*., 38-39.

14）なお，その SPD が及ぼした影響力の典拠ともなるカウツキーと当地社会主義者間の書簡集が，オープトらによって編纂され，彼の死後公刊された［Haupt/Jemnitz/van Rossum (1986)］。それによって我々はまた，西欧中心的社会主義とは異なる社会主義世界へと深く立ち入れる想いがする。

15）Cf. Hobsbawm, x-xi.

第 1 章　インタナショナル史研究の方法論的考察

16) F. Marek, "Georges Haupt et la crise du marxisme," *Le Mouvement social*, No. 111, 53-54.
17) M. Bernstein, "Tout comprendre, tout expliquer," *ibid.*, 24.
18) Cf. R. Gallissot, "De l'étude des migrations ouvrières à la revue «Pluriel»," *ibid.*, 26-27; Pluriel, "A Georges Haupt," *Pluriel*, No. 13, 1978, 4.
19) Cf. Rabinbach, 76; Jemnitz, 49; Weill, 41.
20) Tomich/Rabinbach, 4.
21) Cf. Rabinbach, 77-78; Tomich/Rabinbach, 3-4.
22) Cf. Hobsbawm, x, xii-xiii.
23) Cf. 山内昭人 / 本秀一「『ボリシェヴィズム』という用語について──編訳とまえがき──」『宮崎大学教育学部紀要』(社会科学), 60 号, 1986 年 9 月, 1-19.
24) Cf. H. Steiner, "Georges Haupt et les Rencontres internationales des historiens du mouvement ouvrier à Linz," *Le Mouvement social*, No. 111, 62.
25) 本論は，1977 年 11 月 2 日ニューヨーク州立大学ビンガムトン校フェルナン・ブローデル・センターでのセミナー報告（表題は指定による）のテープ起こしであり，オープト急逝後ウォーラーステイン（I. Wallerstein）が編集を担当した。
26) 正確には，1918 年 1 月 24 日，第 3 回全露ソヴェト大会でレーニンは，2 カ月と 15 日間はパリ・コミューンの期間よりわずか 5 日しか長くない，と演説した。
27) Cf. Rabinbach, 76.

引用文献一覧

[Haupt (1960)]　Haupt, G., "Ouvrages bibliographiques concernant l'histoire de l'U.R.S.S.," *Cahiers du Monde russe et soviétique*, Vol. 1, No. 3, IV.-VI.1960, 502-512.

[Haupt (1962)]　Haupt, G., "Histoire de l'Internationale socialiste ou Histoire international du Socialisme? Sur quelques controverses à propos de problems de recherche et de méthode," *Le Mouvement social*, No. 41, X.-XII.1962, 13-34.

[Haupt (1963)]　Haupt, G. (éd.), *Correspondance entre Lénine et Camille Huysmans 1905-1914* (Paris/La Haye, 1963), 165 p.

[Haupt (1964)]　Haupt, G., *La Deuxième Internationale 1889-1914. Etude critique des sources. Essai bibliographique* (Paris/La Haye, 1964), 393 p.

[Haupt (1965)]　Haupt, G., *La Congrès manqué. L'Internationale à la veille de la Première Guerre mondiale. Etude et documents* (Paris, 1965), 299 p.

[Haupt/Rebérioux (1967)]　Haupt, G./M. Rebérioux (éds.), *La Deuxième Internationale et l'Orient* (Paris, 1967), 493 p.

[Andréas/Haupt (1967a)]　Andréas, B./G. Haupt, "Bibliographie der Arbeiterbewegung heute und morgen," *International Review of Social History*, Vol. 12, Part 1, I.-III.1967, 1-30.

[Haupt (1968)]　Haupt, G., "La genèse du conflit soviéto-roumain," *Revue française de science politique*, Vol. 18, No. 4, VIII.1968, 669-684.

[Haupt (1969)]　Haupt, G. (éd.), *Bureau Socialiste International. Comptes rendus des réunions. Manifestes et circulaires*, Vol. 1: 1900-1907 (Paris/La Haye, 1969), 438 p.

[Haupt (1970)] Haupt, G., *Programm und Wirklichkeit. Die internationale Sozialdemokratie vor 1914* (Neuwied/Berlin, 1970), 256 S.

[Haupt (1972)] Haupt, G., *Socialism and the Great War. The Collapse of the Second International* (Oxford, 1972), ix, 270 p. [Reprinted with corrections 1973]

[Haupt/Lowy/Weill (1974)] Haupt, G./M. Lowy/Cl. Weill, *Les marxistes et la question nationale 1848-1914. Etudes et textes* (Paris, 1974), 395 p.

[Haupt (1974a)] Haupt, G., "Dynamik und Konservativismus der Ideologie. Rosa Luxemburg und der Beginn marxistischer Untersuchungen zur nationalen Fragen," in: Cl. Pozzoli (Hg.), *Rosa Luxemburg oder Die Bestimmung des Sozialismus* (Frankfurt a. M., 1974), 219-270 (「ローザ・ルクセンブルクと民族問題」山内昶訳, L. バッソほか『ローザ・ルクセンブルク論集』[河出書房新社, 1978], 180-235).

[Haupt (1974b)] Haupt, G., "Renaissance oder Stagnation des Marxismus heute?" in: *Geschichte und Gesellschaft. Festschrift für Karl R. Stadler zum 60. Geburtstag* (Wien, 1974), 331-348.

[Haupt et al. (1974c)] Haupt, G. et al., "Zwischen Sozialgeschichte und Legitimationswissenschaft. Protokoll einer Tagung über Geschichtsschreibung der Arbeiterbewegung in Frankfurt/M. (Nordweststadt) am 17. Februar 1974," *Jahrbuch Arbeiterbewegung*, Bd. 2 (Frankfurt a. M., 1974), 267-300.

[Haupt (1974d)] Haupt, G., [Diskussion], in: *Internationale Tagung der Historiker der Arbeiterbewegung ("VIII. Linzer Konferenz" 1972)* (ITH-Tagungsberichte 6) (Wien, 1974), 136-138, 182-184, 229-232.

[Haupt (1975)] Haupt, G., "Zur Problematik 'Geographie des Marxismus.' Einige Bemerkungen," in: *Internationale Tagung der Historiker der Arbeiterbewegung ("IX. Linzer Konferenz" 1973)* (ITH-Tagungsberichte 7) (Wien, 1975), 35-46; [Diskussion] 252-253, 268-269.

[Haupt (1978)] Haupt, G., "Zur Begriffsgeschichte des Wortpaares 'Marxist' und 'Marxismus,'" *Forschungen zur osteuropäischen Geschichte*, Bd. 25, 1978, 108-120.

[Haupt (1978a)] Haupt, G., "Why the History of the Working-Class Movement?," *New German Critique*, No. 14, Spring 1978, 7-27.

[Haupt (1978b)] Haupt, G., "Rôle de l'exil dans la diffusion de l'image de l'intelligentsia révolutionnaire," *Cahiers du Monde russe et soviétique*, Vol. 19, No. 3, VII.-IX.1978, 235-249.

[Haupt (1978c)] Haupt, G., "Emigration et diffusion des idées socialistes: l'exemple d'Anna Kuliscioff," *Pluriel*, No. 14, 1978, 3-12.

[Haupt (1979)] Haupt, G., "'Führungspartei'? Die Ausstrahlung der deutschen Sozialdemokratie auf den Südosten Europas zur Zeit der Zweiten Internationale," *Internationale wissenschaftliche Korrespondenz zur Geschichte der deutschen*

Arbeiterbewegung, Jg. 15, Heft 1, III.1979, 1-30.

［Haupt（1979a）］　Haupt, G., "In What Sense and to What Degree Was the Russian Revolution a Proletarian Revolution?," *Review. A Journal of the Fernand Braudel Center for the Study of Economics, Historical Systems, and Civilizations*, Vol. 3, No. 1, Summer 1979, 21-33.

［Haupt（1980）］　Haupt, G., *L'Historien et le mouvement social*（Paris, 1980）, 343 p.

［Haupt（1981）］　Haupt, G., "Socialisme et syndicalisme. Les rapports entre partis et syndicats au plan international: une mutation?," in: *Jaurès et la classe ouvrière*（Paris, 1981）, 29-66.

［Haupt（1982）］　Haupt, G., "Marx and Marxism," in: E.J. Hobsbawm（ed.）, *The History of Marxism*, Vol. 1: Marxism in Marx's Day（Brighton, Sussex, 1982）, 265-289.

［Haupt/Jemnitz/van Rossum（1986）］　Haupt, G./J. Jemnitz/L. van Rossum（Hg.）, *Karl Kautsky und die Sozialdemokratie Südosteuropas. Korrespondenz 1883-1938*（Frankfurt a. M./New York, 1986）, 649 S.

追記

　初出論文発表後もオープトに関するとくに回想類はあとを絶たない。とりわけ没後30周年を記念して2008年11月に催された会に大方は由来する11篇の論考，回想類を載せた136頁から成る『ジョレス手帖』（Cahiers Jaurès）2012年1-3月号の特集「ジョルジュ・オープト，方法のためのインタナショナル」（Georges Haupt, l'Internationale pour méthode）は着目される。それは「まえがき」と「序文」のあと，3部構成で，第I部「歴史書編修の展望」に3篇，第II部「方法」に3篇，そして第III部「証言」に5篇がそれぞれ収録されている。30年以上たってもなお尽きない回想・証言にかなりのページが割かれているところに，オープトという特異な歴史家が周囲に与えたインパクトがいかに大きかったかを物語っているが，しかし，肝心の彼の研究の批判的継承はどうであろうか？

　特集号のタイトルにあるように，またオープトが取り組んだテーマに関する方法論の今日性（アクチュアリテ）や生命力（ヴィタリテ）を提示することが構成の一つになっているにもかかわらず，彼が編纂に関わった史料目録類や「文書館の良き利用」などが彼の「科学的な遺産」として強調されてはいるものの，方法論的考察でとくに生産的で注目に値する研究は一，二にすぎないように思える。が，それも私の研究領域からは遠い。

　また，「『労働運動史』というまさにそのタイトルを付けられたものは，今日もはやほとんど出会わないし，それはここで説明するにはあまりにさまざまな理由のためにである」；「ジョルジュ・オープトの遺産は，今日稀にしか言及されない。その第一の理由説明は，……オープト自身が労働運動の歴史書編修に関する総合的な書物を著さなかった［からである］。その他の理由は，全く従属的な公式的歴史への彼の強烈な批判である」（p. 69, 71）と記した当人（Jean-Numa Ducange）も含めて，オープトの急逝直前の論文「なぜ労働運動史か？」での深刻な問題意識を伴った研究テーマに正面から取り組んだ論考も見あたらない。

　社会主義運動や労働運動の歴史研究自体が先進国において今日的テーマでなくなって

いることもその背景説明となるであろうが，本特集にはオープトの研究の批判的継承やそれを乗り越えようとする方向性がみられない。

以上で述べた理由により，新たに得られた知見によってオープトの経歴や業績に関して記述を深めることは可能だが，再録にあたって表記の統一を中心にマイナーな改訂にとどめている。

2 社会史的・数量的アプローチと草の根のインタナショナリズム
──ロバート・ウィーラー──

(1) 数量的方法と労働運動史

数量的分析自体は，労働運動史においても古くはマルクス，エンゲルス以来多くはないがなされてきた。近年統計的調査は盛んで，コンピュータまで導入されている。そのコンピュータの歴史研究への適用の可能性が1960年代から認識されはじめた。けれども，労働運動史におけるその方面の成果はまだほとんどみられない。その主原因は，大半の労働運動史家が伝統的な視座に固執していることにあり，その結果「労働者」運動は「上から」調査され，個人や綱領に重きが置かれ，その基盤はほとんど触れられていない。

このようにアメリカのロバート・ウィーラーは1973年の第9回国際労働運動史家会議，いわゆるリンツ会議での報告を始めた［Wheeler (1974)］[1]。彼はその「下から」の調査を進めるべく数量的分析を模索し，コンピュータによる数量的方法の可能性とその限界について報告した。

まず，その可能性として①投票分析，②大衆行動分析，③組織分析が挙げられている。投票分析自体はすでになされてきているが，「労働者階級」の投票態度ないし「労働者政党」への支持投票のコンピュータを使っての調査はこれからである。それがなされれば，例えばSPDへの投票者とドイツ共産党（KPD）へのそれとの双方の社会構造の違いまで摘出されるし，それぞれの時期における支持変動が明らかにされるだろう。他国の投票分析も可能で，そこまでいって初めて国際的な比較が可能となる。

大衆行動分析のうちストライキについては先例がある。1890年から1935

年にかけてのフランスにおける 36,000 件のストライキの統計が，コンピュータを使って系統的になされた。また，コード表の作成も進んでいて，それは 1848 年の「6月蜂起」の逮捕者 11,744 人とパリ・コミューンの逮捕者約 15,000 人についてであり，一部すでに利用されている。他国についてもそれがなされれば，総合的なバイオグラフィーの作成も容易になる。

組織分析については，例えば上記の投票分析からさらに入り込んで，基底における立場の違いとか地域差が明らかにされる。或る社会－構造的傾向も確定されよう。さらに，各組織の機関紙を網羅し，そのデータをコンピュータにイン・プットすることによって，例えば党とか労働組合の政策についての内容分析が可能となる。

残念なのは，そこまで資料を網羅し複合的な研究を追求しようとする動機づけにそもそも欠ける労働運動史家が多いことである。それはともかくとして，コンピュータによる数量分析を過大にも過小にも評価してはならない。統一を与えるように資料を修正するのも，欠けたデータを推定するのも歴史家の作業だし，歴史家はその「アウト・プット」をこそ解釈しなければならない。

その他，コンピュータ使用の財政上の問題がある。そのコスト高を少しでも軽減するには，労働運動史のためのデータ・バンクが望まれるし，集団プロジェクトも計画されてほしい。

以上のようにウィーラーは建設的な意見を展開し，自ら数学的訓練の講習を終え，伝統的労働運動史と新しい社会史的・数量的アプローチとの接合をめざして，ヴァイマル共和国時代のドイツ労働階級の社会史を包括的に追究した。以下その成果を紹介していくが，数量的分析の意義を高からしめた 1974 年の論文「ドイツ労働階級とコミンテルン：世代の問題？」をまず取り上げる（ただし，そこではコンピュータは使われていない。それを使うには変数が少なすぎた）［Wheeler (1974a)］。

(2) 数量的分析①――若さ／「新参」と急進性との相関関係

問題が次のように設定された。組織された労働階級内の政治的相違は，世

代間の相違に関係がありうるか？　労働階級の急進性への傾向は，老世代より若者の間に優勢であったか？

　若者の政治的急進性との関連については，ボルケナウ（F. Borkenau）らの古典的研究がある。ボルケナウはその関連性をドイツ独立社会民主党（USPD）において認めるのだが，ウィーラーに言わせれば，それは個人的回想等にもとづくものであり，批判的に検討される必要がある。

　USPD ばかりか全ヨーロッパの社会主義は，ロシア 10 月革命後の第 3 インタナショナル（コミンテルン）創設の動きと第 2 インタナショナル復興の試みへの対応に迫られた。この問題に対して世代間の相違がみられるかを USPD において調査しようとする時，伝統的アプローチだと，活動的党員の公の立場表明を検討することになる。その伝統的アプローチでウィーラーが行った調査のうち，一つだけ以下に紹介する。

　1919 年初め，第 2 インタナショナル復興の試みに参加することを党指導部が決定したが，それは明らかに党内で不人気だった。若きトニー・ゼンダー（Toni Sender; 30〔当時の年齢〕），シュテッカー（W. Stoecker; 27）によって攻撃されたが，しかしそれは中年のディスマン（R. Dissmann; 40），ハンゼン（F. Hansen; 42）によってもだし，さらに古参のヘルツフェルト（J. Herzfeld; 65），クララ・ツェトキン（Clara Zetkin; 61）によってもそうだった。一方，その決定の支持者のうち著名なのはアイスナー（K. Eisner; 51），カウツキー（64）だが，トラー（E. Toller; 26），ティール（E. Thiel; 26）などの若者もいた。

　このように伝統的アプローチだと世代間の差異はくっきりとは出ず，印象的な観察の域を出ない。ヨリ系統的な調査が必要となる。以下が数量的分析という新しい試みである。

　USPD は 1917 年 4 月から 1922 年 9 月まで存在したが，党員のデータは皆無に近い。幸いなことに，1919 年 3 月のベルリン，1919 年 11-12 月のライプツィヒ，そして 1920 年 10 月のハレでの党全国大会（以下，各大会を古い順に（B），（L），（H）と略記する）の公式記録が役立つ。それぞれ出席者リストがあり，それらをもとに他の史料とつき合わせながら各出席者の年齢と「新旧」（入党に関する）をまず確定しようとする。

年齢が割り出せたのはそれぞれ 118 名，173 名，254 名で，ともに約 54% にあたる[2]。出席者の平均年齢は（B）42.9 歳，（L）41.6 歳，（H）40.4 歳で，続いて出席者の年齢別構成が表示される。表は省くが，それらをみると大きな変化がある。すなわち，30 歳台が増加し，50 歳台以上が減少している。（B）では 40 歳以上が多数だったが，（H）では 40 歳以下が明確に多数となった（補足説明しておけば，ドイツ労働運動の脈絡では「40 歳以下」が若者に属する）。

次に政治的急進性を測る事例として，（L）と（H）で討議されたコミンテルン即時加盟問題を取り上げる。それに賛成の代議員の平均年齢は（L）37.2 歳，（H）36.6 歳で，反対のそれは（L）42.6 歳，（H）43.9 歳であり，そして（L）での賛成と反対の開きが 5.4 歳，（H）では 7.3 歳である。（L）では賛成は 30 歳台が 62.5% を占め，反対は 40 歳台が最も多く 37.9% を占める。（H）でも（L）とほぼ同様の結果を得る。

これらによって，若さと急進性との間に強い相関関係が存在することが明白となった（「新旧」についての分析は割愛するが，年齢についての場合ほど明瞭ではないもののほぼ「新参」と急進性との相関関係も確かめられる）。

その若さ／「新参」と急進性との相関関係は，USPD にとどまらない。ドイツの他の組織，例えば SPD や KPD にもみられるし，フランスにおいても，またロシア・ボリシェヴィキにおいてもそうである。

なぜそうなのか？ 急進的な主義が労働運動内でヨリ若い分子にヨリ高い支持率を得る傾向にあったとすれば，何がそれを促進したのか？

ここからがウィーラーの「アウト・プット」の解釈ということになる。彼自身，試みの説明だと断っているが，それは刺激的である。

ウィーラーがまず取り上げるのは，当時の USPD 一指導者の次のような主張である。古参党員は，大戦後入党してきた大量の若者を「教育し蒙を開く」に十分な時間がもてなかった。その結果，党内のこれら同化されなかった分子がモスクワへ目を向けた，と。このことは組織全体についても言える。中部ドイツの「赤い心臓」と呼ばれたハレの組織は，党内で当初から急進主義の中心であり，西では低ラインラント，西ウェストファリア地区が，北で

はハンブルク・グループがまたそうだった。これら地方組織に共通するのは，大戦前からの参加をほとんどみない多くの新参の産業労働者から成る組織だったことである。そこではSPD的あるいは労働組合的伝統が欠如していた。

その他の要因としては，大戦自体が若者を日常性から遊離させることによって彼らの急進化に貢献したことが挙げられる。また，戦後直後の失業も貢献した。労働階級のうち若者こそが，最後に雇われ，そして最初に解雇される階層であったからである。

党組織内においても若者は，官僚化し，年をとった指導部によって何かと抑えられていた。そのような情況下でロシア革命は，社会変化を望むとりわけ若者の中に大いに訴える力をもっていた。古参指導者は脅威をもってモスクワを見，若き活動家たちはコミンテルンを社会主義革命を実現する手段とみる傾向にあった。

以上の解釈についての私なりのコメントは後述するとして，他にウィーラーが試みた数量的分析を続けて紹介する。1975年に公表された「ドイツ女性とコミンテルン：独立社会民主党の場合」において，女性と急進性との関連が分析された［Wheeler (1975a)］。

（3） 数量的分析②──女性と急進性との相関関係

本筋に入る前にウィーラーが指摘するのは，女性の党全国大会における代議員比率が低いことである。USPD全体で女性の占める率は1920年段階で15.2%なのに，ライプツィヒ大会とハレ大会ではそれぞれ10.6%と10.9%しか女性は占めていない。

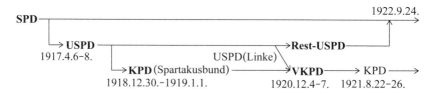

ドイツ社会主義政党変遷図

急進性の指標になる「21カ条」（後述注5）受諾－コミンテルン加盟に対して，女性は指導層，ランク・アンド・ファイルを問わず男性より支持率が低い。また，ハレ大会後 USPD が解体するのだが，KPD と合同したドイツ統一共産党（VKPD）と，残留 - USPD とにおける女性の比率は，それぞれ 11.1％ と 14.7％ で，後者においても 0.5％ほど以前より落ちている（1920年時点で SPD と KPD における女性の比率はそれぞれ 17.5％ と 9％）。

続いて，女性がコミンテルンに対してヨリ否定的な態度を示したことの説明が試みられる。それによると，労働階級の女性の労働条件等の水準は，男性よりも平均的に悪く，女性もまた最後に雇われ，そして最初に解雇されるものであった。加えて，ウィーラーは常識的すぎる解釈をも下している。女性は男性に比べて，ヨリしばしば変化より現状を選ぶ，と。

ここで私は疑問をさしはさまざるをえない。女性の労働条件は若者のそれと似ている。にもかかわらず，女性では急進性において若者とは逆に作用するのはなぜなのか？　女性もまた若いほど急進性を示すことをウィーラー自身が指摘している。ハレ大会での「21カ条」支持の女性の平均年齢は，反対のそれより約 10 歳若い（全出席者では約 7 歳差）。

それに対する著者の説明は果たされていない。論文の結びはこうである。政治的行動における変数として性別を考慮することは，歴史の展開への我々の理解を増すことができる，逆に，この要素の重要性を認めないならば，社会を構成する諸個人，つまり男性と女性間の潜在的相違ばかりか，その類似性をも曖昧にするであろう，と。同論文は中間報告である。今はウィーラーの暫定的な解釈への批判に力を注ぐよりは，彼が切り拓いた地平，つまりさまざまな変数の設定とその分析の徹底こそヨリ生産的であろう。

(4)　労働運動の社会構造──方法論的考察

ウィーラーが 1973 年 6 月の国際シンポジウムで発表した「ヴァイマル共和国初期における労働運動の社会構造について──若干の方法論的所見」は，彼が最も意欲的に試みた方法論が語られているゆえに，次にそれを紹介しよう［Wheeler (1974b)］。

冒頭，1918年以前のドイツ諸政党組織について述べられたニッパーダイ（Th. Nipperdey）による1961年の所見が掲げられた。「組織の歴史は，工業的大衆社会への移行という社会構造の変化から理解されなければならない」と。
　ウィーラーは，この所見がヴァイマル時代における労働運動の組織の歴史にも当てはまるとみなし，大衆社会の構造変化が労働運動へ及ぼす影響の考察が必要だとみた。まず，労働運動の社会構造の調査を始めるにあたって，以下の「比較的単純だが，しかし答えるのに困難な」問題が設定された。誰が本来労働運動に属するか？　誰が会費や投票を通じて個々の労働者政党または労働組合組織を支持するか？
　それらを解くには，労働者運動の内的発展と社会的基盤の理解が不可欠であり，その際，特定の指導者の影響とか重要な組織資力による支配だけでは済まない。なぜならば，党員が指導者の言葉や党新聞雑誌の言葉に従わない例も多いし，逆に，指導者や新聞雑誌がとりわけ地方レヴェルにおいてだが，全般的に党員の意見を反映したり，それゆえに選出されたりしているからである。
　ということは，〔「下から」とか「上から」とかだけでなく〕相互作用が問題で，指導者ばかりか支持者大衆を研究対象にしなければならない。そこで再度，以下の問いが立てられる。労働者集団（Arbeiterschaft）内の相違と労働運動内の相違との間に，どれほどの相関関係が存在するのか？　労働者諸政党または労働組合諸グループの社会構造は，どの程度，そして何のために互いに区別されるのか？
　ウィーラーが体系的研究の手はじめとして考えたのが，以下の調査モデルである。労働者集団内に存在する社会構造的相違と，労働運動内の政治的潮流との間の相関関係と因果的連関を考え，後者は「急進的」と「保守的」（あくまで相対的概念としてであって価値判断を含むものではない）に分け，そして前者は五つの（相互に関係する）社会構造的変数，つまり性別，年齢，職業，作業場，住居をとる。そこで，それら五つの変数が「急進的」と「保守的」の基準のもとに調査されるために，以下の仮説Ⅰ～Ⅴが立てられる。

仮説Ⅰは，性別と政治的態度（Orientierung）との相関関係に関わる。すなわち，男性労働者は就労女性よりもヨリしばしば「急進的」傾向に傾いている。

仮説Ⅱは，年齢（メンバー歴も含めて）と政治的態度との相関関係に関わる。すなわち，平均して「急進的」立場の支持者は，「保守的」傾向の支持者よりもヨリ若い。しかしながら，年齢自体だけでなく，メンバーとしての継続期間〔メンバー歴〕もまた重要な要因であるように思える。労働運動において誰かがヨリ長く組織されればされるほど，それだけますます彼（ら）は「保守的」立場を支持する傾向にあったし，逆もまたそのとおりである。

仮説Ⅲは，職業と政治的態度との相関関係に関わる。すなわち，工業労働者，とりわけ新しい産業の労働者や，伝統的立場で脅かされていると自ら感じる熟練工は，ヨリ強く「急進的」な選択をする傾向にある。

この要因においては，他の要因との関連もみる必要があり，最も重要な要因は作業場での構造である。例えば，1920年代初め，ドイツ労働組合総同盟（ADGB）内の靴屋中央組合には「急進的」傾向があった。工業化を通じて大部分の靴屋〔本来手工業に属する職業〕は工場で働くか，あるいは，ほとんどもっぱら修理作業に配置換えすることを強いられたからである。

仮説Ⅳは，作業場と政治的態度との相関関係に関わる。すなわち，大企業の労働者の方が，小企業の者よりヨリ「急進的」である。例えば，〔大戦中，巨大窒素工場があった〕ハレ - メルゼブルクの選挙区ではUSPD党員が憲法制定会議への代議員の多数を占め，それが全ドイツで二，三しかない投票区の一つであったことは決して偶然ではなかった。この地域は同時に，1921年の中部ドイツ蜂起の頼みの綱であった。

大企業的構造と労働者集団の急進性との関連は，とりわけ（ロイナ〔化学工業〕やクルップ〔製鉄業〕のような）大企業が相対的に新しく組織されたという事実に帰因する。

仮説Ⅴは，住居と政治的態度との相関関係に関わる。すなわち，住宅地区の労働者のパーセンテージが高くなればなるほど，ヨリ「急進的」傾向が支持される。

集中度 (Konzentration) 要因も見落とされてはならない。たとえ「保守的」な SPD がベルリンとは反対にハンブルクでは指導的立場を確保できるとしても，USPD と KPD は高い労働者集中度をもった地区，つまりザンクト・パウリ (60％)，ノイシュタット (56％)，バルムベルク (52.6％) においては一番成果を収めた。

　集中度と階級意識，それに「急進的」傾向との間の関連は，過小評価されるべきではない。また，明らかに住居や作業場のような変数は，性別，年齢，職業のように互いに独立して作用することはほとんどない。

　その他の要因も残されているが，調査モデルからはずされた教育，家族関係，宗教，国籍のような若干の社会的要因は，考慮されないままであるべきことを意味しない。

　さしあたり五つの変数が，ヴァイマル共和国の労働運動の仮の社会 - 構造的イメージの作成に対して十分である。五つの変数の交換可能性を通じてヨリ多くの組み合わせ可能性が生じる。ここで，しかし問題が生じる。これらの五つの要因が，どの程度等価値か？　それらのヨリ相対的な価値が，ある種の組み合わせで変わるのか？　五つの仮説は，労働運動の選挙人層，一般メンバー層，指導層にとって同じように有効か？

　一部は表向き入手できない史料ゆえに，ドイツ労働運動の社会構造の問題性はこれまでずっと探究されてこなかった。史料状況は多くの点で伝統的な問題設定に対するよりもヨリ有利である。人口，職業，企業調査，集団レヴェルの選挙統計などを利用する可能性は，社会科学的方法や電子式データ処理の適用を通してはるかに拡大される。「最終的に，ドイツ労働運動の社会構造を底辺から頂点に至るまで正確に確定すべき時が来た」とウィーラーは結んだ。

(5)　博士論文と USPD 史の新研究

　ウィーラー自身，既述のようにヴァイマル共和国における労働階級の全体にわたる社会史に取り組んだ。それこそスポーツ運動の分析まで含めてだったのだが，「組織されたスポーツと組織された労働者：労働者のスポーツ運

動」において,その予備作業として彼は,組織されたスポーツが近代資本主義による産業化の直接の結果である,と仮説的に捉えた［Wheeler (1978)］。かかる追究のさなか,1977年クリスマス・イヴの前日,37歳の若さで彼は亡くなった。残されたのは『戦争,革命,そしてプロレタリアートの連帯——草の根のインタナショナリズム』の未定稿だった[3]。

ウィーラーは1970年にピッツバーグ大学で博士号を取得したが,その博士論文［Wheeler (1970)］はその後の深められた研究によって増補され,1975年わざわざドイツ語に訳されて公刊された。その『USPDとインタナショナル——革命の時代における社会主義インタナショナリズム』［Wheeler (1975)］は,期せずして同年に刊行されたクラウゼおよびモーガンの両USPD史［Krause (1975); Morgan (1975)］とともに,半世紀前のプラーガーの『USPD史』［Prager (1922)］以来包括的に研究されることのなかったUSPD研究の水準を一挙に高めるものとなった。その際,ウィーラーは伝統的方法の受け継ぐべきところは受け継ぎ,それの実証に際してはUSPDの各機関紙を網羅するという徹底性を強烈に読者にみせつけた(彼の伝統的方法による,つまり綿密なテクスト・クリティークによる実証力は,1973年の論文「ベルンにおける『真実と明瞭』の挫折:クルト・アイスナー,反対派そしてインタナショナルの再建」［Wheeler (1973)］で証明されもした)。

ここで,上記USPD史の三つの新研究を,ピーターソンによるバランスの良い書評論文をもとに略説しておこう［Peterson (1981)］。

大戦と革命期に労働運動の中心に位置したUSPDの失敗は,ドイツ史家から厳しく取り扱われてきた。なぜならば,ヴァイマルの経験で育まれた歴史家たちにとって,労働運動における選択は共産主義と社会民主主義の間にあり,USPDはせいぜい「第三の道」への不運なユートピア的試みであった。そのような中,3人の歴史家がドイツ史書におけるこのギャップを,以下の問いのもとに埋めはじめた。USPDは革命においてSPDとKPDに対するもう一つの選択肢（an alternative）を提供しえたか？ コミンテルンへの支持をめぐるUSPDの分裂は,不可避であったか,それともボリシェヴィキによって工作されたか？

まず，クラウゼの著作『USPD――ドイツ独立社会民主党の歴史によせて』は，最も基本的であり，USPDの全国にわたる政治の，とりわけ党内の諸論争とそれらが議論され決議されるそのしかたの年代記となっている。クラウゼの最も重要な結論は，USPDがその歴史を通じて出来事に対して，政治的危機の瞬間ですらイニシャティヴをとらなかったことである。

その一方で，USPDの強さはその政治的不均質（heterogeneity）にあった，とクラウゼは主張する。確かに，党の非中央集権化された構造は，多くのさまざまなグループに余地を与え，党生活の特徴をなす議論を自由かつ開放的にした。がしかし，そこにこそUSPDの悲劇があった。つまり，党が第3インタナショナルへの支持を貫いた明確な政治戦略について最終的に投票する時，批判と意見の相違の党内自由が硬直化し，公然たる分裂の道へと進んだ。党の最大の強さである内部民主主義が，その運命的な弱さとなった，と。

次に，モーガンの『社会主義左派とドイツ革命――ドイツ独立社会民主党史1917-1922年』は，USPDの最初の物語風（narrative）歴史である〔ということは，問題史的というか鋭い分析・考察に欠けている〕。モーガンは，USPDをドイツ社会主義運動の伝統の中に位置づけようとし，USPDの戦前のSPDとの連続性に興味を示す。

評者のピーターソンによれば，実際，USPDの革命における消極性は戦前の行動様式の一連続であった，にもかかわらず，革命的社会主義者の新しい世代は，党の社会民主主義的過去と決定的に訣別するためUSPDを通り抜け，1920年が過ぎて党を去った，という事実は残る。モーガンは，いかに，あるいは，なぜ左翼反対派が新しい政治戦略，綱領，組織形態を採用し，大多数の独立社会民主党員がコミンテルンへの支持に賛成投票したか，を納得のゆくように説明できていない，と。

最後に，ウィーラーの『USPDとインタナショナル』は，党を分裂させた問題，つまりコミンテルンへの支持の問題に集中することによって，これらの問題に答えようとする。3人の歴史家のうち，ウィーラーが方法論に関して最も革新的であること（評者の表現では，これらの問題の分析を数量的方法を駆使して「上から」と「下から」と厳密に統合する試み）を評者は指摘してい

るが，それこそ私も強調しているところである。

評者によるウィーラー研究への総括的論評については，最終第7項で取り上げる。

（6）　革命的社会主義インタナショナリズム

ウィーラーの文書館への飽くなき探求は，彼を知る多くの歴史家が追悼の中で語っているほどのもので，7ないし8カ国に散在する80以上の文書館が彼によって調査された。その調査結果の一部として『ドイツ労働運動史についての国際学術通信』の第6号に「1917-22年のUSPD機関紙のビブリオグラフィーと所在明記」［Wheeler (1968)］が，そして第9号に「DDR諸文書館におけるドイツ労働運動史についての史料」［Wheeler (1969)］が掲載された[4]。

その上に彼は数量的分析を導入して，刺激的なテーゼを提出したのだった。その結論部は，公刊と並行して西ドイツ（当時）の代表的雑誌『現代史季刊誌』の1975年第2号に「『21カ条』と1920年秋のUSPDの分裂——底辺の意見形成について」のタイトルでわざわざ掲載された［Wheeler (1975b)］。

その第一書に次ぐ第二書になるはずだった未定稿は，さらに数量的方法を徹底化させ，社会史的なアプローチで新たに捉え直そうとするものだった。その一端は『社会史国際評論』1977年第3号に載った「革命的社会主義インタナショナリズム：USPD内のランク・アンド・ファイルの反応」に以下のように窺われる［Wheeler (1977)］。

従来，インタナショナルの歴史はもっぱら「上から」(top down) 捉えられてきた。「下から」(bottom up) も追究されるべきである。そのインタナショナル史における社会史的なアプローチは，すでにオープトによって切り拓かれたものだった（そのオープトも今はない。ウィーラーに遅れること3カ月，50歳で客死した）。その斬新な方法論的アプローチの要求と，労働運動史における草の根（グラス・ルーツ）の探求の要求に答えようとする一つの試みが同論文であり，USPD史をインタナショナル（国際社会主義）史の中で捉えようとするものでもある。

1918年のドイツ11月革命は，国際的行動として計画されたものではないにしても，革命の広く自然発生的で草の根的な性格は，明らかに国際的反戦アジテーション(レーテ)に影響された。ベルリン労兵評議会の全体集会における最初の行動の一つは，USPDの提案によるソヴェト・ロシアとの外交関係回復の要求だった。それがヨリ高いレヴェルで阻止されたことは，ランク・アンド・ファイルの過失ではなかった。

　大戦後，そのような革命的社会主義インタナショナリズムにどのような組織形態を与えるかが問題となった。彼らランク・アンド・ファイルは「行動のインタナショナル」を求めた。その具体化を，多数の党員は復興された第2インタナショナルにみたのではなかった。1919年3月コミンテルンが創設され，数カ月もたたぬ間にそれへのランク・アンド・ファイルの高い関心が示された。その年の秋までには，それはモスクワへの紛れもない大うねりとなった。ハレの党組織では，すべての下部地区が圧倒的にコミンテルン加盟に賛成投票した。

　しかし，彼らランク・アンド・ファイルには，真に革命的社会主義インタナショナルがいかに実現されるべきか，ヨリ具体的には，現実に創設されたコミンテルンと復興されつつあった第2インタナショナルに対していかなる態度をとるかについて顕著な意見の対立があった。

　そのような時，「21カ条」がUSPDに突きつけられた。1920年7-8月のコミンテルン第2回大会は，コミンテルンへの加入条件としていわゆる「21カ条」を採択した。それは非合法活動を正当化し，はるかに中央集権的な組織をめざし，とりわけ補足された最後の二項は厳しすぎる条件ともみられるものだった[5]。

　その問題についてウィーラーは第一書で独自の論争的なテーゼを展開した。それを少し長いが紹介しておくと，「21カ条」はライプツィヒ大会以来USPD内に増大しつつあった，第3インタナショナルは革命的マルクス主義インタナショナルの追求に答えてくれるだろうとの総意を，破壊したにすぎない。「21カ条」問題で党は分裂したが，その「分極化過程」はレーニンが意図したようには，革命的左派の純化と強化をもたらさなかった。むしろそ

れは，労働運動の左翼に混乱と恒久的な弱体化をもたらした。

　モスクワで開催されたコミンテルン第2回大会から帰国したUSPD代議員は，「21カ条」を報告し，それは党員の一種の直接投票に付されることになった。党内で活発な討議がなされた。「21カ条」をコミンテルン加盟にとって第二義的な意味しかないものとみなす者，ドイツの現実を通じてそれは変更されるだろうとみなす者，また「ヨリ小さな悪」として受け入れる者などさまざまだった。「21カ条」を拒否するにもかかわらず，コミンテルン加盟を決議した集会もあった。けれど問題だったのは，賛成か反対かの二者択一（「分極化」）がさまざまな見地を覆い隠したことである。

　直接投票の結果は，(85万党員の約25％しか投票しなかったことも問題だが)賛成57.8％，反対42.2％だった。党のコミンテルン加盟は，伝説化している1920年10月のハレ大会に乗り込んできたコミンテルン執行委員会議長ジノヴィエフ（Г.Е. Зиновьев）の4時間にわたる大演説が決定的要因ではなく，すでにその決定は直接投票段階でなされていた。

　ハレ大会後に89万のUSPD党員は，7万8千人のKPDとの合同組と，USPD残留組とに分裂した。前者は1920年12月にVKPDとなり，44万8千人をかかえ，後者は1921年4月時点で34万人だった。

　ここでウィーラーが最も強調するのは，かつてのUSPD党員でVKPDにも残留-USPDにも流れず脱落していった数が18万人，全体の約20％にあたることである（1918年から22年にかけての投票における労働者政党の獲得率をみても，同様に全体の5.6％の票が失われている）。その上さらに，VKPDも1921年の失敗に終わった「3月行動」で（せっかく合同によって実現した）大衆政党から前衛党へ逆戻りし，16万人に党員を激減させた。このようにUSPDの分裂は，ドイツ労働運動における左翼勢力の決定的な弱体化をもたらした。その引き金となったのが「21カ条」であり，それは真に行動的インタナショナルの創設を妨げたのである。

　以上が第一書中のテーゼで，元に戻って「革命的社会主義インタナショナリズム」論文は，さらにその直接投票へのランク・アンド・ファイルの反応を分析する。彼らのレヴェルでは約3対2の割合で「21カ条」は支持された。

けれどそれも，各地の集会の結果に比べれば，いくぶん低い割合であった。

それでは，なぜ草の根レヴェルでは，コミンテルン支持者が多かったのか？　ウィーラーの解釈だと，彼らにとって「21カ条」は第二義的意義しかもたず，重要なのはソヴェト共和国，コミンテルンからのアピールだった。自国の「革命」は裏切られたと信じた彼らは，ますますドイツ社会から遊離していき，ソヴェト・ロシアへ希望を託していった。

このあたりの把握は「世代の問題」でのそれに通ずるもので，党内のヨリ組織の弱い地域ほどランク・アンド・ファイルが「21カ条」を受け入れる傾向にあった。ウィーラーは，政治的無力と黙示的な革命の可能性への希求とのある種の関連を示唆する。

通説への挑戦的テーゼで同論文は締め括られた。VKPDも残留－USPDも，ともにランク・アンド・ファイルの意見を重視しなかった（それどころか，18万党員の脱落を引き起こした）。皮肉なことに，両党とも過度に官僚化してしまい，その過程で労働階級内の多くの支持を失うことになった。ハレ大会後，草の根のインタナショナリズムはすたれ，その結果，ドイツにおけるマルクス主義インタナショナリズムの短命に終わるルネサンスの終焉が訪れた，と。

(7)　ウィーラーの総括とそれへの評価の試み

ウィーラーは総括する。社会主義インタナショナリズムの問題は，USPDにとってその短い歴史の間，疑いなく大きな意味をもっていた。逆説的に，そのインタナショナリズムの実現への方法をめぐる意見の相違が，結局USPD内の分裂，そしてその没落をもたらした。けれども，戦争と革命の時代の一つのインタナショナリズムの可能性，それはUSPD内のランク・アンド・ファイルの急進主義の中にまさしく存在していた，と。

ウィーラーが強調し，最も議論を呼ぶのが「21カ条」問題で，第一書の結びはこうだった。不幸にも「21カ条」の起草者たちは，ドイツの情況について十分調査をしなかった。もしもそれがなされていたなら，おそらく彼らはUSPDの入り組んだ像を考慮したであろう。が事実は，「21カ条」が率

直な討議と新たな和解を不可能にした。「ボリシェヴィキ化」の遺産は，急進的左翼の政治的去勢と社会主義インタナショナリズムの理念の堕落以外の何ものでもなかった，と。

　ウィーラーの研究への評価に関して，上記ピーターソン，加えてミラーの各書評での第一書への評価を，まずみておこう［Peterson (1981); Miller (1977)］。

　ピーターソンが最も重要な結論とみなすのが，いかにコミンテルンが「21カ条」を通じて USPD における分裂を計略的に導いたか，ということへのウィーラーの痛烈な批判である。この分裂が不可避であったという見解を受け入れるにせよ入れないにせよ，コミンテルンは党の「中央派」指導者を孤立化させようとの試みにおいてあまりに厳格かつ教条的であった，とのウィーラーの結論から逃れるのは難しい，と。

　にもかかわらず，USPD における分裂についての問題は解かれていないままである，とピーターソンは続ける。なぜならば，ウィーラーは（クラウゼとモーガンは言うまでもなく），コミンテルンがその分裂を「強いた」ことに責任があったことを納得のゆくように証明していない。コミンテルンは分裂が起こるそのしかたを工作した，がしかし USPD における既存の意見の不一致（divisions）を利用した。その不一致は，実際のところ党内でどこまで及んでいたのか？　党員と労働者は，ドイツ革命における彼らの失敗から逃れようとするユートピア的試みでコミンテルンに向かったのか，それとも階級闘争，革命的行動，大衆反乱の中で増大する共感をもってコミンテルンを見たのか？　ウィーラーは他の諸問題は分裂に貢献しなかったとだけ主張するが，しかし彼も他の歴史家もそれらの分析を試みていないので，彼の主張を無批判に受け取ることはできない，と。

　この問題については，ミラーも（後述する彼女なりの評価の傾向性があるものの）同様の批判と問題提起をしている。すなわち，「21カ条」承諾－コミンテルン加盟について，なお残る疑問がある。果たしてコミンテルン加盟は，この進展に本来の原因があるというよりむしろ，ヨリ外的な誘因であったのか？　たとえ党がコミンテルンによって決断の前に不可避的に立たされたと

しても，党は遅かれ早かれ分裂したのではないか，とミラーは内的要因をヨリ重視して，続ける。USPDには，一方で労働運動の民主的，改良主義的伝統によって，他方で純粋な抵抗運動としての実際の情況によって，条件づけられた成立と機能とによって刻印されたディレンマがあった。そのディレンマによって党は，1917年以来の自らの歴史を繰り返すことを欲しないためには，ロシア・ボリシェヴィズムか，それとも，西側へ向けられた民主主義的社会主義か，という二者択一を迫られていた。

遅くとも終戦以来明らかとなった党の方向づけをめぐる危機（Orientierungskrise）の持続こそが，党の活動能力へ否定的に作用した。がしかし，ウィーラーはその作用を過小評価し，党内部の意見の相違と紛争を党の政治的無実効性（Ineffektivität）の原因というよりはむしろ活気性（Lebendigkeit）の徴候とみなす傾向にある。ひとはモーガンのもとでは，USPDは結局のところそれ自体自ら破滅したという印象を得，ウィーラーのもとでは，この党の運命を定めたのはヨリ外的な影響，つまりドイツにおける反革命的進展およびモスクワの非妥協性と支配欲であったという印象を得る。両方の解釈は，互いに排除しない。どの視点が前面に押し出されるべきか，だけが問われる。

これでミラーはこの項を終えるのではなく，最後に，モーガンの立論がヨリ説得的であるようにみえる，と付言している。そこには，ミラーの制度史偏重の研究姿勢が反映しているように思える。

旧東独史家エンゲルマンによっても，ウィーラーは原因と結果を入れ替えている，と同様に批判された［Engelmann (1977)］。つまり，「21カ条」がUSPD分裂の原因ではなく，中央派とプロレタリア‐革命的勢力との間の克服しえない対立が原因なのである。「21カ条」はこのプロセスを促進したにすぎない，と。

ここまで来ると，ウィーラー研究への評価が定まるどころか，詰めの作業に難題が立ちはだかっているようにみえる。私はウィーラーの革新的な方法論，とくに数量的分析の成果について積極的に紹介してきたので，最後にそれに関して論評し，ウィーラー研究の評価については，彼の研究領域を十分

におさえていないので，上記評者たちの見解を参考に，評価へ向けてなお残された課題を二，三挙げておきたい。

　まず，私も紹介した最も反響の大きいウィーラーの数量的分析について，ミラーによって出された根本的な疑義を取り上げる。それは18万人，約20％がUSPDから離脱したというテーゼについてだが，渦中で失われた党員と選挙人の潜勢力（ポテンシャル）は，どこに行き着いたのか？　おそらく最低限の一致にまで達する選挙分析が，少なくとも部分的な答えを与えるだろうが，しかし，ウィーラーの不確かな結果をすべて排除する研究は，これらの点において思索を放棄している，とミラーは問題視した。

　確かに，離脱者の行き着く先もまた，数量的にきちんと分析が試みられなければならない。果たしてそれがどの程度可能なのかの問題はあるにしても，それへのなにがしかの取組が窺われないのは，時として結論を急ぎすぎる感が否めないウィーラーの研究の問題点であろう。

　世代に関する分析に際しても，ウィーラーは若者が占める割合の高いランク・アンド・ファイルの急進主義を強調する一方で，彼らがドイツ社会から遊離しがちな実態をもっていたと言う。彼らを積極的に評価しうるためには，ウィーラーによる数量分析とそのアウト・プットの解釈では今のところ説得力に欠けよう。

　ウィーラーは第一書において，社会主義インタナショナリズムの可能性を「価値ある含みのある強力で論争的なトーン」（モーガンの追悼文）[6]でもって追究した。にもかかわらず，評者たちのそれに関する評価は消極的か留保的だが，未完の第二書までも視野に入れるならば，ウィーラーの研究は絶えず模索中で仮説的であり，その追究は亡くなるまで進められていたと言うしかないのではないか。未完の第二書では，そのインタナショナリズムを改めて「草の根のインタナショナリズム」として全体的に捉え直そうとしていた。そこでは，第一書において未だ十分に展開されていなかった面がヨリ積極的に開拓されつつあったし，ミラーの言う活気性への持論補強がめざされたとも言えよう。

　しかしながら，ウィーラーの把握は何よりもまずドイツの脈絡でのもの

だった。しかも，USPD のコミンテルン加盟問題に研究が集中していて，USPD がインタナショナル再建を具体的に，どのように考え，どのように実行しようとしていたか，の追究はなされなかった。それは彼自身が解明した以下の事実があったからであろう。すなわち，党指導部は 1919 年春以来，革命的社会主義インタナショナルを築くために外国諸党との交渉を開始することを公式に試みたけれども，すぐにこの考えは地方レヴェルにおいて第 2 インタナショナルか，それとも第 3 インタナショナルかの二者択一の問題に集約され，「社会革命的」諸党の共同会議を準備する試みは成果なしとなったという事実が。

実際のインタナショナル再建の試みに関連して，ウィーラーの言う「草の根のインタナショナリズム」が USPD を動かして，分裂することなくコミンテルンに加盟したと仮定してみよう。そのあと USPD がコミンテルンを自分たちの方へ向けて「動かす」可能性はあった，とウィーラーは考えていたのだろうか。もしも彼があると考えていたとするならば，その可能性をコミンテルン内で探る必要が生じる。がしかし，それはウィーラーによって試みられていない。「21 カ条」さえなければ，うまくいった，と彼は言いたいように聞こえるが，「21 カ条」が突きつけられた中で，果たしてどれだけの客観的可能性があったか，までもが探られなければならないだろう。

ここでもまた，ウィーラーの研究はコミンテルン側の動向へ目を向けることはなく，フーヴァー研究所に寄贈された彼のコレクションを調査しても，コミンテルンの内部史料に関するものはほとんどなく，コミンテルン第 2 回大会議事録程度にすぎない。

旧東独史家ペトリックが早速批判したのも，「21 カ条」で追求された目的，コミンテルン側からの意図をウィーラーが取り上げないことだった［Petrick (1976)］。すなわち，ウィーラーの把握は，「21 カ条」でもって追求された目的を無視している。「21 カ条」にとって重要だったのは，直ちに行動力のあるインタナショナルの創設ばかりではなく，コミンテルンとその各国支部である共産党の形成であり，「まず第一に，全世界の共産主義者自らの原理原則を公にしなければならなかった」（レーニン）のである，と。

第1章　インタナショナル史研究の方法論的考察

なるほどインタナショナル問題で党内合意が成り，党分裂が回避されたとしても，肝心のコミンテルン側はそのような（加盟の中身への検討を疎かにした）「合意」では納得しなかったであろうし，USPDが望む「行動のインタナショナル」にコミンテルン側から歩み寄るとは考えがたい。けれども，インタナショナルの再建の可能性を探ろうとする限り，コミンテルン側の動きをも同時並行して考察することは不可欠であろう。

ウィーラーの評価どころか，彼による革新的な方法論およびそこから導き出されたさまざまな新解釈を叩き台にヨリ包括的な研究をめざすことが，我々にまだまだ課されているのではないか（終章参照）。

1) ウィーラーやその他の引用文献は，それぞれ刊行年順に一覧を作成し末尾に一括して掲げ，本文では一覧に付された略記号を用い，そのあとにページ数を加えることにする。
2) 今日ではウィーラーによる数量的分析以上に精緻な分析がなされているであろうが，そもそも元になるデータ自体の収集，具体的にはドイツ各地のUSPD機関紙を徹底的に網羅して集め，その中の死亡記事欄の生年から年齢を割り出すことに彼の能力が発揮されており，それにもとづく分析は先駆的であるとともに今日なお有効である。
3) ウィーラーの遺稿類はフーヴァー研究所に寄贈された。Robert F. Wheeler Papers, 1898-1977, Hoover Institution Archives, Stanford University; cf. *Robert Wheeler Nachlass (Hoover Institution). Bestandsaufnahme*, [1979], iii, 38 S. 私は1987年12月〜88年1月に同研究所を訪れ，関係する全コレクション（7 manuscripts boxes, 49 microfilm reels）を閲覧したが，未定稿を発見できず，ウィーラー未亡人に手紙で問い合わせたが返事を得ることができなかった。
4) 同掲載誌のアメリカ版をめざして，ウィーラーは1972年有志らとともにささやかな雑誌『国際労働・労働階級史』（*International Labor and Working Class History*）を創刊した。今日，それは国際的な評価を得る学界誌となっている。Cf. G.M. Berger/S.J. Ross, "In Memory: Robert F. Wheeler (1940-77)," *International Labor and Working Class History*, No. 32, Fall 1987, 3.
5) 村田陽一編訳『コミンテルン資料集』第1巻（大月書店，1978），214-218.
6) *International Labor and Working Class History*, No. 13, V.1978, 7. 本号はウィーラーの追悼号であり，そこ（pp. 3-17）から経歴などさまざまな情報を本論は得ている。執筆者は以下のとおり。J.H.M. Laslett, R.N. Hunt, D.W. Morgan, G.D. Feldman, J.H. Quataert, G.M. Berger, B.H. Moss, P. Lösche, R. Rürup, P. Virgadamo.

引用文献一覧

[Wheeler (1968)] Wheeler, Robert F., "Bibliographie und Standortsverzeichnis der Unabhängigen Sozialdemokratischen Presse von 1917-1922," *Internationale wissenschaftliche Korrespondenz zur Geschichte der deutschen Arbeiterbewegung*, Heft 6, VI.1968, 35-55.

[Wheeler (1969)] Wheeler, Robert F., "Quellen zur Geschichte der deutschen Arbeiterbewegung in Archiven der DDR," *Internationale wissenschaftliche Korrespondenz zur Geschichte der deutschen Arbeiterbewegung*, Heft 9, XII.1969, 25-66.

[Wheeler (1970)] Wheeler, Robert F., The Independent Social Democratic Party and the Internationals. An Examination of Socialist Internationalism in Germany 1915 to 1923 (Ph. D. diss., University of Pittsburgh, 1970), xiii, 828 p.

[Wheeler (1973)] Wheeler, Robert F., "The Failure of "Truth and Clarity" at Berne: Kurt Eisner, the Opposition and the Reconstruction of the International," *International Review of Social History*, 1973, Part 2, 173-201.

[Wheeler (1974)] Wheeler, Robert F., "Quantitative Methoden und die Geschichte der Arbeiterbewegung: Möglichkeiten und Grenzen," *Internationale wissenschaftliche Korrespondenz zur Geschichte der deutschen Arbeiterbewegung*, 1974, Heft 1, 40-51.

[Wheeler (1974a)] Wheeler, Robert F., "German Labor and the Comintern: A Problem of Generations?," *Journal of Social History*, 1974, No.3, 304-321.

[Wheeler (1974b)] Wheeler, Robert, "Zur sozialen Struktur der Arbeiterbewegung am Anfang der Weimarer Republik. Einige methodologische Bemerkungen," H. Mommsen/D. Petzina/ B. Weißbood (Hrsg.), *Industrielles System und politische Entwicklung in der Weimarer Republik* (Düsseldorf, 1974), 179-189.

[Wheeler (1975)] Wheeler, Robert F., *USPD und Internationale. Sozialistischer Internationalismus in der Zeit der Revolution* (Frankfurt a. M./Berlin/Wien, 1975), 384 S.

[Wheeler (1975a)] Wheeler, Robert F., "German Women and the Communist International: The Case of the Independent Social Democrats," *Central European History*, Vol. 8, No. 2, 1975, 113-139.

[Wheeler (1975b)] Wheeler, Robert F., "Die „21 Bedingungen" und die Spaltung der USPD im Herbst 1920. Zur Meinungsbildung der Basis," *Vierteljahrshefte für Zeitgeschichte*, 1975, Nr. 2, 117-154.

[Wheeler (1977)] Wheeler, Robert F., "Revolutionary Socialist Internationalism: Rank-and-file Reaction in the USPD," *International Review of Social History*, 1977, Part 3, 329-349.

[Wheeler (1978)] Wheeler, Robert F., "Organized Sport and Organized Labour: The Workers' Sports Movement," *Journal of Contemporary History*, 1978, No.2, 191-210.

[Engelmann (1977)] Engelmann, Dieter, "Robert F. Wheeler: USPD und Internationale. Sozialistischer Internationalismus in der Zeit der Revolution," *Zeitschrift für Geschichts-*

wissenschaft, 1977, Heft 3, 352-353.
［Krause（1975）］　　Krause, Hartfrid, *USPD. Zur Geschichte der Unabhängigen Sozialdemokratischen Partei Deutschlands*（Frankfurt a. M., 1975）, 397 S.
［Miller（1977）］　　Miller, Susanne, "Die Geschichte der Unabhängigen Sozialdemokratischen Partei Deutschlands," *Archiv für Sozialgeschichte*, Bd. 17, 1977, 467-473.
［Morgan（1975）］　　Morgan, David W., *The Socialist Left and the German Revolution. A History of the German Independent Social Democratic Party, 1917-1922*（Ithaca, New York/ London, 1975）, 499 p.
［Peterson（1980）］　　Peterson, Larry, "From Social Democracy to Communism: Recent Contributions to the History of the German Workers' Movement 1914-1945," *Labour/Le Travail*, Vol. 5, Spring 1980, 161-181 ［Reprinted in: *International Labor and Working Class History*, No. 20, Fall 1981, 7-19］.
［Petrick（1976）］　　Petrick, Fritz, "Die 21 Aufnahmebedingungen der Kommunistischen Internationale und die Norwegische Arbeiterpartei," *Zeitschrift für Geschichtswissenschaft*, 1976, Heft 3, 292-301.
［Prager（1922）］　　Prager, Eugen, *Geschichte der U.S.P.D. Entstehung und Entwicklung der Unabhängigen Sozialdemokratischen Partei Deutschlands*（Berlin, 1922）, 240 S.

3　ボリシェヴィズムへの文献史的アプローチ

（1）「ボリシェヴィズム」という用語と「国際化したボリシェヴィズム」

「ボリシェヴィズム」という用語の歴史的変遷は，単に用語のレヴェルにとどまらず，ボリシェヴィズムもしくはボリシェヴィキ党の歴史の本質に深く関わっていた。

ボリシェヴィズム（ボリシェヴィキも同様）という語は，分裂を呼び起こす白熱した論争の中，自己確認の追求の過程で生まれた用語に属する。それは周知のように，のちに重要性を帯びることになる1903年ロシア社会民主労働党第2回大会の多数派（большинство）に淵源する。レーニンの党派は，大会後再び少数派になるのだが，多数派を（曲折はあるものの）自任しつづける。

「『ボリシェヴィキ』，それが意味するものは『ヨリ多い』ということである。そして『ヨリ多い』，それは常に良いということである。ヨリ多ければ

それだけますます良いということである。メンシェヴィキのすべての不運は，彼らが自分たちの旗に『ヨリ少ない』と記したその事実にあると私は強く確信している。このようなわけでロシアの人々は『わずかでもヨリ多い』ものを選んだのである」[Weill (1975), 353]。これはシニャフスキー（А.Д. Синявский）の論文（1974）をヴェーユが「『ボリシェヴィズム』という用語」の中で引用した文章で，あとからの詠み込みはあるものの示唆的である（ただし，メンシェヴィキは非難の用語であり，マルトフ〔Ю.О. Мартов〕らが自称したわけではない）。

1905年革命敗北後，レーニンは将来のボリシェヴィキ党となるものの方法的構築に専念した。レーニンらの闘争と論争の中で，ボリシェヴィズムは自らのスタイルを形成していく。その中で絶えず強調されたのが，イデオロギー闘争である。ボリシェヴィズムの歴史において，方針をめぐる政治闘争はしばしばイデオロギー闘争に変装して展開された。

一方，第2インタナショナルに集う西欧社会主義指導者の大方にとっては長い間，ロシア社会民主労働党内の対立は亡命的環境に特徴的な個人レヴェルの争いと考えられた。その上，彼ら指導者はボリシェヴィキに敵対する側から多くの情報を得る傾向にあり，ボリシェヴィキの主張は理解されがたかった。

1904年アムステルダム大会以来，各国社会主義統一への努力が主要な関心事となっていた第2インタナショナルは，大戦前夜執拗にロシア社会主義の統一問題に取り組んだ。もちろん，党内問題への不干渉という原則ゆえに「政治的」というよりはむしろ「外交的」な取組だが。しかし，「いかなる国においてもロシアほど，このような闘争がヨリ多くの憎悪と不信を引き起こしたところはない」とカウツキーが1913年12月14日のBSI会合で発言したように，ロシア統一問題のまわりには疑惑や策略，さらには陰謀の重苦しい雰囲気がつくりだされた[1]。

レーニン側にも誤解があった。レーニンはBSI，とりわけ同書記ユイスマンスに，ロシアの中央集権的党組織のイメージを重ねてであろうか，社会主義の「司令部」（état-major）をみ，その権限に期待しすぎた。1908-11年の

BSI 会合のすべてに出席するほど，レーニンは会議出席を優先した。ロシア社会民主党がほぼ決定的に分裂しはじめた 1912 年後は，表面化したポーランド社会民主党内の対立問題が新たに加わり，レーニンと BSI との関係は曇っていく。レーニンによって BSI のロシア問題への取組が疑われ，ローザ・ルクセンブルクとユイスマンスが共謀しているとまでみられた。しかし，大戦前夜ですらレーニンと BSI は決裂に至らず，レーニンから BSI 代表権を引き継いだリトヴィノフ（М.М. Литовинов）は，1918 年までユイスマンスとの接触を維持していく[2]。

両者の溝は埋まらぬまま，第 2 インタナショナルは大戦勃発とともに事実上崩壊した。ロシア 10 月革命後，ボリシェヴィズムの歴史に新しいページが加えられた。両者の関係は「逆転」する。告発された側が，告発する側となる。ボリシェヴィキは，勝利した革命を背景に自らの思想の正統性を強く主張するようになる。政治用語として確立したボリシェヴィズムは，レーニン主義と同一視され，イデオロギー化していくが，西欧にもその支持者が見出された。

一方で自国における革命運動に挫折し，他方で革命の星ソヴェト・ロシアが革命国家の建設を着実に進めつつあるとみられた対照的な情況の中で，後者にほぼ無条件でなびきかねない西欧左派の心理的アンバランスが確かに存在していた。それが「ボリシェヴィキ化」の，続いて「スターリニズム化」の誘因となった。

しかしながら，大戦中から 10 月革命そして国内戦期のボリシェヴィズムは，それ以前ともまたそれ以後の変容したそれとも，内容を異にしていた。それをロシア社会民主党にみていく時，ダニエルズとコーエンの両把握がまず重視されるべきである [Daniels (1960), 29-31, 33-34; Cohen (1973), 5]。一つは，祖国防衛主義対インタナショナリズムの問題を契機にそれ以前の分派対立は乗り越えられ，戦争に反対する国際主義的綱領を中心に党の再統一が試みられるようになった。この反戦インタナショナリズムの原則の下に結集，再編成された党こそ 10 月革命の勝利の党となる，と。もう一つは，その党は伝説とは違って，10 月革命後数年間なお，それまでさまざまな道を歩ん

できた異なる人々に導かれる多様な運動であり続け，イデオロギーの面ばかりか時として組織の面においてさえ単一体ではなかった，と。かかる多様性は主として，ボリシェヴィキ党の歴史において左翼反対派の系譜という一つの固有の傾向が存在しつづけたことに由来する。

　その多様性から統合へ向かう大戦中の試行錯誤を，私は明らかにした。要約すると，以下のようになる。

　ボリシェヴィキ内ではピャタコフ（Г.Л. Пятаков），ブハーリンらによる，また外ではトロツキーら『ナーシェ・スローヴォ』（Наше Слово）グループによる，それらの試行錯誤［山内『リュトヘルス』(1996), 119-126］は，2月革命後メジライオンツイのボリシェヴィキ党への合同というかたちで実現する。ここで私が強調したいのは，メジライオンツイ側の脈絡であり，さらにそこに到達するうえで，1917年初めともに訪米中だったトロツキーとブハーリンらボリシェヴィキとの共同行動という経験が果たした役割である（第4章第4節）。帰国直後にトロツキーが，その合同を決議したメジライオンツイ会議で全面的にそれに賛成したのは，彼自身の言葉によれば，「ロシア・ボリシェヴィズムがインタナショナル化された」からであった。加えて言うには，ボリシェヴィキ自身が非ボリシェヴィキ化したからであり，もはや自らをボリシェヴィキと呼ぶことはできない，と［Ленинский сборник, Т. 4 (1925), 303］。その発言は多様性から統合への模索とその成果をまさしく踏まえたものであり，「政治的行為の問題を組織的境界設定のそれに従属させ」かねない（トロツキーの表現）レーニン的ボリシェヴィズムの枠を越えての結集が，果たされつつあった。付言すれば，党中央委員会との統合と言ってもあくまでイデオロギー的自律性は保障されるべきであるとの大戦中パリ時代の『ナーシェ・スローヴォ』グループの基本方針を踏まえてのものであった。

　その「国際化したボリシェヴィズム」の変容が再び訪れるのが，1920年，30年代のロシア共産党党内闘争史のとば口だった。その党内闘争の渦中1930年に，バエフスキーの論文「レーニンのブハーリン的『思想の動揺』への闘争」［Баевский (1930)］の中で全面的に批判的な立場から，私が試みている把握に近いものが提出された。果たしてブハーリンの思想は「動揺」し

ていたのか？

　ボリシェヴィキ・イデオロギーの歴史において，大戦中の 1914-16 年はまさに一大形成期であった。とりわけ帝国主義と国家についての新たなイデオロギー形成にブハーリンが果たした役割は大きかった。その権威づけは最終的にレーニンによって行われるのだが，その先駆的考察がブハーリンによってなされた。しかも，ブハーリンの思想においても行動においても，当時のヨーロッパ左派との関係が，時には実際の共同が重要だった。レーニンの『国家と革命』に発展的に継承されることになるブハーリンの帝国主義国家論は，オランダ左派からの影響をそこにみないならば評価を過つ[3]。ブハーリンの国家論は，要約版ながら各国左翼機関紙に掲載されることになった。1916 年 11 月 11 日から 17 年初めにかけて，ニューヨークの『ノーヴイ・ミール』(Новый Мир; HM)，アムステルダムの『トリビューネ』(De Tribune)，チューリヒの『ユーゲント‐インタナツィオナーレ』(Jugend-Internationale)，ブレーメンの『アルバイター・ポリティーク』(Arbeiterpolitik)，さらに，クリスティアニア（オスロ）の『クラッセカンペン』(Klassekampen) とストックホルムの『ストルムクロッカン〔警鐘〕』(Stormklockan) に。これら掲載紙の顔ぶれに当時の左翼陣営のインタナショナルな或るつながりが感ぜられる。

　かかる脈絡でこそ，トロツキーの言う「国際化したボリシェヴィズム」の実像が捉えられるし，ブハーリンの用語だと言われる「西欧的規模のボリシェヴィズム」(большевизм в западно-европейской масштабе) という「新しいボリシェヴィズム」も同様に捉えられるのではないか，と私は考える。

(2)　ボリシェヴィキ文献とアメリカ

　アメリカ・レフトウィング運動（第 4 章第 3, 4 節）は当初からストレートに（アメリカにとって本来異質なものとしての）ボリシェヴィズムに則った運動と捉えられるものではなく，またアメリカへボリシェヴィズムとして最初に入ってきたのは，後にレーニン主義と言われるようなものでもなく，ヨリ広義の，しかもヨーロッパ社会主義左派との共通性を多分にもっていた，言

わば「国際化したボリシェヴィズム」(上記)という視座を設けなければ説明しがたいものだ,と私は捉えている。

1917年から19年にかけてアメリカ・レフトウィング運動の急進化の思想的背景を捉えるためには,文献史的アプローチが有効だと考える。つまり,1919年9月のアメリカ共産主義両党の創立へ至る過程でボリシェヴィズムの影響・受容を考察する場合,革命とそれに続く干渉戦争期の人的交流の困難さからみて,まずはボリシェヴィキ文献のアメリカへの普及度,換言すれば,その文献の訳および紹介の質と量についての包括的な検討がなされるべきであろう。

以下,その検討を加えるが,二つの限定が設けられる。すなわち,

1) ボリシェヴィキの第一次文献に対象が限定される。なぜならば,訪ソ者を中心にアメリカ人の手になるソヴェト・ロシア紹介文献についてはラッシュ,フォーナーをはじめ多くの研究があるものの [Lasch (1962); Foner (1967)],ことボリシェヴィキ文献の包括的検討は(そもそも文献収集自体に多大な困難が伴うこともあって)未だ十分とは言えず,先駆的なものにペトロフの研究があるが [Петров (1968)],これとてレーニン以外の他のボリシェヴィキ文献についての考察が欠落しているからである。

2) 検討の時期がロシア2月革命勃発以後の2年間におおよそ限定される。なぜならば,1919年春から夏にかけて共産主義両党創設へと組織的運動に進んでいく前夜までに,レフトウィング運動は従来からのヨーロッパ左派文献に加えてボリシェヴィキ文献をいち早く「摂取」し,思想的運動としての急進化をひとまず果たしえたと捉えられるからである。

拙稿[「ボリシェヴィキ文献とアメリカ」(1991)]では,当該時期のボリシェヴィキ文献の普及の質と量を,①アメリカにおけるレーニン文献,②同トロツキー文献,③その他のボリシェヴィキ文献,④リベラル雑誌におけるボリシェヴィキおよびソヴェト文献に分けて詳細に調査した。

その普及の筆頭に挙げられるのがレーニン文献だが,1918年から19年前半にかけてレーニンの著作にはある種の不運がつきまとった。最初の反響ら

しい反響を呼んだ『活動中のソヴェト』の不十分な訳と郵送禁止措置，それにそのミスリーディングの問題，次に「アメリカ労働者への手紙」の防諜法下の不完全な訳，さらに二つの理論的主著，『国家と革命』の刊行不明と『帝国主義論』の訳載の中断と不完全なままの刊行があった。

　最初のミスリーディングについてだけ説明しておくと，『活動中のソヴェト』は 1918 年 8 月にランド・スクールから刊行され，万単位でよく売れたが，原論文「ソヴェト権力の当面の任務」は 1918 年 3 月ブレスト - リトフスク条約が批准されたあと 2 カ月間の「平和的息つぎ期」の産物だった。4 月初めにレーニンは悪化していく局面打開のため路線変更を宣言し，私的大資本と暫定協定を結ぶことを要求した。この混合経済の企てを「国家資本主義」と彼自らが規定したが，しかしその路線は短命に終わり，6 月からは「戦時共産主義」体制へと移っていった。わずか 2 カ月間のその路線は 1921 年以降の新経済政策（ネップ）の前史として歴史的に捉えられていくのだが，それが戦時共産主義とは異質でかつ対比的であったがゆえに，アメリカ言論界にまでそれへのある程度の支持が広がった。広く引用された箇所には（レーニン自身がかつて批判した）テイラー・システムへの賞讃があった。しかし，短命に終わったその路線が半年以上にわたってアメリカで強調されたところに問題があった。その意味で，リベラル，穏健社会主義者による同書への「誤解」という酷な言い方もなされうる[4]。

　トロツキーの最初のアメリカ出版は，1918 年 1 月に『ボリシェヴィキと世界平和』の表題でボーニ・アンド・リヴライト社からステフェンズ（L. Steffens）の序文を付して出版された。ステフェンズはいわゆるマックレイカーとして名をあげたジャーナリストで，その彼といい出版社といい，直接社会主義陣営に関わらないところに問題があった。同書の一部は一般数紙にまで連載され，また各方面からの書評も続いた。それほどの反響は，ブレスト交渉中に，しかもその中心人物の手になるものが刊行されたことを抜きにしては考えられない。そこには或る傾向性があった。出版社の広告でまっ先にそれは強調された。「本書は……トロツキーが世界平和を望んでいるのであって，単独講和をではなく，ボリシェヴィキは反 - プロシャ，反 - ホーエ

ンツォルレルン，反 - ハプスブルクであることを証明している」と。もともと原書は 1914 年 10 月 31 日の日付をもってチューリヒで出たドイツ語版小冊子『戦争とインタナショナル』で，その中でトロツキーが専心したのは，城内平和政策を支持したヨーロッパ社会主義者の態度への批判であった。そこにはボリシェヴィキへの言及すらなく，彼らの世界平和をめざす仕事への参加の言及もなかった。それが日付が削除され，水ぶくれ気味の自由訳で，時の人と，等しくポピュラーな「ボリシェヴィキ」と「世界平和」とが結びつけられ，ベストセラーとなった[5]。

そのような状況にもかかわらず，アメリカ・レフトウィング，とりわけイタリア移民フレイナ[6]のボリシェヴィズム理解は，この時期すでに（彼の脈絡においてだが）或る深さにまで達していた。それが果たされたのは，当時レフトウィング機関誌類に訳載されていたレーニン，トロツキーをはじめとするボリシェヴィキ文献の徹底的な読解があったからである。ロシア語原文までもフレイナは，同志に訳してもらいながら学んでいた。その彼によるロシア 10 月革命およびボリシェヴィズム把握の 1918 年末時点の集約が，協力する訳者を得ての編著，レーニン / トロツキー『ロシアにおけるプロレタリア革命』であった。同書は「アメリカ・レフトウィングにボリシェヴィキ綱領のその最初の広汎な見解を与えた」とドレイパーが記すように [Draper (1957), 107]，当時普及していたボリシェヴィキ文献の中で質量ともに抜きんじていた。

最後に，代表的なレフトウィング機関誌，つまり『インタナショナル・ソゥシャリスト・レヴュー』(*The International Socialist Review*; *ISR*)，『ニュー・インタナショナル』(*The New International*; *NI*)，『クラス・ストラグル』(*The Class Struggle*; *CS*) に訳載された（ボリシェヴィキを含む）ヨーロッパ左派全体の文献の数量的データを表 1 〜 3 にとって，それをもとに考察を加えた。すなわち，ボリシェヴィキ文献の多くが紹介されるようになり，レーニンとトロツキーのがほぼ等しく，かつ最も多いが，他のボリシェヴィキのもかなりある。注目すべきは，ドイツ，オランダ左派文献の訳載もなお多く，ドレイパーが強調したオランダ左派のアメリカ・レフトウィングへの思想的影響

第1章　インタナショナル史研究の方法論的考察

表1　『ISR』(*The International Socialist Review*) とヨーロッパ社会主義左派文献

		1917年											1918年		掲載数計
		1月 17巻7号	2月 8号	3月 9号	4月 10号	5月 11号	6月 12号	7月 18巻1号	8月 2号	9月 3号	10月 4号	11-12月 5-6号	1月 7号	2月 8号	
オランダ	パネクーク		1												1
	ロラント‐ホルスト						1	1							2
	リュトヘルス	1		1			1	1		1					5
ドイツ	リープクネヒト				1								1		2
ロシア	レーニン												1		1
	トロツキー													1	1
	他のボリシェヴィキ													1	1
	(革命報道)						(1)			(1)			(1)		(3)

表2　『NI』(*The New International*) とヨーロッパ社会主義左派文献

		1917年								1918年			掲載数計
		4月21日 1号	5月5日 2号	6月2日 3号	6月16日 4号	6月30日 5号	7月21日 6号	10月1日 7号	11月1日 8号	9号	2月 10号	4月 11号	
オランダ	パネクーク			[未見]		1	[未見]	1			1	[未見]	3
	ロラント‐ホルスト				1								1
	ホルテル								1				1
	リュトヘルス	1	1		1		2		1		1		8
ドイツ	ルクセンブルク		1										1
ロシア	レーニン							1	1	1	1		4
	トロツキー									1	1		2
	(革命報道)							(1)	(1)		(1)		(3)

表3　『CS』(*The Class Struggle*) とヨーロッパ社会主義左派文献

		1917年				1918年					1919年				掲載数計
		5-6月 1巻1号	7-8月 2号	9-10月 3号	11-12月 4号	1-2月 2巻1号	3-4月 2号	5-6月 3号	9-10月 4号	12月 5号	2月 3巻1号	5月 2号	8月 3号	11月 4号	
オランダ	パネクーク	1													1
	リュトヘルス			1	1						1				3
ドイツ	ルクセンブルク					1					1		1	1	4
	リープクネヒト					1					1				2
	メーリング			1				1			1	1			4
	ツェトキン													1	1
	(左派声明等)										(2)			(1)	(3)
	カウツキー				1		1				1				3
オーストリア	F.アドラー	1	1	1							1				4
	V.アドラー								1						1
フランス	ラポポール										1				1
スウェーデン	ヘグルンド									1					1
ロシア	レーニン				1			1	1	1	2	1	1	1	9
	トロツキー				1	2	1		1	1		1			7
	他のボリシェヴィキ	1						1		1	1	1		1	6
	(革命関係資料)	(2)			(1)	(1)		(3)	(21)	(2)	(5)	(2)	(3)		(40)
	ゴーリキー									1		2			3
	マルトフ					1									1

[Draper (1957), 65-66] の持続が窺われる。いくつかのロシア革命論および報道までもがオランダ経由だった。それはレフトウィング急進化の思想的源泉としてオランダ左派とボリシェヴィキの両文献の並行的普及の状態を示すものである。

とくに『NI』をみてみると，オランダ左派の一員で在米中のリュトヘルスがその編集と運営に重要な役割を果たしただけあって，パネクークらオランダ左派文献の数が（リュトヘルスのを除いても）ボリシェヴィキ文献のそれにほぼ匹敵する。さかのぼって付言すれば，リュトヘルスが1915年半ばの訪米直後から紹介してきた大衆行動論や帝国主義論もまた，急進化の一準備となりえていた。彼が紹介したのは，オランダ・ドイツ左派の思想で，それが一方の回路で上述のブハーリンの思想とつながっていた（第4章第3節）。

(3) 日本共産党創立前夜のボリシェヴィキ文献

「最初に日本へ紹介されたレーニンの文献」については村田陽一の先駆的研究（1970）があるが，その中で欠落しているのが，典拠の問題である。つまり，当初日本で公表されたボリシェヴィキ文献の訳と紹介は，重訳であったり，諸外国の研究書類に依拠してのものがほとんどであった。しかも文献が書かれたり，公刊あるいは再刊されたりした時点のその背景としての運動への理解も深めないまま，たまたま入手できた文献が抄訳ないし紹介された。

その訳や紹介の中身を確かめるためにも，出典および搬入の経路の追究は不可欠である。私は前項（2）で試みたように，日本共産党創立前夜の日本国内におけるボリシェヴィキ文献の普及度，つまり文献の訳および紹介の質と量について文献史的アプローチによる考察を拙稿で行った［「ボリシェヴィキ文献と初期社会主義」（1997）］。以下，日本におけるボリシェヴィズム理解および紹介の第一人者となる山川均のレーニン・ロシア革命紹介を抜粋しておく。

1920年に入ってとくに山川均によってボリシェヴィキ文献の紹介は飛躍的に進められるのだが，それ以前についてみていくと，1918年初めにおい

てもなおレーニンらボリシェヴィキと他派との相違について全く理解に至っていない。

「最近の電報によると，レーニン一派の急進派を中堅として，全社会党の連合内閣の実現を見る可き形勢に進んで居るようである。若〔し〕夫れレーニン一派とチエルノフ〔В.М. Чернов〕若しくはチヘイゼ〔Н.С. Чхеидзе〕等との間には，社会主義の思想に就いて根本的に相違があるものではなく，其相違は主として英仏に対する気兼ねの程度である。主義の問題ではなくして畢竟便宜の問題である」（「唇寒し（時評）」『新社会』1918年1月号）。

この程度のボリシェヴィキ理解からスタートした山川は，1918年散発的にロシア革命に関する紹介を行うのだが，いずれもたまたま入手した文献に依拠して，しかもそれらを判断する論拠を得ないままの紹介だった。

しかし，フレイナ編著のレーニン/トロツキー『ロシアにおけるプロレタリア革命』（上記）との格闘を経て，1919年末以降，山川の本格的なロシア革命論が展開される。その経緯が『山川均自伝』（1961）に次のように記されている。

「初めて理論的なことがいくらかわかったのは，何年でしたか，近藤栄蔵がアメリカから帰ってきて〔1919年6月初め〕，彼が私にアメリカのフレーナーという男が編集した本をくれたんです。フレーナーという人はあとでスパイということになった人間ですが，レーニンの書いたものとトロツキーの書いたものをうまく編集して『プロレタリア革命とディクテータシップ』という標題の本を出した。その本を近藤がくれたのですが，相当大きな本です。それで初めてレーニンやトロツキーの思想の内容が一応わかったのです」。

書名を誤っているが，それはプロレタリアート独裁に関心が向けられていたからであろう。まさしく同書との格闘を経て，1919年以降山川の本格的なロシア革命論が展開されることになる。

「ボリシェヴィキ文献とアメリカ」で試みたのと同様の「ボリシェヴィキ文献と日本」といった文献史的アプローチにもとづく考察の結果，明白となったのは，アメリカの場合と異なり，日本の場合は1917年春から2年間，思想的急進化は進まず，ましてや組織的な急進化へとつながっていかなかっ

たことである。

　そのことについては従来，山川らがサンディカリズムの克服に時間を要したことなどの内的要因が挙げられるほか，この時期日本社会主義者は国際社会主義運動の局外にあった，と解釈されてきた。しかし，文献を通じての情報はかなり入ってきていたのであり，文献史的アプローチによるアメリカとの比較によって，ボリシェヴィキ文献の「摂取」の差が確かめられる。

　1918年12月1日，堺利彦，高畠素之は連名で「ニコライ・レーニン氏並過激派党員諸君」に宛てて英文書簡を送ったのだが，留意すべきは，それが第2インタナショナルのBSI，USPDのハーゼ（H. Haase），SPDのエーベルト（F. Ebert）への各書簡とともに小包でまとめてハーグのBSIへ送られたことである。その上，本文はほとんど同文で，終戦を祝い，日本政府による自分たちの運動の弾圧への不平を述べ，「あらゆる重要なことに関してあなたがたと通信したい」と通信を請い，そして来たる国際社会主義大会へ代表を送ることを申し出ていることである[7]。ここでとくに問題にしたいのは，大戦終結後インタナショナルとの接触を日本社会主義者が再開するにあたって，その相手は相変わらずBSIだったということである。日本においては，第2インタナショナルと連帯するのか，それとも来たる新インタナショナルとか，の二者択一を迫る実践的要請を伴う理論には未だ達しなかったのである（それゆえにこそ，後述する片山ら在米日本人社会主義者の活動の場があった〔第6章〕）。

　そのボリシェヴィズム理解の不十分さを確認することは，その後の日本社会主義者の思想的急進化を分析するための基礎視座になるのではないか。コミンテルンの影響以前のボリシェヴィズムを日本社会主義者がそれなりに受けとめられなかったことが，以後どのように作用していくか，が次に探究されなければならない課題であろう。

1）G. Haupt, "Lénine, les bolcheviks et la IIe Internationale," *Cahiers du Monde russe et soviétique*, 1966, No. 3, 390.
2）G. Haupt (éd.), *Correspondance entre Lénine et Camille Huysmans 1905-1914* (Paris/La Haye, 1963), 38, 102, 126, 132, cf. 157.

第 1 章　インタナショナル史研究の方法論的考察

3）国家論においてブハーリンが意図したのはマルクス主義の反‐国家主義の復権であったが，その反‐国家主義のテーゼにいち早く立ち戻っていたのがオランダ左派のパネクーク（A. Pannekoek）だった。「ほとんど唯一〔国家についての〕問題の重要性を理解したことにおいて，大いなる功績はパネクークにある」とブハーリンはレーニン宛書簡の中に改めて書き留めた。"Из материалов Института Маркса-Энгельса-Ленина," *Большевик*, 1932, No. 22, 87. それをブハーリンは『コムニスト』1–2 号に載った（『フォアボーテ』1 号にも再掲された）パネクーク論文「帝国主義とプロレタリアートの諸任務」から学んだ。「国家権力はおよそ階級闘争の中立的対象ではなく，ブルジョワジーの武器であり，堅城であり，それなくして彼らが何も維持できない彼らの最も強い支えである。それゆえ，プロレタリアートの闘争はまず第一に国家権力に対する闘争である」。その手段として大衆行動が説かれていた。А. Паннекук, "Империализм и задачи пролетариата," *Коммунист*（[Genève]）, No.1–2, 1915, 70–77; *Vorbote. Internationale Marxistische Rundschau* (Bern), No. 1, I.1916, 7–19. その大衆行動論については，以下のカービィの指摘もある。戦前と大戦中の左翼の議論に関して最も目立った特色の一つは，組織された階級的戦闘性の観念から大衆行動というヨリ大きな信仰への漸進的な移行である。大衆行動の「新戦術」の第一の唱道者は，パネクークであり，彼の著作はおそらくしばしば認識されているよりもヨリ多く影響を及ぼした，と。Kirby (1998), 21.

4）N. Lenin, *The Soviets at Work. The International Position of the Russian Soviet Republic and the Fundamental Problems of the Socialist Revolution* (New York: Rand School of Social Science, 1918), 48 p. アメリカで最初に（原文で）公表されたのは，おそらく以下の『ノーヴイ・ミール』紙で（欠号があって正確を期しがたいが）20 回近くにわたって連載されたものであろう。*HM* (New York), Nos. 1369–1884 [1384], 23.VII.–12.VIII. 1918. これは同紙によって 1918 年 10 月初め頃小冊子で出版された。

5）L. Trotzky, *The Bolsheviki and World Peace* (New York: Boni and Liveright, 1918), 238 p.; L.N. Trotzky, *Der Krieg und die Internationale* (Zürich: Verlag "Borba" (Fritz Platten), n.d. [1914]), 60 S. このドイツ語版も 1918 年 2 月頃にアメリカ社会党ドイツ語グループによってシカゴで再刊された。

6）1897 年ニューヨークに移住してきた貧しい共和主義者の父親に，翌年母親とともに呼び寄せられた時 5 ないし 6 歳であった。P.M. Buhle, *A Dreamer's Paradise Lost. Louis C. Fraina / Lewis Corey (1892–1953) and the Decline of Radicalism in the United States* (Atlantic Highlands, 1995), 2, 27.

7）在英国臨時代理大使永井松三の外務大臣内田康哉宛機密公文書添附写及写真, 1919 年 2 月 20 日付, 外務省外交史料館, 4.3.2.1-1 (11).

第 2 章

第2インタナショナルの「崩壊」とインタナショナルの再建
――西川正雄著『第一次世界大戦と社会主義者たち』によせて――

は じ め に

　1969年，西川正雄氏の第2インタナショナル関係の二論文（後述）が発表された年に私は大学に入り，以後氏に私淑し，この度の新著『第一次世界大戦と社会主義者たち』（岩波書店，1989）の出版予告は私の大学院時代からなされ続けていた。インタナショナル史の研究者をこの国にほとんど見出せない現状から，私は使命に燃えてでも新著を書評しなければならないのかもしれない。にもかかわらず，当初それに消極的だったのは，私の研究テーマ「ツィンメルヴァルト運動から第3インタナショナル創立へ」とほとんど重なることなく，その前夜で筆が擱かれているからである。
　結局，書評依頼を受けることになったのは，一度は氏の胸を借りて氏と私とのインタナショナル史研究の関連性（相違点も含めて）を明らかにし，今後のインタナショナル史研究の求められる方向性を私なりに見通したいと考えたからである。と言っても，早速断っておかねばならないのだが，私自身の研究は現在進行中で未だ全体像を描くまでに至っていない。ここでは，仮の提示となる[1]。
　本書評はインタナショナル研究史の流れに身を置いてのものであり，本書〔と記すと拙著と混同されるので，以下，西川本と表記する〕の内容をまとめて紹介し，それらを逐一論評するスタイルはとらない。研究史からみて，西川本がどのような史料，研究に拠ってどこまで明らかにしたか，あるいは，どこが未解明のままか，とりわけ，西川氏が大いに負ったオープトの業績のう

ち，何を受け継ぎ，何を受け継がなかったかを検討することが，第一の目標である。

第二に，最終章「インターナショナル――復活か新生か」で見取図として提示された大戦中のインタナショナル再建の方向の妥当性について，私の研究テーマと直接関わらせて立ち入った検討を加える。それをめざすのはひとえに，西川本の主題である戦争の危機に直面しての第2インタナショナルの反戦平和運動，の「総決算」を出すことが求められているからである。

1 執筆計画ならびに史料の問題

西川氏が1969年，『岩波講座 世界歴史』第22, 23巻にそれぞれ公表した論文は，一つは「第二インターナショナル――形成期に関する試論――」で，もう一つは「第一次世界大戦前夜の社会主義者たち」である。その後，同講座を完結させた出版社によってひき続いて企画された「世界歴史叢書」の一つとして（あとがきにも記されているように）『第一次世界大戦と社会主義』の執筆が氏に依頼されたのが1975年，企画の全容が発表されたのが1977年10月で翌月から配本が開始された。「第一次世界大戦は古きヨーロッパの指導者の思惑を越える経過を辿った。……ヴェルサイユ体制とコミンテルンの成立を一つの視野に収め，さまざまな立場の平和構想の吟味を手がかりに，世界史の新しい段階を解明する」と企画案内書に謳われていた西川本の刊行は遅れ，ようやく第2インタナショナル創立100周年の夏に刊行されるに至った。

ところが，西川本を手にして驚いたことには，それは上記第二論文の増補改訂版と言いうるものだった。かかる執筆計画の変更の問題に，これから論ずる理由で本書評はこだわらざるをえない。

西川本のプランは序で示された。「反戦平和の努力を主旋律として，第二インターナショナルに結集した人びとの群像を描こうとしたものである」。次いで，「彼らの努力が第一次世界大戦勃発の試練に耐え切れず挫折したせいで，第二インターナショナル史は1914年8月で終わっている場合が多い。

第 2 章　第 2 インタナショナルの「崩壊」とインタナショナルの再建

本書も，それ以降の時期も展望しつつ書かれたが，実質的には同年末で叙述を終えている」(viii) と。

　氏は 1914 年 8 月以降の第 2 インタナショナル史も追究し，その途中の構想とみられるものを，1983 年 11 月の史学会公開講演で提示した[2]。その時，メイアー（A.J. Mayer）の概念・構図に基本的に則って構想されていたが，それは実らず，今回 1914 年末までで終わったことを，氏は大戦中の史料と研究の不備に起因するところ大であると強調する。その不備については，異議をはさまざるをえない。

　「文献主義者」と言いうるほど氏の文献に依拠する姿勢は一貫している。今回文献（一部未公刊史料も含む）利用に関して，欧米の第一線の研究と比肩しうるほどの水準に達しえた点で，氏の努力は大いに評価される。氏はこれまでも，研究をまとめるごとに史料の整備状況への言及に多くのページを割き，文献目録作成やヨーロッパの文書館・図書館案内にも力を入れてきた。西川本でもその整備状況への言及は目立ち，序でもあとがきでも繰り返されている。

　第 2 インタナショナル関係史料については，オープトによって公刊された一連の画期的な史料ならびにその目録・便覧がある。しかし，早すぎた彼の死によって，とりわけ全 4 巻で計画されていた第 2 インタナショナル事務局 BSI 史料集は，第 1 巻 (1900-07 年) だけで中断された。第 3 巻では大戦中 (1914-18 年) の BSI の活動に関する史料が公刊される予定だった[3]。

　かかる中断は，西川氏によれば，以下の二点でとくに惜しまれる。一つは，オープトによって公刊された元の史料の主要部を成しているアントワープの「ユイスマーンス文書」が一時公開後「閉ざされ，今もって閲覧できないことである」(ix)。もう一つは，大戦勃発「以降となると，史料の概観すらこれからの課題だ」(viii) と言われるほど，大戦前の史料の整備状況との間に差がありすぎることである。続いて氏が同じく繰り返して記すのが，大戦勃発以後の「研究も端緒についたばかりと言っても過言でない」(viii) であり，「当時〔1970 年代半ば〕は，このテーマ〔大戦中および大戦後のインタナショナル史〕についての研究はまだ無きに等しかった」(237) である。

83

かかる主張は素直に受け入れがたい。従来のフェインソド（M. Fainsod），ガンキン／フィシャー（O.H. Gankin/H.H. Fisher）らの研究を「無きに等し」いとは，史料についての「完全主義」と言うような立場に立って初めて言いうることであって，アクトン（J. Acton）がかつてそうであったと言われるように（カー〔E.H. Carr〕『歴史とは何か』参照），その立場は現実問題として拠って立ちうるものではない。また，オープト自身が各国語版が出るたびに史料面でも分析・解釈の面でも積極的に増補改訂していった彼の言う問題史的（problématique）追究の姿勢から学ぶものがあろう。

　実際にまた，散在する大戦中の史料に関する不屈の忍耐を強いる調査を経ての研究が，グラス（M. Graß），ブレンスドルフ（A. Blänsdorf），カービィらによって進められているのであって，それら最新の研究を評価しないのは，妥当とは思われない[4]。

　大戦直後についてもまた，リッター（G.A. Ritter）の史料集やジーゲル（R. Sigel; 文献目録では姓がSiegelと誤記されている）の研究などによって，研究条件は飛躍的に整備されつつある。そのリッターの史料集に先を越された氏の落胆があとがきで記されているが（237-238），それは大戦中を扱ってはいない。とすれば，氏が精力的に集めたと言われる大戦中の史料は活用されるはずである。それでもなお，「差し当たり，そこ〔大戦勃発前後〕で筆を擱くことにして」「大戦中および大戦後の時期については，先送り」し，「大戦中については，重要な史料（オットー・ブラウン〔Otto Braun〕の日記，カウツキー家族文書など）がこれから公刊される予定で，書くのはそれを見てからでも遅くはあるまい」(238) と記す。

　それは史料について「完全主義」的すぎるか，あまりに受身的すぎるというものであろう。アムステルダムの社会史国際研究所（IISG）にあるカウツキー家族文書はよく整理されていて，すでにシュタインベルクをはじめ（後述する）ロヤーン（J. Rojahn）に至るまで大いに利用されているし，私もすぐあとで触れるように，その中から片山潜のカウツキー宛書簡7通を発見し，編集のうえ公表した。

　ここで，氏の文書館利用の問題について触れておかねばならない。近年文

書館史料に関する情報は（共産圏を別にして）豊富で，大戦中に関する未公刊史料も大方所在が知られてきて，確かに労力は大変だけれど利用可能な状況にある。氏はことあるごとにユイスマンス文庫の閉鎖を嘆いているが，私はアムステルダム滞在中に文書で閲覧の許可を求め，1987年9月の一日アントワープの同文庫を訪れ，一見してかなり整備されていた史料の閲覧を果たし，一部史料のコピーを許された。それらの史料の紹介と一部公表をすでに私は行っている[5]。

　氏がアーキヴィストとしての探究をヨリ積極的にめざさないことが，私には惜しまれる。氏の文献主義的アプローチの一つの限界を，（西川本でもしばしば引用されている）前著『初期社会主義運動と万国社会党』（西川本では刊行年1985年が1984年と誤記されている）の中に私はみる。

　同書は，日本社会主義者と第2インタナショナルの関係について従来日本史研究者によって怠られていた欧米文献の徹底した点検によって，通説とされてきた史実を正すか疑問を呈した点で功績のあったものである。その結びの部分（87-88）が，私の文書館史料利用によって一部正され，また新たな事実解明の道を拓くことになった[6]。すなわち，日本社会主義者と第2インタナショナルの関係は「コペンハーゲン大会を最後に断ち切られた」のではなく，その後片山とBSIとの間に「時折，連絡もあったのかも知れない」どころか，実際に継続したのであり，また1914年夏に片山が再渡米した理由も明らかとなった（新著vii頁最終行の記述も訂正を要す）。そして，「海外と日本を結ぶ糸が再び紡がれるのは，四年に及んだ大戦が終結してからであった」と同書は結ばれたが，その空白期の新たなつながりをも，私は文書館史料の利用によって解明しつつある[7]。

2　第2インタナショナルの崩壊とオープト・テーゼ

　先達の業績に学びながらも「むしろ著者としては自分なりのイメージができたつもりであり，それを分析というよりは叙述のかたちで表わしてみた」（ix）と序にある。その叙述のスタイルは西川本の顕著な特色にまでなって

いて，確かに社会主義者たちの「活動，夢と苦悩を，綿密な史料批判で裏付けつつ生き生きと描く」（出版社広告文）その叙述に，読者は最も感銘を受けるであろう。

　にもかかわらず私が問題にするのは，戦争の危機に直面するインタナショナルの問題がかかる叙述のスタイルで十分に論じられるであろうかということである。氏が最も学び摂取したオープトこそ，大戦前夜の社会主義の「崩壊」への道を徹底して分析的に追究した。とりわけ，反戦平和の努力が脆くも崩れ去った大戦勃発時の社会主義者たちの理論と実践についての総括的考察が最も求められるところだが，オープトの英語版『社会主義と大戦——第2インタナショナルの崩壊』では（以前のフランス語，ドイツ語各版にはなかった）その総括的考察が新たに最終章「戦争か革命か」として設けられるほどだったのに対して，氏のオープトによるその総括への最終的な態度表明は明らかにされないままで終わっている。

　実は，20年前の岩波講座論文も今回も，大戦勃発への道は文学的とまで言える叙述で終わっている。そこからは上記の総括の問題もだが，大戦中，戦後へと考察を進めていく論理的必然性が予測的にも感じとれない（確かに，ロヤーンに拠ってその論理的展望を行ってはいるが，それは接木といった印象をぬぐえず，またロヤーンに依拠すること自体にも後述するように私は一部疑問を抱く）。

　ここでオープトの業績に目を向けることにしたいが，それについて西川氏自身，次のように的確に三点にまとめている。「『大会の歴史』に留まりがちであった第二インターナショナル史を，大会の間を含めた襞に富む歴史にし，東ヨーロッパにまで視野をひろげて問題提起を行ない，さらに社会史研究の必要を説いた」(viii-ix)。続いて氏は，「その彼〔オープト〕をはじめとする先達の研究に学びながら，新たな史料にも当たって違う絵を画こうとした」(ix)と記すが，その「違い」こそ取り上げたい。そのために，ここでは対比的にオープトの業績のうち上記の一点目と三点目を紹介し，二点目についてはレーニンらボリシェヴィキと第2インタナショナルの関係を例に次節で紹介する。

第2章　第2インタナショナルの「崩壊」とインタナショナルの再建

　第2インタナショナルの崩壊の歴史に関して，オープトは有力なテーゼを打ち出した。すなわち，一つの重要な事実が無視されている。1913年以来，(1907年のシュトゥットガルト大会と1910年のコペンハーゲン大会でのそれぞれの反戦決議を受け継いだ) 1912年のバーゼル宣言の評価と分析の有効性がインタナショナル内で密かに掘り崩されていた。来たる1914年のウィーン大会はその修正を討議し，国際的な社会主義政策をつくり直す（実践的には，具体的な反戦手段について決定する）はずだった。それが大戦勃発で大会が開かれなくなったことで果たされなくなった，と（上記英語版, 6; cf. 28-29, 159-161. 西川氏も162頁などでこのテーゼの意義に着目するが，それを論理的に展開するかたちはとっていない）。

　バーゼル宣言で定式化された方針を修正しようとの試みの背景に，1911-12年のヨーロッパにおける戦争の危機が回避されたことによって高まったインタナショナル内の楽観があった。それをまた助長したのが，カウツキーらインタナショナルの理論家による帝国主義に関する誤解であったし，インタナショナル加盟メンバーの増加やイタリア，フランスにおける議会選挙での社会党の躍進などであった。新しい楽観主義が，短期的な理論を正当化し，逆に列強間の緊張の増大への長期的分析を歪めることになった。伝統的で議会主義的枠組み内にある解決だけが考えられ，ゼネストの公然たる拒否が再確認された。その実践的帰結は，傍観者的政策とならざるをえなかった（英語版, 107, 123, 127, 132, 134-135, 160-161）。

　大戦前夜の最後のBSI会議となる1914年7月29-30日のブリュッセルでの会議については，西川氏によって詳しく紹介されてもいるが（175-181），上記の楽観主義の下で大多数の代表は，個別の党による行動よりもむしろ集団的な道徳的圧力に頼ることに満足したように思える（英語版, 214-215）。ここにオープトの副次のテーゼが提出される。8月4日に先立つ8月1日にすでにインタナショナルが事実上崩壊していた，と。BSI会議に続いて，7月31日夜ジョレスが暗殺され，翌朝ドイツ，フランスがともに総動員令を発した時，インタナショナルは制度としても集団的な力としても行動しえないことが明らかとなった（英語版, 215, 217）。

このインタナショナルの崩壊については，オープトも分類するように，従来から二つのタイプの説明がある。一つは，インタナショナルの指導者の「裏切り」説で，彼らはインタナショナル大会での反戦決議を放棄し，「城内平和」へ荷担した，というもの。もう一つは，戦争の危機を目前に指導者が自国を防衛し革命を放棄するか，というインタナショナリズムか愛国主義かの二者択一のディレンマに直面した，というもの。オープトによれば，実はその時，彼らの頭の中には「戦争＝革命」も「戦争か革命か」もなかったのであり，極左派だけが戦争を革命への触媒と考えていたが，しかしその主張は1914年7月の紛争の中でついに誰からも発せられなかった（英語版, 219-223）。

　1912年11月のバーゼル大会時と1914年7月との社会主義者の戦争に対するそれほどまでの態度の差を，何が生じさせたのだろうか。ここでオープトが新たに提出するのが，第三のタイプの説明である。それは社会史的アプローチによって，社会・経済的闘争の増大する強度と「戦争に戦争を」のような社会主義インタナショナリストのスローガンへの労働者の支持との間の相関関係に着目するもので，以下がその仮説的説明である。

　1910-12年，ヨーロッパの主要国は経済的膨脹の局面にあって，物価高に反対するデモや頻発する大衆ストライキなどの社会不安を経験した。バーゼル大会時にその頂点に達した反戦的闘志の度合いは，平和主義的な煽動と物価高への労働者の抗議という背景をもった社会・経済的不安との相関関係によって説明されうるのではないか。しかし，かかる社会的緊張は1914年夏までに目にみえて減っていった。1909-14年のストライキ統計をみても，1913年以降は下降線をたどった。労働者大衆の態度の逆転が，平和主義的宣伝もまた後景へと追いやった（英語版, 228-232）。

　なお留意すべきこととしてオープトが指摘するのは，労働者大衆・社会主義者の組織的活動が開戦時直ちに「城内平和」側にあったとは明白ではないということである。なるほどナショナリスティックな宣伝を彼らが受け入れやすい「退潮」期ではあったが，（通説とは逆に）「ナショナリズムの波」は原因としてではなく，むしろ社会主義諸党の崩壊の結果としておそらくみら

れるべきである。換言すれば,社会主義者の希望と期待が8月1日に崩壊した,そのあとにこそ攻撃的熱情が荒れ狂ったのである(英語版, 235-237)。

オープトは結びで,「戦争か革命か」という二者択一の問題を,まさしく大戦中に起こったロシア2月革命以降の革命的危機へとつなげて考察する。「歴史家が,戦争が革命的諸危機のリズムを壊し,それらを1918年にヨリ暴力的にするだけであったかどうか,あるいは,戦争がそれらの展開に影響を及ぼし,それをオーストリア-ハンガリーにおいては民族主義的解決の方へ向け,イタリアにおいてはファシスト革命へと歪め,そしてドイツにおいてはつらい敗北に終わらせたかどうか,を問うことは正当である。この文脈において,1917-19年の諸革命は,大戦史の中へ人為的に挿入された事件,あるいは,長期的発展を阻止する暴力的な破局としてではなく,戦争がその中で触媒としてではないが遅らせたり逸らせたりする力として作用した一過程として現れるであろう。戦争が革命の真の展望への長期的なあきらめを確たるものとさせ,そしてインタナショナルをそれ自身の矛盾の迷路の中へ陥らせ,かくして行き詰まりや不可避的な崩壊へと追いやった,と我々は言ってもよい」と同書は結ばれた(英語版, 248-249)。ここに論理的に,大戦中のインタナショナル再建のさまざまな試みと革命的反戦運動の模索についての追究の必然性が示されている,と私はみる。

3　レーニンらボリシェヴィキと第2インタナショナル

第2インタナショナルにとってロシア社会主義問題がやっかいなものであったことは,西川氏によってもガイアー(D. Geyer)編集の『カウツキーのロシア関係書類』に拠って「ロシア基金」配分問題を例に示された(第VII章)。ガイアーの史料集は画期的なもので,ドイツとロシアの両社会民主党の関係の一局面を大きく照らし出した。にもかかわらず留意すべきは,それはその「ロシアの乱雑」に巻き込まれた「ロシア基金」の管財人カウツキーやツェトキンとレーニン,アクセリロート(П.Б. Аксельрод)ら亡命ロシア人との間の紛糾に焦点をあてての史料編集であって,ロシア国内の運動との関

係は未解明のままであることである[8]。

　レーニンらボリシェヴィキと第2インタナショナルの関係は，その基金配分問題どころか，ヨリ包括的に取り扱われる必要がある。カウツキーをはじめ多くの指導者をしてロシア問題にはうんざりだと思わせたボリシェヴィキと彼らの関係が，ロシア10月革命後「逆転」した。告発された側が告発する側となった。その時も，それ以前も，相互理解に欠けたその関係は，その前史から検討されねばならない。「逆転」した関係から遡及的にみられないためにも。

　その前史の解明にとっても，オープトの果たした役割は大きい。西川氏にはことこの問題に関してオープトを受け継ぐものがバランスを欠くほど少ないがゆえに（ただし，氏はもう一つの専門とも言えるローザ・ルクセンブルク研究からこの問題へ一部光をあててはいる），ここでオープトの研究を紹介しておく[9]。

　西川氏は117頁で，BSIのロシア社会民主党代表を「プレハーノフ〔Г.В. Плеханов〕，1908-11年にはレーニン」と記すが，それは不正確である。レーニンは1905年11月にプレハーノフに次ぐ党第二代表という資格で指名を受けたが，1905年革命のための帰国によりその任に直接あたれなかった。また，1912年以降も彼は代表であり続け，1914年6月に自らに代わってリトヴィノフを指名し，後者とBSIの関係は1918年まで続く。

　レーニンによるBSI代表獲得工作から実は，彼と第2インタナショナルとの1905年半ばからの最初の関係は始まった。なぜレーニンがそれに固執したかの理由説明（注9の拙稿参照）は，彼の政治手腕ばかりか両者の関係をみていくうえで最初になされることが望ましい。

　両者の関係の第二期は，1907年8月のシュトゥットガルト大会から1911年まで。1908-11年，レーニンはBSIの全会議に出席するほどそれを優先し，また1908-14年ブリュッセルに自派の常備員を配しもした。その間，レーニンにはBSIに実際以上に社会主義の「司令部」としての権限への期待があった。その両者の「友好」関係は，1912年1月の党プラハ協議会開催をもって終わる。その開催の理由を西川氏は「自派の立場を強化すべく」としか記

していないが (124), ロシア国内外の運動全体の流れからの説明は必要で，とりわけ，なぜこの時期にレーニンが決裂への道を選んだかの説明が求められよう。

　それについて，オープトによる仮説的説明がある。すなわち，1911年以来レーニンは，ロシア革命運動の新たな飛躍とボリシェヴィキが労働運動の大多数を獲得しつつあることの確信を得た。それを踏まえて，教義の面ですでに成し遂げられていたメンシェヴィキとの決裂を組織の面でも行うことになったのが，プラハ協議会への道である。そこでのボリシェヴィキ＝党という決定は，ボリシェヴィキとインタナショナルの関係の転換を引き起こした。レーニンにとって決裂の問題は，組織と戦術の問題ばかりでなく，ヨリ広い次元の，ロシア革命の展望という根本問題に関わっていた。が，インタナショナルにはそれは理解を越えていた。レーニンの不意をついたのは，革命（ペテルブルクのゼネスト）ではなく大戦勃発だった，と。レーニンをして革命の展望を抱かせるほど，果たしてロシアでの運動は昂揚していたか，が今後の実証に委ねられる。

　最後に是非とも触れておきたいのは，1912年以降のレーニンの強硬政策にもかかわらず，第2インタナショナルとの決裂は大戦前夜自覚的にめざされたのではないということである。レーニンのボリシェヴィキ＝党の方針は，インタナショナル内で猛反撥を受けた。インタナショナル内の左派にも支持を得られがたく，孤立化は避けがたかった。

　1912年以降レーニンはインタナショナルのすべての集まりに出席しなくなったが，そのこととも関わる説明を，これまたオープトが試みている。すなわち，レーニンはロシアの党の統一は妨げるがインタナショナルとの決裂は避けるという巧みな戦術を行使した。それは計算のうえでの危機で，レーニンは闘いの第2回戦，来たるウィーン大会でのヨリ決定的な闘いのために機会を待った。その戦術が成功しえたかどうかは，開かれなかった大会のために判断しがたい，と。西川氏もこの時期インタナショナルへのレーニンの欠席について触れるが (155-156, 175)，その背後の説明として，このオープトの仮説は今後検討に値するものと考える[10]。

4　大戦勃発とインタナショナル再建論

　最終章で西川氏は，「ロヤーンの，徹底的な史料分析に基づく論文に多くを負って」「開戦後のインターナショナルをめぐる動きについて」(225) 見取図を描いている。それを論ずるためにも，ロヤーン論文「インタナショナルの新生をめぐって」を検討する必要がある。

　大戦勃発後，インタナショナルの再建をめぐって「ローザ・ルクセンブルク対 P.J. トルールストラ」という副題が示すような二つの対極的な動きが生じ，それらが一方でコペンハーゲン会議（1915年1月），他方でルガノ，ツィンメルヴァルト両会議（1914年9月，1915年9月）を経て，最終的に分かれていく経過が，ドイツ左派と中立国，とりわけオランダの社会主義者との接触を手がかりに追究された。その早期の動きへの着目は斬新で，大戦半ば以降のその展開へとつなげられれば，一つの大きな展望が開けるかもしれない。が残念ながら，その論の展開の見通しは未だ立ちがたく，ほぼ 1915 年前半までで分岐を語るのは即断にすぎるし（次節参照），「再建」に代えて「新生」という用語を使う（西川氏もそうだが）のも早すぎよう。その上，二つ目の副題「1914 年 8 月 4 日後のドイツにおける急進的左派の態度について」（これの注記を西川氏は省いている）の「ドイツ」という限定は留意されるべきだ[11]。

　以上，厳しすぎる見方をしたが，そのロヤーン論文に拠る西川氏の見取図も不十分だと言わざるをえない。論証は次節で間接的になされることになるが，そこからは大戦中の試行錯誤，さらにはその中での質的変化の意味は明らかにされないし，エピローグで扱われるベルン会議などの 1919 年初めへと舞台はあまりにストレートに移りすぎている。

　なお細かいことだが，氏はドイツ左派による党指導部批判の声明などを送るために書いた 1914 年 10 月 12 日付のブランティング (H. Branting)，ウィバウト (F.M. Wibaut)[12]，グリム (R. Grimm) 各人宛の手紙を，ローザ・ルクセンブルクとリープクネヒトによるものと記しているが (219)，正確には後

者だけによる（ロヤーン，141-145．氏も227頁の注16で正確に記している）。ことさら両者を強調したいのなら，両者がその声明などを中立国の党機関紙に掲載してもらうためにスイス，イタリア，オランダ，スウェーデンの同志に手分けして手紙とともに送った事実を明示すべきだろう。続けて氏は，上記3名「宛だったのは決して偶然ではなかったのだ」(219)とやや唐突に記すが，前後の脈絡から，まもなく大戦中の反戦平和運動を展開することになる有力な3グループにそれぞれ属することになるがゆえに「偶然ではな」く，ドイツ左派もまたそれらとのつながりを運動のスタート時点でもっていたことになる，と言いたいように解せられる。しかし，手分けして送った宛先のうちモーア(C.V. Moor)とアンジェリカ・バラバノフ（バラバノヴァ）(Angelica Balabanoff; Анжелика Балабанова)がもれているのであって，3名だけで表現するのは修辞的にすぎよう（cf. ロヤーン，71）。

　次に，カウツキーの平和の道具としてのインタナショナル論について論じる。大戦勃発直後のインタナショナルを論じる際，必ずと言ってよいほどそれが取り上げられるからである。

　西川氏はカウツキーに関する国際学術会議でのロヤーン報告「第一次世界大戦中のカウツキー」[13]に拠って，カウツキーの1914年8月3日の「曖昧な態度」にその後の権威失墜の原因をみた(208)。ロヤーン報告では，カウツキーが（西川氏が言うように）「決断力に富んだ政治的指導者ではなかった」ことよりも，むしろ「目配りの効いた理論家」の大戦中の理論自体に問題があったことが一貫して追究された。

　大戦勃発直後にカウツキーが認めたように，SPDは戦争防止のための手段についてはしばしば議論してきたが，ひとたび現実化した戦争に対していかに行動すべきかについてはほとんど議論してこず，全く準備なしだった。彼によれば，ひとたび開戦すれば，あるのは「勝利か敗北か」のみで，労働者にとって「彼ら自身の国の敗北」は完全に排除されるべきものだった。社会主義者が訴えうるのは，この戦争が防衛戦争としてのみあることであり，ナショナリズムの波に洗われた情況下で社会主義者は戦争反対という不人気な立場をとり，「民主的平和」を唱えつづけなければならず，やがてはそれ

らは大衆的支持を獲得するであろう，と。

　カウツキーは民族的自己防衛と国際的連帯とは決して矛盾するものではないとの独自の理論から，インタナショナルは戦争によって崩壊したのでは決してないことを執拗に主張した。むしろ，インタナショナルの本質と機能の限界が大戦によって明らかにされたとみる彼は，「平和の道具」としてのインタナショナル論を前面に打ち出してくる（カウツキーの『ノイエ・ツァイト』諸論文，ロヤーン報告のほか，サルヴァドーリ〔M. Salvadori〕とスティーンソン〔G.P. Steenson〕の両カウツキー研究を参照）。

　かかるインタナショナル論だと，大戦中有効な道具とはほとんどなりえず，ただ俟たれるのは平和の訪れであり，終戦後改めてインタナショナルの復活が図られるだけになりかねない。まさしくこのラインにほぼ沿うかたちで第2インタナショナルの復活が戦後めざされようとするだけに，その論拠は検討されねばならない（次節参照）。

　大戦中のカウツキーの実践がまた，そのインタナショナル論に疑問を抱かせる。同僚のハーゼ，レーデブーア（G. Ledebour）らによる実際の平和の試み（とくに1917年春－夏）に対して彼は懐疑的で，孤立化した（ロヤーン報告, 212-213）。もう一つのインタナショナル再建の試みに対しても，彼はそれを「セクト的インタナショナル」だとして拒否した（同上, 210）。その際彼は，ローザ・ルクセンブルク，メーリング（F. Mehring）らがインタナショナルに「これまで未だ世界史の中で成し遂げられたことのない実行」を要求していると批判したが，その中からインタナショナルの新たな再建が始まろうとは，彼には思いも及ばなかったことであろう。

5　大戦中のインタナショナル史研究

　西川氏は221頁で大戦中のインタナショナル再建の方向性について粗描しているが，図式的な把握としてはつとに次のようなものがある。フェインソドの把握（212-224）を借りて言えば，第3インタナショナルの起源の研究は第2インタナショナルの分裂の研究であり，その分裂の過程がいわゆる右

派，中央派，左派が大戦勃発時，大戦中，さらにボリシェヴィキ革命に対してそれぞれいかに対応したかでみられ，そしてそれぞれの到達点として第2インタナショナル，「第2半」インタナショナル，そして第3インタナショナルがみられる。近年，それぞれの中身への立ち入った検討が進み，従来の図式に囚われない把握とか，新たな領域・視点への着目とかがなされつつあり，以下その最新の研究（私自身のを含めて）を包括的とまではいかないが検討する。

まず取り上げるのは，「城内平和」政策に与した多数派社会主義者の大戦中ならびに大戦直後のインタナショナル論で，それはあくまで戦後にインタナショナルの復活を考える点で前述のカウツキーの平和の道具としてのインタナショナル論と通じ合うものをもつ。戦争に対しては平和の実現が対置されたのだが，「勝利による平和」は別として，その平和の努力を評価しうるかどうかは，ひとえに1917年半ばのストックホルム会議と1919年2月のベルン会議の評価如何に関わる，と私はみている。

ストックホルム会議は協商側政府による派遣代表へのパスポート交付拒否に遭い挫折した。が，その外的条件ばかりか，交戦国列強の多数派社会主義者自身のその会議への関わり方の中に問題があった。さらに私が強調したのは，ロシア2月革命を背景としたペトログラート・ソヴェトの平和政策自体が大きく後退し，変質していったことである[14]。

オランダ-スカンディナヴィア委員会によって始まったその会議開催の準備は，ソヴェトによる平和政策のイニシャティヴが途中から加わらなかったならば早くから進まなくなったであろう，と私はみるのだが，欧米研究者にはそのソヴェトのイニシャティヴは十分に受けとめられず，メイアーの「新外交」論に代表されるように，その平和運動は協商側政府の戦争目的を再検討させ，その修正をもさせるに至った，と実現しなかったものの実際の会議と変わらぬほどの成果をあげた，とみなされがちである。しかし，「新外交」の旗手ウィルソン大統領は一貫してその会議に共感を示さなかったし，その平和運動と国家間外交との溝は本質的であった，と私はみる。

さらにその「成果」を検討するには，戦後に至るまでのその平和運動，と

りわけベルン会議の評価こそ取り上げられねばならない。私はストックホルム会議の挫折の原因として参加条件の後退や多数派社会主義者の態度の問題などを挙げたが、そこからたとえ会議が開かれてもその成果ははなはだ疑問だとの推定も成り立ちうる。その疑問こそ、決裂にはからくも至らなかったもののベルン会議で現実のものとなった、と私は捉えている。

　次に、「第2半」インタナショナル系のドイツ独立社会民主党の社会主義インタナショナリズムの可能性とその挫折の意味を追求したウィーラーの研究は、注目に値する。オープトによって切り拓かれたインタナショナル史における社会史的アプローチを、数量的分析を加えてヨリ徹底化したウィーラーは、伝統的方法をも踏まえながら、論争的なテーゼを打ち出した。詳細は別稿を参照されたいが[15]、戦争と革命の時代の一つのインタナショナリズムは党内のランク・アンド・ファイルの急進主義の中にまさしく存在していた、と説くその「下から」のインタナショナル史の今後の継承・発展に期待したい。

　続いて、私のツィンメルヴァルト運動研究について記す。ツィンメルヴァルト運動は戦争という情況から生まれた国際的な共同の反戦平和運動をめざす大同団結であった。それは出発時から第2インタナショナルに対して「決裂」と「忠誠」という対立しあう思惑を孕んでのツィンメルヴァルト「連合」だった。しかし、私が追究したのは、その運動が発展していったことである。

　大戦は社会主義に新たな分化もだが、再編成への新たな方向ももたらした。社会愛国主義かインタナショナリズムか、の選択はかつての相違を除き、接近への最初の弾みを与えることになった。ツィンメルヴァルトこそ、その精神と運動とによって（時にはツィンメルヴァルトへの本質的理解を経ないままその主体的な受けとめ方によって）各国社会主義内の対立を先鋭化するのを促進したし、逆にその先鋭化がツィンメルヴァルト運動に反映し、内部分裂を孕みながら、それは急進化しつつあった。ロシア2月革命に対してツィンメルヴァルトは、「戦争が革命を滅ぼすか、それとも革命が戦争を滅ぼすか」との二者択一でもって応答しようとする。「革命」に与し「戦争」に反対するツィンメルヴァルト運動の試金石は、ロシア革命への連帯であり、国際的

反戦大衆ストライキの決議，敢行であった。1917年9月の第3回ツィンメルヴァルト会議は，大戦前のインタナショナルでついにまとまらなかったその反戦大衆ストライキをまがりなりにも決議するに至った。

その間，ツィンメルヴァルト運動はBSI脱退－国際社会主義委員会（Internationale Sozialistische Kommission; ISK）加盟の動きを出し，「ツィンメルヴァルト－インタナショナル」（Zimmerwald-International）と呼ばれるようになっていた運動の機関ISKが，とりわけ左派によって当時唯一の現実的可能性をもった「インタナショナルの中心」とますますみられるようになった[16]。（今後私は，10月革命後のツィンメルヴァルト運動とその存在意義を1919年3月のコミンテルン創設直後まで追究していく予定である。）

なお，上記の再編成過程を私はロシア社会民主党でも検討済みで，（それは西川氏が考察した大戦前夜のロシア党統一問題の一帰結であったのだが）10月革命の勝利の党こそツィンメルヴァルト運動にも呼応する「国際化したボリシェヴィズム」という理念の下に結集，再編成された党である，と捉えた[17]。

改めてグラスが指摘したように，BSIもISKも中立国社会主義者から構成され，北欧とオランダ・ベルギー社会主義者の「北方グループ」とスイス・イタリア社会主義者の「南方グループ」が，それぞれ大戦中の運動をスタートさせた。史料と語学の制約の大きかった「北方グループ」の解明が近年，北欧の場合はグラス，ブレンスドルフ，カービィらによって，またオランダ・ベルギーの場合はヴェルカー（J.M. Welcker），ロヤーンらIISGのスタッフによって飛躍的に進められている[18]。ここで思い起こすのは，ラーデマハー（H. Lademacher）編集による画期的なツィンメルヴァルト運動史料集が公刊されたのを機に，セン（A.E. Senn）が指摘したことである[19]。すなわち，近年のツィンメルヴァルト研究が微妙にロシア人への視点が弱く，西欧への関心が強すぎることである。かかる「偏西」史観を克服するためにも，ロシア，東欧からのインタナショナル史研究が，しかも一度は国内運動のレヴェルにまで降りてのそれが，求められているように私には思える。BSIによるそれぞれの党問題処理に対し異議を唱えていたロシア，ポーランド，ブルガリア各左派が，早々と展開しはじめた第2インタナショナル批判ならびに新インタ

ナショナル論の中に，彼らが「周縁」扱いされるにとどまらない意義を私は探ってもみたい。

1) 本章の元である書評は，西川氏との間で反論，再反論を招いた。西川正雄「拙著に関する山内昭人氏の文書（本誌前号）について」『現代史研究』37号，1991年12月，61-62; 山内昭人「最小限の応答——西川正雄氏へ——」同上，38号，1992年12月，65. それゆえ本書に再録する際，表記の統一を図り，第2節末尾の引用を全訳し直したほかは，変更を加えていない。
2) Cf.『史学雑誌』92編12号，1983年12月，91-93.
3) Cf. BSI史料集，第1巻，13. 略記された書誌データは，西川本巻末の文献目録を利用されたい。以下同様。
4) ただし，厳しくみれば，三者の研究にはいずれも問題があるが，それらは史料の次元の問題ではない。グラスは公刊された博士論文に続く研究を着実に進めているが，彼には「労働者スカンディナヴィア主義」という評価の方向性があって，それはそれとして，ヨリ広い次元での評価が打ち出せるかが今後の課題であろう。ブレンスドルフの公刊書は，1917年初めで突然のごとく終わっている。それは彼女の方法論と評価の根本に関わる問題である。最も守備範囲の広いカービィの研究書にはやや平板な記述が目立ち，著者は記述の網羅性に腐心しすぎたのではないか。そのこととも関わるのだが，序論viii頁の研究視点で果たして当時の運動の把握が深まるのか，私には疑問に思える。
5) A. Yamanouchi, "Sen Katayama and the Second International: In Search of New Documents, 1904-1916,"『宮崎大学教育学部紀要』（社会科学），65号，1989年3月，1-26.
6) Ibid.; A. Yamanouchi, "Unpublished Letters of Sen Katayama to Karl Kautsky, 1907-1915," 同上，58号，1985年9月，1-25.
7) A. Yamanouchi, "Sen Katayama, S.J. Rutgers and H. Sneevliet, 1916-1921: In Reprinting Nos. 1-6 of *The Heimin*," 同上，66号，1989年9月，27-57.
8) なお，西川氏は136頁でその基金が「大戦のどさくさの中で行方がたどれなくなった」としか記していないが，実はこの問題はツィンメルヴァルト運動の中にまで持ち込まれた。副題に「……1910-1915年」とあるように，大戦中の問題でもあった（ガイアー，243-246）。
9) 依拠する文献については，山内昭人/本秀一「『ボリシェヴィズム』という用語について——編訳とまえがき——」『宮崎大学教育学部紀要』60号，1986年9月，4頁の注1を参照されたい。逐一の注記も割愛させてもらう。
10) 東欧についても，オープトが先鞭をつけ，彼らによって編まれた『カール・カウツキーと東南ヨーロッパ社会民主主義 文通，1883-1938年』は西川本第IV章などで活用されている。西川氏はブルガリアのシローキ（シロカーンツイ）とテースニ（テ

第 2 章　第 2 インタナショナルの「崩壊」とインタナショナルの再建

スニャーツイ）の当該の対立について未解明であるように記しているが（67），実際にはこの方面の研究も進んでいて，ブルガリア語文献は別としても，以下の博士論文では，対立の責任は一方の派だけに帰せられるものではなく，また BSI をはじめ西欧側の両派への不案内・誤解は問題であり続け，調停を委ねられたラコフスキが不適任であったことなどが論証されている。S.M. Dubowoj, The Schism in the Bulgarian Socialist Movement and the Second International, 1900-1914 (Ph.D. diss., Univ. of Illinois at Urbana-Champaign, 1982).

11) 付言すれば，ローザ・ルクセンブルクの「インタナショナルの再建」（1915 年 4 月）が再建に関する指針を理論的に提起した意義は大きいが，こと組織的再建に関しては各国内の革命的運動を優先するという立場を崩さず，「インタナツィオナーレ」派がツィンメルヴァルト運動で示した消極性は，コミンテルン創立時期尚早論にまでつながっていく。Cf. 山内昭人「第 3 回ツィンメルヴァルト会議（上），（下）」『宮崎大学教育学部紀要』45 号, 1979 年 3 月, 4; 46 号, 1979 年 10 月, 24.

12) 西川氏によるオランダ人名の表記は，私と異なるものがある。以下，私の記す表記は，西川本でのそれらと比べられたうえ，その定着がみられることを望む。ドメラ－ニーウェンホイス〔ニーウェンハイスに修正する〕；ファン・コル；フリーヘン；ウィバウト。

13) 本報告のコピーを西川氏から木畑洋一氏を介して私は入手した。ここに記して両氏に謝意を表する。

14) 山内昭人「ストックホルム会議とツィンメルヴァルト運動」『史林』61 巻 5 号, 1978 年 9 月, 93-129; A. Yamanouchi, "The Stockholm Conference of 1917――The Causes of Its Failure――," *Japanese Slavic and East European Studies*, Vol. 1, 1980, 39-54. 私が打ち出したソヴェト平和政策の後退説は，カービィでも採用された（124-126, 173）。

15) 山内昭人「伝統的労働運動史と社会史的・数量的アプローチとの接合――ロバート・ウィーラー追悼――」『西日本史学会宮崎支部報　1950 年 - 1979 年』1981 年 5 月, 72-78.

16) 山内昭人「ボリシェヴィキとツィンメルヴァルト運動――1917 年 3 月 - 11 月――」『史林』59 巻 5 号, 1976 年 9 月, 79-118; 同「ストックホルム会議とツィンメルヴァルト運動」；同「第 3 回ツィンメルヴァルト会議（上），（下）」．

17) A. Yamanouchi, "'Internationalized Bolshevism': The Bolsheviks and the International, 1914-1917," *Acta Slavica Iaponica*, Vol. 7, 1989, 17-32.

18) その方面からの最新のストックホルム会議研究は，会議 70 周年を記念して 1987 年 12 月にストックホルムの労働運動文書・図書館主催で開かれた国際セミナーで端的に窺うことができる。Cf. *Arbetarhistoria*, Nr 47, 1988, 3-29.

19) A.E. Senn, "Les Russes dans le mouvement Zimmerwald," *Cahiers du Monde russe et soviétique*, 1969, No. 2, 219-227.

追記

　西川氏は西川本刊行後,『社会主義インターナショナルの群像 1914-1923』(岩波書店,2007) を著し,その後急逝された。同書の第一部について,本書評で指摘した問題点が見うけられるので,今後の研究へ影響力のある書物と思われるだけに二,三取り上げることにする。
　まず,氏の叙述の曖昧さや不十分さが,今回は前回以上に目立つと言わざるをえない。わざわざ氏は「まえがき」で,「現時点で,どのような考え方や人物に著者が親近感を抱いているかは,叙述に自ずとにじみ出てしまっているに違いない」(viii) と記している。自覚的になされていないと言うのであろうか。「にじみ出てしまっている」叙述を読者はどのように捉えればよいのであろうか。一例を挙げよう。
　「社会主義者たちが,ウィルソンに希望を託して,政府の講和会議に圧力をかけようとした構想はみじめにも潰えたが,かれらの発想は,政府の次元にもそれなりに反映した,と言えるのではなかろうか」(69) と氏は記す。「言える」と断定し,ひき続いてその実証が十分になされたわけではなく,ましてや「言えるのではなかろうか」と言われれば,歴史研究として判断のしようがない。「自ずとにじみ出てしまっている」ものを忖度して,ヘンダーソン (A. Henderson) ら「勝利の平和」に与した「社会主義者たち」の努力を大いに評価してあげなければならないのであろうか。
　社会運動の担い手にとって重要なのは,運動が成功するか,失敗するかという実践的帰結であり,後者ならば,なぜ失敗したかが問われなければならないはずだ。それを曖昧にしたり,自分たちはやることを精一杯やったとみなしたりするならば,そこから何の教訓とかも得られないし,相手を利するだけだ。そう考える研究姿勢こそ,氏が高く評価するオプトのものではなかったか。
　もう一点。相変わらず注には厖大な史料・文献名が挙げられ,脇道的な参考文献もわざわざコメントまで付して多く紹介されている。その一方,本文では,概括的に簡略化された叙述が散見する。しかもそこでは,注に挙げた各文献においてなされている解明,解釈等についてはほとんど取り上げられず,論評すらなされていない。一例を挙げよう。
　348 頁の注に私の「ストックホルム会議とツィンメルヴァルト運動」と「第 3 回ツィンメルヴァルト会議」の両論文が挙げられているが,前者での分析と結論は氏の叙述とは全くすれ違っている。後者の最終章で私は,ロシア 10 月革命前夜までのツィンメルヴァルト運動の小括を試みたのだが,それもまた交わっていない。学術的対話,否,対決は必要なかったのであろうか。
　そのことと関連して,「史料渉猟の点で明らかに私以上である場合には,彼らの叙述を尊重した」(435) と奇妙な「あとがき」があるが,「以上でない場合」は「尊重しない」と言うのであろうか。よく利用されてきた史料からでも新たな解釈等が出されてくる場合は当然ありうるが,それを氏は「尊重し」ないし,論評もしないというほど,「史料渉猟」だけが評価基準と言うのであろうか。史料利用に関しても,オプトの姿勢が思い起こされる。彼は言う,史料の探究と整理はドキュメンテーションの面から不可欠であるばかりか,方法の面,例えば労働者・社会主義運動についての歴史研究のまさにそ

第2章　第2インタナショナルの「崩壊」とインタナショナルの再建

のプロブレマティークの拡大の面からも等しく不可欠である，と。彼には「プロブレマティーク」，つまり史料の探求にしろ分析にしろ，そこには実証主義的伝統にとどまらず，絶えず「問題提起的」とか「問題史的」とか訳しうる姿勢が，別言すれば，本質的な問題を追いつづけようとする姿勢があった。

　なお史料渉猟に限っても，氏は氏以前にそれらを利用した邦語文献のプライオリティを無視している。そもそも氏の史料渉猟は英・独・仏語に片寄りすぎているのであって，スラヴ諸語の文献は欠落しているし，ほとんどレーニンだけが『レーニン全集』によって利用されているにすぎない。

　前著では肝心の大戦期の社会主義運動が欠落していた（cf. vi）のに対して，今回はまがりなりにも 1914-1923 年を扱っているけれども，あくまで第2インタナショナルが中心の歴史である。私は氏の研究とはほとんど交わらない「ツィンメルヴァルト運動からコミンテルン創設へ」のテーマで研究してきている。それは大戦中の「もう一つのインタナショナル」の歴史であり，私の本書がそれを取り扱っている。

第3章

ツィンメルヴァルト運動, 1915-1919年
――コミンテルン創設前史(1)――

1 伝統的な解釈

　第3インタナショナルの起源の研究は，従来，第2インタナショナル分裂の研究から始まった。その分裂の過程が，社会主義陣営のいわゆる右派，中央派，左派が大戦勃発時，大戦中，さらにボリシェヴィキ革命に対してそれぞれいかに対応したかでみられ，そしてそれぞれの到達点として第2インタナショナル，「第2半」インタナショナル，そして第3インタナショナルがみられた。しかし，近年，それぞれの中身への立ち入った検討が進み，従来の図式に囚われない把握とか，新たな領域・視点への着目とかが多くはないがなされつつある[1]。

　私が着目したのは，第一次世界大戦中に起こったツィンメルヴァルト運動である。ツィンメルヴァルト運動は，大戦勃発とともに第2インタナショナルの指導的党が続々と「城内平和」へ馳せ参じ，インタナショナルの機能が停止したさなかに反戦闘争の模索として登場した。同運動は出発時から，コラールの用語を借りれば[2]，第2インタナショナルに対して忠誠(fidélité)

インタナショナル変遷図

と決裂（rupture）という対立しあう思惑を孕んでのツィンメルヴァルト「連合」だったのだが，その歴史的評価もまた，大戦によって分裂を深めた社会主義陣営の「右派」と「左派」，そして「中央派」によって分断された。すなわち，

① 「右派」によれば，ツィンメルヴァルト運動は一時機能停止となった第2インタナショナルの代役としても認められなかった。機能困難か停止となった第2インタナショナルの擁護論としては，（「中央派」となったカウツキーが代表する）平和の道具としてのインタナショナル論が有力であろう（第2章参照）。彼は民族的自己防衛と国際的連帯とは決して矛盾するものではないとの独自の理論から，インタナショナルは戦争によって崩壊したのでは決してないことを主張し，むしろインタナショナルの本質と機能の限界が大戦によって明らかにされたとみて，「平和の道具」としてのインタナショナル論を前面に打ち出した。けれども，かかるインタナショナル論だと，大戦中有効な道具とはほとんどなりえず，ただ俟たれるのは平和の訪れであり，終戦後改めてインタナショナルの復活が図られるだけになりかねないし，実際そのように復活がめざされた。

② 「左派」にとって，ツィンメルヴァルト運動がコミンテルン創立大会で自らの組織の清算と継承を表明したことは当然の帰結であり，コミンテルンの第3インタナショナルとしての正統性が証明されたとみなされた。

③ 「中央派」による評価は，①と②の両評価に引っ張られ，揺れ動いた。

以上の評価は，戦後の第2インタナショナル，コミンテルン，そして「第2半」インタナショナルの各立場から遡及的にますます固められていった。

その評価を再検討するには，ツィンメルヴァルト運動自体の内在的理解へまずは向かわなければならない。そのことは節を改めて試みることとして，ここでは「周縁」からのインタナショナルと言いうる視点からの研究について触れておく。つまり，グラスが指摘したように［Graß (1975)］，BSIもISKも中立国社会主義者から構成され，北欧とオランダ・ベルギーの社会主義者

第3章　ツィンメルヴァルト運動，1915-1919年

「北方グループ」とスイス・イタリアの社会主義者「南方グループ」が，それぞれ大戦中の運動をスタートさせた。史料と語学の制約の大きかった「北方グループ」の解明が，北欧の場合はグラス，ブレンスドルフ［Blänsdorf (1979)］，カービィ［Kirby (1986)］らによって，またオランダ・ベルギーの場合はヴェルカー［Welcker (1985)］，ロヤーン［Rojahn (1985)］らによって飛躍的に進められた。

　ここで思い起こすのは，ラーデマハー編集による画期的なツィンメルヴァルト運動史料集［Lademacher (1967)］が公刊されたのを機に，センが指摘したこと，つまり，近年のツィンメルヴァルト研究が微妙にロシア人への視点が弱く，西欧への関心が強すぎることである［Senn (1969)］。かかる「偏西」史観を克服するためにも，ロシア・東欧からのインタナショナル史研究が求められているように私には思える。大戦前からBSIによるそれぞれの党問題処理に対し異議を唱えていたロシア，ポーランド，ブルガリア各左派が，早々と展開しはじめた第2インタナショナル批判ならびに新インタナショナル論の中に，彼らが「周縁」扱いされるにとどまらない意義を機会があれば探ってみたい。

　あらかじめツィンメルヴァルト運動の時期区分について述べておく。
　私が採用しているのは，バラバノフ（バラバノヴァ）がロシア語版の回想の中でだけ提示した以下の時期区分である［Балабанова (1925), 171-172］。すなわち，それは彼女自身が最初から最後まで唯一関与したISKの活動を軸とした時期区分であり，第1期（1915年9月のスタートからロシア2月革命勃発まで），第2期（ISKのストックホルム移転からロシア10月革命勃発まで），そして第3期（ロシア10月革命後，1918年末まで）である。第3期を「1918年末まで」としているのは，後述のように運動が実質的な終熄を迎えたからである。形式的には，コミンテルン創立大会においてツィンメルヴァルトの清算－コミンテルンへの継承が決議された1919年3月となる。

2　第1・2期のツィンメルヴァルト運動

　ツィンメルヴァルト運動の契機となったのは，1914年9月27日のルガノ会議である。そこでイタリア社会党のトゥラティ（F. Turati）においてもグリムにおいても念頭にあったのは，とにもかくにもインタナショナルの維持だった。ドイツ軍占領下に入ったブリュッセルのBSIのスイス移転までもが討議された。が，これはBSI執行委員会をはじめ当然の反撥が予測され，独自であるがあくまで臨時の国際ビューローの設立が提案された。そしてグリムによって，この委員会はBSIに決して取って代わるものではなく，諸党間の通信を仲介することと，場合によっては統一行動のための処置を講ずることをその任務とすべきだが，あくまでそれはBSIが機能回復するまで，とみなされた。

　BSIのスイス移転案は，1914年12月初めのBSI回状でBSIがハーグへ移ることが伝えられ，立ち消えになる。しかし，その移転はBSIの活動再開とはならず，スイス社会主義者の期待は裏切られた。ここに「ルガノ精神」にもとづくツィンメルヴァルト運動への道がイタリア，スイスの社会主義者を中心に模索される。

　1915年9月5-8日，スイスの寒村ツィンメルヴァルトで国際社会主義会議，いわゆるツィンメルヴァルト会議が開催された。冒頭，グリムは再度の確認として，会議の任務は新しいインタナショナルを創るのではなく，共同の平和行動をプロレタリアートに呼びかけ，その目的のために一つの行動の中心（Aktionszentrum）を創ることであると表明した。その組織は，スイス社会民主党からグリムとネーヌ（Ch. Naine），イタリア社会党からモルガリ（O. Morgari）と書記としてバラバノフによって構成されることになった。

　続く命名に際して，わざわざ「戦争に反対する」を付すことが，あるいは，反戦ばかりではなく各国プロレタリアート間の連絡も任務であるとして「通信」委員会とすることがそれぞれ提案されたが，結局，何らの条件も付さない「ベルンの国際社会主義委員会」となった。命名問題にも，ISKの任務に

ついて明確な意見の一致が未だ得られていない事情が窺える。

けれども，早々と1915年9月27日前後にISKによって出された回状の中で，次のように表明された。ツィンメルヴァルト会議での全般的な見解では我々の（統一の）平和行動の遂行は不十分だと認識し，重要問題の最終決定権をもつ全体会議が開かれにくい情況下で，ヨリ強固な組織的結合をもたらすために委員会と会議との間に一つの特別な組織として各国最高3名から成る拡大委員会を置くことを提案し，「特別な緊急の場合は……必要な決議をする」と［Lademacher (1967), 183-189］。

この提案は，ツィンメルヴァルトの組織をヨリ強固に，かつ別の組織として自立させるまさに第一歩であった。

1916年4月24-30日，第2回ツィンメルヴァルト会議がキーンタールで開かれた。会議は平和問題に対するプロレタリアートの態度とBSIへの態度について議案を作成するためそれぞれ委員会を設けた。後者は，ようやく（しかもツィンメルヴァルト運動の開始を意識して）模索されはじめたBSI本会議招集の動きに対してツィンメルヴァルト派の態度を決しようとした。BSI会議招集を要請する多数〔4名〕案とそれに反対する少数〔3名〕案の両議案とも委員会で作成され，二つながら全体会議に報告され，討議は白熱した。三つの主張があった。一つは，会議をツィンメルヴァルト派は拒否する。一つは，会議を要求すべきではないが招集されれば（社会愛国主義者との対決の機会でもあるとして）それに応ずる。残りの一つは，（BSI内でツィンメルヴァルト派が多数を獲得するためにも）強く会議を求めるものだった。

最初の採択で両議案とも通らず（多数案10票，少数案12票），別案で15票獲得したワピンスキ（S. Łapinski; ポーランド社会党-左派）案を意見統一の基礎にすることで，メンバーを補充した議案作成委員会が再度もたれることになった。そして改めて報告された議案は，ワピンスキ案を基礎にした第1部と，ジノヴィエフ（ボリシェヴィキ党）とモディリャーニ（G.E. Modigliani; イタリア社会党）の左右両翼の案がそれぞれ組み込まれた第2部と第3部から成っていた。それは，続いて5月2日に開かれることになった拡大ISK会議で最終的に仕上げられることで，ともかく採択された。

「〔議案作成〕委員会の仕事は驚くべきである，和解できないものを一つにしたのだから」［Lademacher (1967), 375］との発言があるように，その決議「BSIと戦争」は妥協（compromise）の産物というより混合物（compound）と言った方が適切かもしれないものだった。

ここで着目したいのは，BSIの一時代行の立場が後退していることである。BSIが会議招集を拒否した場合の結果についてツィンメルヴァルト派はいかなる責任もとらない，と決議は結ばれた。ツィンメルヴァルト派の独自性が広く意識されはじめていた。

グリムにおいても，従来の代行論を繰り返してはいるが，ジノヴィエフの抗議に答えて次のように明言したことは重要だ。「ISKは今解散されるべきだとのいかなる表明も出されていない。〔それが出されるのは〕ただBSIが〔1907年第2インタナショナル大会で採択された〕シュトゥットガルト〔反戦〕決議に応じて階級闘争を受け入れるようになる時においてのみである」［Lademacher (1967), 341（傍点引用者）］。ここに明言された条件にBSIが従わない時ISKはどうするのか，という問題が新たに提起されてくる。

かかる方向性に影響を及ぼしたのが，「インタナツィオナーレ」派とポーランド社会民主党中央委員会（ヴァルスキ〔A. Warski [Warszawski]〕）の主張であったろう。1916年2月のISK会議以来，彼らは次のように主張していた。いまや新インタナショナルのためにヨリ堅固な基礎が，精神的な団結が，与えられねばならない。ISKの活動如何にISKが新インタナショナルの良き助産婦となりうるかどうかがかかっている。ジノヴィエフとレーニンはツィンメルヴァルトを今すでに第3インタナショナルとしてみているが，その誕生にはなお一切が流動的であり，それへの活発な討議が各党でなされるべきである，と。そして組織的準備については，彼らの新インタナショナル論の大前提がある。つまり，それは創造されるのではなく発生しなければならない，窮極的にはプロレタリアート大衆運動の中から生まれる，と［Lademacher (1967), 208, 213, 238, 291, 321, 324, 399］。

その前提はジノヴィエフにおいても異論はなく，「もちろん第3インタナショナルは嵐のような大衆運動の中からのみ生まれうる」［Зиновьев (1924),

265］と捉えられたし，上記少数案（それはヴァルスキ，ベルタ・タールハイマー〔Berta Thalheimer;「インタナツィオナーレ」派〕，そしてレーニンによるものだった）の結びでも，「社会愛国主義に決然と背を向け……新インタナショナルの準備のための精神的かつ組織的前提条件を創ること」が「万国の階級意識ある労働者に要請」された［Lademacher (1967), 357］。

かかるツィンメルヴァルト運動の自立の動きを，ここで第1，2回会議の公式報告［Lademacher (1967), 170-180, 414-425］を比較することで再確認しておきたい。

最初，BSIについて機能していないと指摘するにとどまっていたのが，あとではBSIへの激しい非難が2箇所でなされた。BSIは「協商側帝国主義政府の鞭となり手足となってしまっている」と。そしてISKは決してBSIに取って代わるものではない，分裂を引き起こすのを望んではいない，との各表現が消えた。さらに新インタナショナルについて，ツィンメルヴァルト会議はインタナショナルの形成をめざすものではないと2箇所で繰り返し言明されていたのがやはり消え，出席者の多数は，たとえ第2インタナショナルの各党間に「深く和解させがたい諸対立」があるとしても，新インタナショナルは人為的に創られるのではなく，大衆の階級闘争の中から出てこなければならないことを強調した，と明記された。

当のBSI側は，かかるツィンメルヴァルト運動の動きに敏感だった。1916年のメイデー宣言でBSIは，次のようにツィンメルヴァルト派を非難した。彼らは当初BSIの地位を奪うことを望まずと主張していたのが，最近ではヨリ率直になり，彼ら自身の権威を宣言し，第3インタナショナルの誕生を表明した，と［Gankin/Fisher (1940), 463］。

確かにツィンメルヴァルト運動は，自立し発展しはじめていた。

1917年に入ってロシア2月革命が報じられるや，ISKはいち早く3月20日に拡大ISKの緊急会議を招集し，革命を熱烈に歓迎する声明を採択した。と同時に，この歴史的現場に少しでも近づくため「ISKの主活動を北方へ移し，その目的のためにグリムと私〔バラバノフ〕がロシアかスウェーデンに

向かう」ことが決まった［Balabanoff (1927), 135-136］。

　なにしろ急で「スイス滞在の西欧とロシアの全ツィンメルヴァルト派」が出席したとなっているが正式の会議とは当然言えない拡大ISK委員会が，あえて（その設置時の提案にあった）「特別な緊急の場合」の決議権を行使して迅速に行動を起こしたのである。

　ロシア2月革命に対してツィンメルヴァルトは，「戦争が革命を滅ぼすか，それとも革命が戦争を滅ぼすか」との二者択一でもって応答しようとした。「革命」に与し「戦争」に反対するツィンメルヴァルト運動の試金石は，ロシア革命への連帯であり，国際的反戦大衆ストライキの決議・敢行であった。1917年9月の第3回ツィンメルヴァルト会議は，後述のように（本章第5節），大戦前のインタナショナルでついにまとまらなかったその反戦大衆ストライキをまがりなりにも決議するに至った。

　その決議，「ストックホルムからの平和宣言」の公表をめぐって内部対立が生じた。協商側ツィンメルヴァルト派の支持を待つ間もなく，ISKはボリシェヴィキ党在外代表部（本章第3節）による度重なる即時公表の要求に遭遇する。ロシアの情勢が危機的になればなるほど大衆ストライキのスローガンの実現が緊急性を帯びてきたからである。しかるに一方，時を同じくしてUSPDからストックホルムへ派遣されてきたルイーゼ・ツィーツ（Luise Zietz）による公表延期の要求があった。1917年夏ドイツ艦隊反乱（ストライキ）の鎮圧をきっかけに，大衆ストライキの公表が政府へ弾圧のかっこうの口実を与えることになり，党組織が破壊されることを恐れたからである。ツィーツ自身が艦隊ストライキ煽動の嫌疑をかけられ，一時投獄されたほどであり，USPD執行部にとって大衆ストライキのスローガンは爆弾を抱えているようなものだった。

　その内部対立は，ツィーツが到着した1917年9月28日のうちに急遽開催された拡大ISK委員会で露呈した。ISKは両極端な提案をともに拒否し，委員会は以下の合意に達した。「宣言」は遅かれ早かれ公表されねばならぬが，ドイツの異常な事態を配慮し，公表は延期されるであろう。そして公表の日時は，ISKとドイツ同志との相談で最終的に確定されるであろう。もしもこ

の相談も不可能ならば,その時 ISK は自らの判断で行動するであろう,と[3]。

その合意も束の間,「宣言」はボリシェヴィキの管理下にあったフィンランドの新聞『トュヨミエス〔労働者〕』(*Työmies*) 1917 年 10 月 17 日号に未承認のまま公表された[4]。がしかし,直後のロシア 10 月革命が「宣言」の公表をめぐるすべての懸案を吹き飛ばしてくれることになる。

ロシア 10 月革命後,ツィンメルヴァルト運動はその最終段階(第 3 期)を迎える。その節に入る前に,ロシア 2 月革命から 10 月革命までの間の同運動にとって最も取組が重視された案件について,三つの節に分けてそれぞれ考察することにする。

3 ボリシェヴィキとツィンメルヴァルト運動,1917 年 3-11 月

ロシア 2 月革命後の国際情勢の急変に伴って,ツィンメルヴァルト運動は新展開していった。その 1917 年以後,コミンテルン創設に至るまでのツィンメルヴァルト運動を包括的に研究する際,正面から取り組まざるをえないのが,レーニンのツィンメルヴァルト運動からの即時離脱論である。

旧ソ連史学においては,当時レーニンが強く主張した即時離脱論こそが,第 3 インタナショナル(コミンテルン)創設を促進しえた,との解釈が「正統」であった[例えば,Темкин (1968); Воробцова (1968)]。しかし,その解釈は史実に即してはいない。当時有力なボリシェヴィキはレーニンの主張を支持しなかった。その上,各国社会主義左派との接触を一手に担っていたストックホルムのボリシェヴィキ在外代表部[5]の活動こそ左派糾合の,ひいては第 3 インタナショナル創設の鍵を握っていたのだが,彼らもレーニンのその論に与さなかった。そのことはツィンメルヴァルト運動の国際社会主義左派運動における意義を明示していたとともに,他方,在外代表部の,ひいてはそれを窓口としたボリシェヴィキの左派陣営への影響力の弱さを反映していた。

確かに,ボリシェヴィキの各国社会主義左派との接触工作をほとんど一手に担っていた在外代表部は,積極的にその接触を試みていったのであり,また革命的社会民主主義者の糾合を図るための会議を招集もした。しかし,

1917年7月14日の機関紙 [*Russische Korrespondenz "PRAWDA," Nr. 9, 5*] でストックホルム会議に反対するあらゆる組織に，遅くとも8月5日までにストックホルムへ代表を派遣するよう呼びかけたが，それは実現できず，その接触の実質的内容については，積極的評価を下しえないものだった。

　実は在外代表部には，レーニンの矢のような催促をしても，当時そのような革命的社会民主主義者の会議を招集する土壌も力量もなかった。つまり，ツィンメルヴァルト左派[6]にはレーニン的な新インタナショナル像が皆無であり，彼らはツィンメルヴァルト以外の会議をめざしてはいなかった。在外代表部には，その招集アピールへの各国左派の反応が見出されなかったことに彼ら自身の力量への判断があったのではないか，と推測される。

　ここで，ツィンメルヴァルト左派の新インタナショナル像をみておくことにする。

　上述のように，ツィンメルヴァルト運動は，その出発当初からインタナショナルに対する自らの運動の位置づけを規定しえずにきた。スイス社会民主党指導者で，ISK議長を務め，1917年6月のグリム事件[7]で辞任することになるグリムらは，あくまで目下正常な機能を果たしえずにいる第2インタナショナルの補助であり，ISKはその臨時機関であるとみなしていた。

　ツィンメルヴァルト左派はというと，彼らはツィンメルヴァルトを介して第3インタナショナル創設をめざした。彼らはまさにISKを当時唯一の現実的可能性をもった「インタナショナルの中心」とみていた。第2インタナショナルの事実上の崩壊という共通認識から出発したツィンメルヴァルト左派のうち，ブルガリア左派のテスニャーツイやフィンランド社会民主党はBSI脱退－ISK加盟を決議していた。ISK機関紙 (*Internationale socialistische Kommission. Nachrichtendienst*) 自体もまた，1917年，18年と自らの組織への各国諸党の加盟を間断なく報じていた。

　レーニンの即時離脱論について，私は以下のように総括する。

　レーニンの論は，グリムらとの決定的な対立に端を発した。そして，彼らばかりかツィンメルヴァルト右派（ツィンメルヴァルトの枠をはずせば中央派）全体が「思想的にツィンメルヴァルトを葬り去」った，とレーニンは捉えた。

第 3 章　ツィンメルヴァルト運動，1915-1919 年

レーニンのツィンメルヴァルト破産宣言が思想的にまず措定されたことに注意したい。だからこそ，彼は国際社会主義陣営の諸潮流の区分を重視した。彼によると，社会排外主義者，中央派，そして国際主義者という区分になる。彼にとってこの論は，直ちに次の論，つまり新インタナショナル即時創設論へとこれまた思想的に連結される。ツィンメルヴァルト運動は破産したし，新しい革命的プロレタリア的なインタナショナルは「国際主義者たち」によって「すでに創立されている」ということになった[8]。

　レーニンには，ツィンメルヴァルト即時離脱から新インタナショナル創設への移行は左派会議が開かれるや直ちに実現しうるとの楽観があった。新インタナショナル創設の可能性への過大な楽観を背景とした彼のきわめて厳しいツィンメルヴァルトからの即時離脱論こそ，現実の国際社会主義左派運動の展開に離反するものであった。

　ボリシェヴィキにとって，ツィンメルヴァルトは利用価値こそあれ決して桎梏となるようなものではなかった。1917 年 5 月のボリシェヴィキ党第 7 回全ロシア協議会（いわゆる 4 月〔露暦〕協議会）においてジノヴィエフが，以下を報告・提案した。「わが党は，ツィンメルヴァルト – ブロックでツィンメルヴァルト左派の戦術を主張するという自らの任務を提起しながらそこにとどまり，そして直ちに第 3 インタナショナル創設への第一歩を踏み出すことを中央委員会に委任する」。ここで「わが党がそのブロックにとどまり，しかも第 3 インタナショナル創設へと歩み出すことができるかという問題が出てくる。が，このブロックの性格からそれが我々を自由に活動させ，そして我々が自らのインタナショナル再興の歩を進めることができることは明らかだ」。しかも「我々とともに行くべきグループを，あるいは，わが党への信頼が不十分であるという理由だけで目下まだ我々とともに歩んでいないグループを，我々がツィンメルヴァルトから連れ出すことに成功することはありうる」と。これに対してレーニンだけが反対し，「我々がこれ以上誰かを味方に引き入れられるだろうと期待するのは望みが薄」く，ツィンメルヴァルトに情報を得るためにのみとどまるべきだとの彼の修正案は，他の委員の支持もなく否決された[9]。

113

すでに第3インタナショナル創設の時であり，ツィンメルヴァルトには情報目的のためにだけとどまりその左派だけの会議を即刻開くべきだとみるか，それとも，来たるべきツィンメルヴァルト会議での西欧社会主義者左派との合意によって初めてその創設への第一歩が踏み出されるとみるか，あるいは，これ以上ツィンメルヴァルトから味方を引き入れることはもはや期待しえないとみるか，それとも，なおその可能性をみるか，ここに両者の対立点があった。
　レーニンが中央派，とりわけカウツキー主義者との思想的決裂にこだわりすぎたのに比べて，左派との交渉（とくに新インタナショナル問題について）のイニシャティヴは彼によって決してとられることはなく，それは在外代表部に一任された。ボリシェヴィキによる第3インタナショナル創設運動が現実にレーニンの主張するツィンメルヴァルトからの離脱を踏み台として大きく飛躍したのなら，彼の論への評価は全く変わってくるだろう。しかし，ボリシェヴィキは10月革命後もツィンメルヴァルトを清算する必要性を緊急に感じはしなかったし，それどころかレーニン政権による最初の国際社会主義左派会議招集の試みはツィンメルヴァルト運動の延長線上でなされた（第5章第1節）。1919年3月の創立大会でコミンテルンは創設されるのだが，それはツィンメルヴァルトの組織，ISKの清算がなされたうえ，それを継承するかたちでであった（それにまつわる問題は，終章参照）。

4　ストックホルム会議とツィンメルヴァルト運動，1917年3-7月

　ロシア2月革命後，ペトログラート・ソヴェトの平和声明（3月24日）を引き金に，三つの社会主義陣営が平和をめざす国際社会主義会議を以下のようにそれぞれ招集していった。まず，①オランダ，スカンディナヴィア諸国の社会主義者がいわゆるストックホルム会議を招集した。これはまた，②ソヴェトによっても自らのイニシャティヴで招集された。両者は合同し，未だ参加を決めていない協商側社会主義者へ参加説得のため代表を派遣すること

にもなる。一方，③ツィンメルヴァルト派は自らの第3回ツィンメルヴァルト会議開催をめざし，ストックホルム会議への態度もそこで決しようとする。

結局，ストックホルム会議は協商側政府による派遣代表へのパスポート交付拒否に遭い挫折する。しかし，その外的条件ばかりか，運動の担い手側にも問題があった。1) 一つは，交戦国多数派社会主義者自身のその会議への関わり方の中に問題があった。2) もう一つは，ソヴェトの平和政策自体が大きく後退していった問題である。以下，それぞれの問題をみていくことにする。

1) ドイツなど同盟側多数派社会主義者は，ストックホルム会議に最初から反対はしなかった。が，そこで戦争責任問題が出ることには反対で，また民族自決権は主張するもののエルザス-ロートリンゲン（アルザス-ロレーヌ）は適用外との立場を崩さなかった。彼らは最後まで会議支持を変えなかったが，それは，会議が挫折した場合，我々は最後まで努力したと，その責任を問われぬためでもあった［Scheidemann (1941); Stillig (1975)］。

協商側多数派社会主義者は当初，ストックホルム会議招請を断っていた。しかし，訪露し帰国した英仏多数派指導者（ヘンダーソン，トーマ［A. Thomas］ら）の説得により「劇的に」会議支持に変わったのだが，彼らの支持はあくまで政府によってパスポート交付が許可される限りにおいてであり，さらに問題だったのは，苦境下にあるロシア臨時政府へ戦争継続を要請するのと不可分であったことである。彼らはまた，ドイツの戦争責任問題が同会議で取り扱われることを主張したし，決議の履行は各党に任されるという無拘束の原則を崩さなかった［Huysmans (1918); Sinanoglou (1973); Карлинер (1966)］。

2) 1917年3月24日，ペトログラート・ソヴェト執行委員会は平和声明を決議し，3月27日，同総会は同決議（「全世界の諸国民へ」）を採択した。それは全世界の諸国民へ向けて，現下の帝国主義政府による戦争へ反対し，「戦争と平和の問題の決定を諸国民が自らの手中に収める」ことと

「平和のための断乎たる共同行動」を呼びかけた。続いて5月8日，〔オランダ，スカンディナヴィア諸国の社会主義者による国際会議開催準備に関する〕ソヴェト執行委員会決議がなされ，5月15日，同総会で同決議（「万国の社会主義者へ」）が承認された。それは万国の社会主義者に対して，国際社会主義会議招集のイニシャティヴを自らがとり，ストックホルムへ会議準備のために代表を派遣することを表明した。さらに5月28日，（ソヴェト国際関係部の働きによる）国際会議招集委員会の最初の会議がもたれ，来たる会議の参加条件として，ソヴェトの平和綱領〔無併合と民族自決にもとづく平和を説くペトログラート方式〕を受け入れ，帝国主義戦争への国際的反対運動へ参加する用意のあるすべての党が招請されることとなり，5月31日のソヴェト執行委員会は以下を決議することとなった。つまり，参加条件は，BSIかISKに加盟し，ソヴェトの声明「全世界の諸国民へ」の中で展開されている規定を受け入れ，来たるべき会議で採択される決議に従う義務を負うあらゆる社会主義者であることとした（末尾の条件は，ただでさえやっかいな各国多数派社会主義者の「城内平和」政策に根本的に関わる問題に加えて，決議拘束性という問題を抱え込むことになる）。

　6月2日，ソヴェトの平和政策の最初の後退が始まった。その日に発せられたソヴェトの平和宣言において，「城内平和」政策の清算は参加条件ではなく，会議の課題として掲げられた。しかし，その課題としての表明ですら，訪露中のトーマ，ヘンダーソンらの即座の反撥に遭った。6月12日，ソヴェト執行委員会は，抗議は誤解にもとづくものであり，「ソヴェトは会議招請の前提条件としていかなる党にも，実行してきている政策の放棄を要求していない」と正式に返答した。明らかに第二の後退である。

　6月16日から始まった第1回全露労兵ソヴェト大会において，6月2日の会議招請状が承認され，延び延びになっていた国外代表派遣も最終承認された。しかしながら留意すべきは，本講和交渉によって戦争を終えることができないならば「革命的祖国防衛主義」の立場から戦争遂行

も辞さずという気分が，大会を圧倒していたことである。

　7月3日，ストックホルムへ到着したソヴェト代表は，オランダ-スカンディナヴィア委員会と会議をもった。前者は，会議の決定が全参加者を拘束すべきことを説いたが，後者は，それだと英仏代表は参加しなくなるだろうと否定的だった。それにもかかわらず，ソヴェト代表は7月12日，（前日のISKによる，最低限の参加条件として城内平和放棄を掲げない限り開催準備には参加せずとの声明を受けて）ロシア-オランダ-スカンディナヴィア委員会の設立へ踏み切った（第三の後退）[10]。

　7月末，ソヴェト代表は，会議への最終的態度決定を保留していた協商側多数派社会主義者の説得のためイギリス・フランス・イタリアへ向けて出発した。各国多数派社会主義者との交渉の結果，①戦争責任問題は第1議題として上がっている「世界大戦とインタナショナル」の中に組み入れられることで妥協し，②決議拘束制は説得できず，その上，③フランス，イタリア訪問から再びロンドンに戻ってきたソヴェト代表は，多数派社会主義者参加への最後の頼みの綱となった（交戦国の・一・方・の・側・の）協商間社会主義者会議へ最終的に正式参加した（正式参加でなければ審議に立ち入れないとか，いかなる理由づけであれ，国際会議招集主体としての資格が問われる）（第四の後退）［Шляпников (1926)］。

　最後に，英米史家によるストックホルム会議への高い評価を取り上げる［例えば，Meynell (1960); Mayer (1959); van der Slice (1941)］。彼ら史家は，会議は実現しなかったものの，そのためのアジテーションは実際の会議とほとんど変わらないほどの成果をあげた，とみなす。いわゆる「新外交」(New Diplomacy) の幕開けの一契機になったのであり，その平和運動は協商側政府を動揺させ，自国の戦争目的を再検討させ，そしてその修正をもさせるに至った，と主張する。彼ら史家は，ストックホルム会議がなぜ挫折したかという問題意識が稀薄で，協商側多数派社会主義者の当時の意識と同じく，その挫折に深くかかずらうことなく，挫折後繰り広げられていくその多数派による新たな平和運動の「成果」からあまりに演繹されすぎた評価を下している（実はその会議挫折の直前からストックホルム問題と並行して戦争目的に関す

る審議が開始されていて，多数派の意識ではその平和提案から戦争目的への移行過程は連続していた）。しかし，「新外交」の旗手，ウィルソン大統領は一貫してその会議に共感を示さなかったし，その平和運動と国家間外交との溝は本質的であった［cf. 山内「ストックホルム会議」(1978), 121-122］。

　早くも1917年9月初めにISKは，ストックホルム会議の失敗は単に協商側政府のパスポート交付拒否ばかりでなく，協商側多数派社会主義者自身の態度に原因があった，との声明を出した。ソヴェト派遣代表によるロンドンでの交渉は実際には城内平和の再強化に役立ったのであり，いつか同会議が開かれるかもしれないがそれは当初めざされたものと同一ではもはやありえないであろう，とも表明した。すでにISKは，（ロシア内政の混乱の打開策としてその政治生命を賭けて7月1日から開始した）ケレンスキー連立政府の夏期軍事攻勢を承認したソヴェトの政策上の変化に注意を向けていたのであり，8月12日の機関紙で，ソヴェト代表が政府社会主義者に日々行っている譲歩は彼らの最初の平和声明の意義と精神を徐々に殺している，それは偶然でなく，ロシアの内外政策に関してソヴェトが負わされている役割の直接かつ不可避的な反動である，と表明していた［*ISK Nachrichtendienst*, No. 18, 1-2; Balabanoff (1926/1928), 388-390］。ここにISKは，ストックホルム会議の本質的な挫折を確認し，そして第3回ツィンメルヴァルト会議を開催していく。いよいよ，ストックホルム会議を鋭く批判したツィンメルヴァルト派自身の運動の歴史的検証へ移る時がきた。

5　第3回ツィンメルヴァルト会議，1917年9月

　1917年9月5-12日，第3回ツィンメルヴァルト会議が（第1回会議のちょうど2年後に）ストックホルムで開かれた。拙稿［「第3回ツィンメルヴァルト会議（上），(下)」(1979)］では，出席者が確定されたあと[11]，近年公表された完全ではない議事録［Lademacher (1967), 447-473］を他の史料とつき合わせながら同会議の討議内容が復元され，立ち入った検討がなされた。

第 3 章　ツィンメルヴァルト運動，1915-1919 年

　二，三紹介しておくと，開会初っぱなから本会議の前提や規定が問題とされた。それは「予備会議」(Vor-Konferenz) か，それとも「会議」か，あるいは，決議すべきか，するとしたら全ツィンメルヴァルト加盟諸党へその決議拘束力をもたせるか，という具合に。着目すべきは，早くも会議全体を支配することになる対立の様相を呈したことである。つまり，ボリシェヴィキとメンシェヴィキ，それに USPD の各代表の三つ巴の激論が戦わされた。ボリシェヴィキ（正式にはポーランド王国・リトヴァ社会民主党国内委員会代表）のラデクは決議拘束性をはっきりさせることを，メンシェヴィキ－国際派のイェルマンスキー (O.A. Ерманский) は決議が他の〔不参加の〕諸党を拘束しないことを，それぞれ主張した。USPD のレーデブーアは後者に賛成したが，ハーゼは，我々は決議を行うことはできない，単に意見交換にとどめるべきであり，我々はストックホルム会議に頭を悩ませる必要はない，なぜならばそれは開かれそうにないから，と頑固なまでに主張した。決議拘束性については，署名者だけを拘束するとのラデクの主張で一応の解決をみた。

　二日目の第 3 議題ストックホルム会議への態度決定について，レーデブーアは〔協商側〕社会主義者のサボタージュによって同会議は灰燼に帰した，のちに会議が改めて招集されるならばその時それへの態度を我々は決定すればよいと言い，次の議題に移ることを提案した。ハーゼも同意見で，USPD にはこの問題を回避する姿勢が窺えた。続くラデクの USPD への反論は重要である。彼によると，事態はそんな単純なものではない，我々は労働者になぜストックホルム会議が開かれなかったかという真実を語らねばならず，〔そのためにも〕態度決定をしなければならない。この見解を「インタナツィオナーレ」派から唯一出席したケーテ・ドゥンカー (Käte Duncker) も共有し，我々は政府〔側〕社会主義者とともに歩むことはできない，と述べた。両者には，この問題を介して多数派社会主義者批判へ向かおうとする姿勢があった。

　さらにドゥンカーは同派の名で以下を骨子とする声明までも提出した。「プロレタリアートの真の平和行動は，ロシア革命の運命が実証しているようにインタナショナルによってのみ成就される」，「国際軍や国際仲裁裁判所

などの『永続的平和』のためのもくろみはブルジョワ‐平和主義的である。永続的平和の唯一の保証はヨーロッパ労働階級による政治権力の獲得である」[Balabanoff (1926/1928), 398]。これは，ローザ・ルクセンブルクの論文「インタナショナルの再建」の既述の結びに明らかに呼応する。

9月12日の本会議で「ストックホルムからの平和宣言」が採択された。それはスイス社会民主党のノブス（E. Nobs）の提案により大衆行動ないし大衆ストライキの声明を作成するための委員会が設置されたことに由来し，5回の会合がもたれ，最終案の作成がレーデブーア，ラデク，バラバノフに任されたものであった。その国際的反戦大衆ストライキを反戦の闘争手段としてまがりなりにもインタナショナル史上初めて決議するに至った「平和宣言」には，次の二点の特徴があった。

1) 「平和をめざす国際プロレタリアートの大衆闘争は同時にロシア革命の救済を意味する」と，ロシア革命への連帯の表明があった。第3回ツィンメルヴァルト会議の方向性がどこにあるかが読み取られる。

2) 史上初めて国際的規模で同時に行う大衆ストライキが呼びかけられた。第3回ツィンメルヴァルト会議の背景にはロシア2月革命以後の国際情勢の緊迫化があったからである。ここでバラバノフの次の回想が思い起こされる。「その大衆ストライキは，第1回と2回のツィンメルヴァルト国際会議の論理的かつ不可避的な帰結として生じた闘争スローガンであり，そのことはツィンメルヴァルトがロシア革命を『革命が戦争を滅ぼすか，それとも戦争が革命を滅ぼすか』というスローガンでもって歓迎した，そのスローガンの現実化であった」[Balabanoff (1927), 168]。

「宣言」は，銃後の国際的大衆ストライキを同時ではなく一方の側だけで実施することの危険性ゆえに，交戦国とりわけ会議に参加できなかった協商側ツィンメルヴァルト諸党の承認を得るまで公表を控えることになったのだが，宣言の内容にぎりぎり言及したいとの当事者たちの衝動があった。例えば，1917年9月24日のISK機関紙に載った公式会議報告には，こうあった。万国のプロレタリアートが第3回ツィンメルヴァルト会議の決議を承認し，自らのものとすることを彼らの義務とみなすならば，公認のストックホルム

会議が挫折したにもかかわらず「熱望されたストックホルムからのプロレタリアートの平和声明は全くむだにはならなかったことになろう」。さらに一歩踏み込んで，自国のプロレタリアートの動揺に際し，敵側の労働者階級は断乎戦争遂行をめざしているというブルジョワと社会愛国主義者が用いるデマゴギーの束縛からプロレタリアートを解放しうるのは国際的共同行動だけである，と〔*ISK Nachrichtendienst*, No. 23, 7; Lademacher (1967), 480〕。「国際的共同行動」を表明したこの箇所は，バラバノフの版にもガンキン／フィシャーの版にも欠けており〔Balabanoff (1926/1928), 410; Gankin/Fisher (1940), 672〕，この挿入に ISK の苦心が込められているように私には思える。

次に，同会議の意義が検討された。

過去2回の会議〔1915年9月ツィンメルヴァルト会議と1916年4月キーンタール会議〕から発展し，闘争の実践的手段として反戦大衆ストライキが決議されたことが当事者たちによって高く評価された。上記公式会議報告による以下の評価が，典型である。「会議の参加者たちはツィンメルヴァルト決議の道に沿って意義ある第一歩が踏み出されたという意識を共有した。参加者たちの主観的態度と討議の性格と同様に，会議が開かれたその客観的情況から，第3回ツィンメルヴァルト会議が行動の会議であったことは期待されてよい」。しかし，その決議は実行されず，その後のツィンメルヴァルト運動のさらなる展開の見極めにこそ，最終評価は関わってくるであり，その見極めが今後の課題となった。

それこそロシア10月革命後のツィンメルヴァルト運動を取り扱うことになるのだが，その時期（第3期）の研究に関しては従来，バラバノフの史料集および数種の回想録以外はほとんど利用されず，研究自体が手薄である。ゆえに私は，次節でいささか詳しく追究し，可能な限りの見極めを行うことにする。

6 第3期（ロシア10月革命後）のツィンメルヴァルト運動

「ツィンメルヴァルト－インタナショナル」と呼ばれるようになっていた

運動の機関 ISK が,(「中央派」グリムの離脱後,書記バラバノフにスウェーデン左派のヘグルンドらが加わったこともあり)とりわけ左派によって当時唯一の現実的可能性をもった「インタナショナルの中心」とますますみられるようになった。

例えば,テスニャーツイは 1919 年初めに(第 2 インタナショナルの復興をめざす)ベルン会議への招待を断ったのだが,それはすでになされた行動,BSI 脱退 - ISK 加盟を踏まえたのであり,「ISK は万国の国際的組織の,また社会主義インタナショナリストの有効かつ統一的な中心にならなければならない」(党機関紙『ラボートニチェスキ・ヴェーストニク』〔*Работнически вестник*〕,1917 年 7 月 18 日号)と考えていたからである。

しかしながら,ツィンメルヴァルト運動全体としてみれば,1917 年春から夏にかけて表面化しつつあったストックホルム会議問題等をめぐる内部対立の溝は,第 3 回ツィンメルヴァルト会議によっても埋められなかった。各国ツィンメルヴァルト派,とりわけ西欧「中央派」は,大戦も末期に入り平和運動も各国政府を中心に国家的規模で行われつつある時,彼らの平和運動を改めて国内的視点から「現実的」に展開するようになっていた。彼らにとって,ベルンから(革命の現場に少しでも近づくため)ストックホルムへ移った ISK は,ますます遠い存在になりつつあった。

そのような時,ロシア 10 月革命が勃発した。革命の衝撃力に比べれば,ツィンメルヴァルト運動というそれまでの「会議」中心の運動の成果は影が薄れる。新インタナショナルの実現も窮極的には大衆運動にかかっていたのだから,それは当然とも言える。それまでの発展をしても追いつけなくさせるほどの新たな情況への対応を,ISK を中心としたツィンメルヴァルト運動は迫られることになる。

1917 年 11 月 8 日未明,ロシア 10 月革命の一報がストックホルムに入った。直ちに ISK は,それへの態度を協議すべく会議を招集した。そこで,ISK 加盟のすべての政党を代表して ISK が,ペトログラート労兵ソヴェトに革命の成就を祝う電報を送ることを決定した。しかし,その決定は満場一致ではなく,「全く予想外だったが」ラコフスキ[12]が唯一反対した。その理由は,

第 3 章　ツィンメルヴァルト運動，1915-1919 年

ISK はロシアの事件が明らかになって明確な態度をとれるようになるまで待つべきであり，その上，ツィンメルヴァルト加盟のボリシェヴィキ以外のロシア社会主義諸党がその事件にいかなる態度をとっているのか不明なことからもそうすべきだというものであった。

続いてラデクが，在外代表部の声明「万国の労働者へ！」を読み上げ，ISK へ連署を求めた。それは支持され，両代表の署名のある 11 月 8 日付声明が直ちにスウェーデン左派の機関紙『ポリティケン』(*Politiken*) の特別号（後述）に発表され，また電報で各国に送られた[13)]。

11 月 8 日の晩も続けて，ISK は会議を招集し，懸案だった「ストックホルムからの平和宣言」の公表について協議した。書記バラバノフは，ロシア革命との連帯行動こそプロレタリアート革命のための生存条件とみなし，その連帯の決定的な闘争手段として国際的大衆ストライキを呼びかけている「宣言」の即時公表および各国への送付を提案した。提案は採択されるが，ここでもラコフスキが異議を唱えた。

バラバノフはラコフスキの異議にこだわらざるをえなかった。〔ツィンメルヴァルトの態度表明はツィンメルヴァルト派の全体会議においてのみなされうるとの原則ゆえに〕「理論的，抽象的にはラコフスキが正しかった。しかし，実践的には彼の立場の適用はきわめて命取りとなるようなものであったろう」〔Balabanoff (1927), 176〕と，回想の中で彼女は彼の「理論的」正当性を認めてはいる。がしかし，ここで彼女はロシア革命の決定的重要性かつ緊急性をもち出してくる。今こそ躊躇は，ツィンメルヴァルトを全く役立たない，そしてツィンメルヴァルトの論理的発展の前でしりごみする運動にするだろう，それゆえあえてその原則に反してまでもそうせざるをえなかった，と。

それは ISK にとって 2 月革命時に次ぐ転回点，しかも決定的な転回点だった。「決定的」と修飾するのは，ISK が運動発展の唯一の可能性としてロシア 10 月革命とともに歩むこととなり，革命への常時対応という問題ばかりではなく，ボリシェヴィキ党の影響という内在的な問題をも孕むようになっていくからである。

そのことを記す前に，「宣言」公表をめぐる当面の対応を記しておくと，

ISKはヘグルンドの提案によりすでに12カ国語に翻訳されていた「宣言」の公表とロシアの事件を報ずるために『ポリティケン』特別号を出すことも承認した。徹夜の準備を経て翌11月9日朝，12カ国語の「宣言」を載せた特別号が出された。続く10日には，ISKの機関紙にも「ISKの声明」を付して「宣言」は公表された。

その直後にボリシェヴィキ党在外代表部のラデクとハネツキがロシアへ向けて発ち，そのため在外代表部の両機関紙が停刊せざるをえなくなることにより（終刊号は『ロシア革命の使者（ボーテ）』が11月28日で，『ロシア通信「プラウダ」』が11月30日），ISK機関紙はそれらの肩代わりもしていくことになった。当初，ラデクによる肩代わりの提案にバラバノフは反対した。我々はたとえ無条件にロシア・プロレタリア革命を支持するとしても，我々は多くのさまざまな組織から成る国際的な機関であるので一つの党派に奉仕することはできない，との理由からであった。我々ISKメンバーが一党派に属しているという個人的な立場はこの際問題とはならない，と付言もした（バラバノフはトロツキー，ルナチャルスキー〔А.В. Луначарский〕らの「メジライオンツイ」〔Межрайонцы〕[14)]に属し，イタリア社会党員でもあり続けていたし，他のメンバーは〔1917年5月にスウェーデン社会民主労働党から分かれて創設された〕スウェーデン社会民主左党所属であった）。

このバラバノフの明確な立場は，彼女自身がとった二つの行動から自ずと揺らぐことになり，さらにISK自体の活動に大きく影響を及ぼすことにもなる。一つは，彼女がボリシェヴィキ党に入党したことである。その時期と理由についてバラバノフの回想（ロシア語，ドイツ語，英語各版）での記述はなぜか曖昧を極めている[15)]。入党自体は上述のように個人的な立場として問題視されえなかったかもしれないが，バラバノフ自身の志向がその自己限定を越えさせる結果となった。つまり，ISKの任務よりもボリシェヴィキ党員としての志向が勝ちすぎる面があった。

それが二つ目で，バラバノフは10月革命勃発以来，終始帰国の願望を強く抱き，ある時はフィンランドとの国境まで赴きロシアへの帰国の機会を2週間むだに待ったこともあった。レーニンら党中央委員会から，またISK

のスウェーデン・メンバーや在外代表部の（いまやソヴェト政府の正式ではないが在ストックホルム全権代表となっていた）ヴォロフスキーから，バラバノフはストックホルムでツィンメルヴァルト運動に携わることの重要性を説かれた。コミンテルン創設直後に同書記にバラバノフが任命されたことについて彼女自身が挙げた理由に，「新しいインタナショナルが獲得しようとしていた反戦派，左派の間では私の名はツィンメルヴァルトと同意語であり，イタリア社会党の威光とも同意語であったからである」[Balabanoff (1938), 217] とあるが，1917年末から18年にかけても彼女はそれほど象徴的な存在であった。そうであればあるほど，彼女がボリシェヴィキ党員であり，絶えず帰国の強い想いがあったとするならば，そのことがISK活動に何らかの影響を及ぼすことは避けられなかったであろう。

実際，バラバノフはボリシェヴィキ党ないしソヴェト政府からの「指示」を受けることがあった。ヴォロフスキーがソヴェト全権としてベルリンへ赴きフィンランド政府と講和交渉を進めている間，彼女は非公式ながら彼の代理も務めた。もう一つ重要な役割があった。それはソヴェト政府からの巨額の財政援助である。この点については今日なおほとんど不明のままだが，バラバノフの回想によると，それは表向きはツィンメルヴァルトの仕事への資金供給となっていたけれども，彼女やヴォロフスキーらを通じて各国の「ボリシェヴィキ的な」運動や機関紙発行をめざす活動家に支払われた [Balabanoff (1938), 175-176]。近年公刊された史料集によれば，1917年12月22日の人民委員会議（CHK）の第6議題において，「ストックホルムの同志ヴォロフスキーへ，平和のための闘争基金を設けるため200万ルーブリを支出することについて」同志トロツキーが報告し，その支出が承認されている [Протоколы СНК (2006), 97]。その高額の基金はバラバノフの回想中の記述に該当する事例と推定される。なぜならば，すでにコミンテルン創設前にバラバノフとヘグルンドの手にロシアからの基金（eine Geldfonds）が委ねられ，管理されていたとの記録もあるのだから [Kan (2004), 54]。

回想を続けると，のちには各国活動家への資金供給は彼女を素通りして実行されていき（彼女の名前だけが利用された），これがコミンテルン資金の一

地下供給系統となったという（目下，私は旧ソ連文書館史料により解明中である）。

1917年11月から1918年秋までの間，バラバノフの表現によれば，ISKは「新しい革命体制と西欧・アメリカとの間のほとんど唯一の絆」[Balabanoff (1938), 173] であった。その時期の主要活動は，以下の三つである。
① ロシア・プロレタリア革命の擁護（1918年1月末からはフィンランド革命・内戦も加わる）
② その革命情報の欧州プロレタリアート大衆への供給
③ 革命支援のための共同大衆行動の呼びかけ

いずれも ISK 機関紙や回状，ビラなどあらゆる刊行物を通じて行われた両革命の擁護，およびそのための欧州労働者大衆へのアピールは，ドイツ帝国主義がブレスト-リトフスク条約締結後も依然侵略を重ね，フィンランド内戦へも干渉し，他方，協商側との干渉戦争も苛烈を極めていた情況下で，一部を除いて成果をあげえなかった。

その部分的成果を先に例示しておけば，ドイツの1918年1月の大衆ストライキと，4カ月前の第3回ツィンメルヴァルト会議で採択された「ストックホルムからの平和宣言」中の平和のための国際的なゼネストの呼びかけとの間に関連性があったことである。同「宣言」は，すでに1917年11月30日にベルリン警察長官よりプロイセン内務相へ報告されていた。1918年1月13日ドレスデンでの USPD 集会についての官憲報告によれば，来たる1月21-23日のストライキについて話し合われ，その反戦ストライキ要請の根拠を「宣言」に置き，結局官憲の介入を恐れて実現しなかったものの，集会で「宣言」が配られる手はずでもあった。「宣言」はストライキ中，ドイツのさまざまな地域で，例えばベルリン，ライプツィヒ，ミュンヘンで現れた [Stern (1959), 792-794, 917-919, 938-940; Wheeler (1977), 337]。

ウィーラーによれば，かかる1918年1月ストライキをはじめ国際的ストライキの公然たる擁護，そして革命の秘密裡の準備は，大戦前のインタナショナルの本質的に宣伝色の濃い目標設定をはるかに越え出ていた [Wheeler (1975), 283]。

にもかかわらず，その一方で，情況の困難さは ISK の文章中に暗い影を落としていた。機関紙 1918 年 4 月 1 日 - 5 月 1 日号に載ったスウェーデン語，ドイツ語，そしてフランス語によるメイデー宣言がそうだった［*ISK Nachrichtendienst*, No. 39, 1-4; Balabanoff (1926/1928), 260-263］。「ツィンメルヴァルトから出された，そして数カ国における大衆デモンストレーションと大衆ストライキの中で現れるべきこのアピールが喚起した反響は，しかしながら残された戦場においてさらなる空前の流血を阻止するには力不足であった」。社会主義者の多数は今日に至るもなお城内平和を破棄することを決しかねているありさまである，という現実があえて書き留められている。その上，困難な闘争を続けているフィンランドとロシアの労働者に他国の労働者からの援助が全くないばかりか，ドイツとオーストリアのプロレタリアートは彼ら自身の手で彼らの同志の自由を窒息させることに荷担しているのだ，とまで非難の声を高めている。メイデーはまたやってくる，この日の歓声は大砲の轟音と瀕死の負傷者の呻吟でまたかき消されようとしている，と書かれていた。

情況の困難さばかりか，財政的にも ISK は追いつめられていた。1918 年 5 月 15 日付文書「ISK 加盟諸党および諸組織へ！」（バラバノフ署名）において，交戦国の大部分の加盟組織が分担金を支払っていない窮状が訴えられていた［РГАСПИ, 340/3/362/1］。

かかる暗い響きは以後ますます強まり，ISK は（協商側労働者へ自国政府による干渉に対して反対するよう訴える）1918 年 8 月付ソヴェト政府声明を，それを支持する文書を付してそれぞれフランス語，イタリア語，英語，スウェーデン語，そしてドイツ語で 9 月 1 日の機関紙増頁号に発表した［*ISK Nachrichtendienst*, No. 44, 1-14］。協商側プロレタリアートへ訴えた同文書には悲愴な響きがあった。すなわち，現在もなお各国帝国主義の侵略に荷担するか，あるいはそれへの実力阻止に踏み切ろうとしないプロレタリアートへの非難の響きが込められていた。あくまでも各国プロレタリアートの連帯を訴えるのだが，そこには彼らへの不信に至りかねないほどの ISK のせっぱつまった苦難の立場が浮き彫りにされていた。しかも，それが最終となる号に

掲載されたことを考えると，ことは深刻であった。その発行をもってISKの定期刊行物によるプロパガンダは終わった。

「ツィンメルヴァルトは速やかに衰亡した。それに加盟の諸組織はますますISKに注意しなくなっていった」との旧東独史家の評価がある［Reisberg (1966), 262］。しかし，その評価は以下の点において首肯しがたい。一つは，大戦勃発による第2インタナショナルの機能停止の中でツィンメルヴァルト運動が果たした歴史的役割を公正にみようとはしていない。バラバノフは言う，「ツィンメルヴァルトの功績は第一に，インタナショナルは何であるべき
・・・・
ではないということを大衆に示したことであった」［Balabanoff (1927), 274］と。さらに強調している，「もしもこの運動がなければ，歴史家は戦争が組織ばかりか労働階級のインタナショナリズムのまさにその精髄までも絶滅させたと主張してもよい」［Balabanoff (1938), 137］と。

もう一つは，旧共産圏史家の共通認識，つまりロシア10月革命こそレーニンの主張する第3インタナショナル創設への決定的条件であり，直ちにボリシェヴィキは第3インタナショナル創設への道を着実に進んでいったという認識を背景としたものであり，その認識こそ史実に即していないことを私は論証してきている。ボリシェヴィキ党とソヴェト政府による新インタナショナル創設の実質的な成果は，後述する「その前史の重要文脈」（第5章）はあるものの，西欧からみれば，1918年末までほとんど評価しがたいものとみなされた。それだからこそ，以下で追究するツィンメルヴァルト運動の最後期の存在理由があった。

グリム事件以後ISKの中心メンバーとなっていたバラバノフが，1918年秋に革命の地ロシアと運動の発祥地スイスへ赴くことになった。その目的は，内的にも外的にも行き詰まっていたツィンメルヴァルト運動，と言っても現実にはISKの活動の打開策を講ずるため，当時なお期待しうるツィンメルヴァルト派と交渉することであった。

フィンランドとの講和交渉から戻ってきたヴォロフスキーと入れ替わりにバラバノフは，1918年9月末にロシアへ向かって発つことになり，同じく

第3章　ツィンメルヴァルト運動, 1915-1919年

ISK メンバーのネルマンも同行していた。前年12月には同じく ISK メンバーのヘグルンドが同志チルブム（K. Kilbom）とともにツィンメルヴァルト会議の招集についてボリシェヴィキ指導者と会談するためペトログラートへ赴いていたのだが（第5章第1節），ネルマンの同行からもこの旅の目的は自ずと推測される。

　その一方で，バラバノフが出発前に書いた論文によれば[16]，実はバラバノフのスイス行の背景として次のような動きがあった。1918年8月27日，スイス社会民主党の一地方新聞『バーズラー・フォアヴェルツ』（*Basler Vorwärts*）が，ツィンメルヴァルトが目下衰退しているとみて，その回復をめざし ISK のスイスへの移転と新たなツィンメルヴァルト会議の招集を提案した。早速翌日，党指導部は（ツィンメルヴァルト運動を離脱していた）グリムが編集していた『ベルナー・タークヴァハト』（*Berner Tagwacht*）に次のような反論を載せた[17]。今日パスポート交付拒否が強化されていることなどから会議招集は技術的に不可能であるばかりか，それ以上に交戦国政府による弾圧下でドイツ，イタリア，オーストリア，フランス，イギリスにおいて大衆運動の客観的条件自体が欠如しており，ISK 移転もこの情況を変えうるものではない，と。

　『タークヴァハト』の同号はストックホルムのバラバノフのもとに送られ，それがもとでバラバノフが出発前に上記論文を執筆し，寄稿に及んだ。同論文の結論を先に記すと，バラバノフもまた（たとえその結論に至る背景が根本的に異なろうとも）『タークヴァハト』紙と同一見解に達した。「大衆殺戮の4年の後，戦争を終結させるための正しい手段を適用し，そしてシュトゥットガルト，バーゼル，ツィンメルヴァルト，キーンタール，そしてストックホルムの決議に従って行動した唯一の国が火の海と化し，血に酔った帝国主義ばかりか他国の武装しテロ化したプロレタリアートによってあらゆる方面から脅かされ攻撃されている時，決議を採択するという時間などもはやない。そのプログラムと手段は全人民に〔自らの〕経験を通して詰め込まれるのだ。日々の遅滞は自らの本分への裏切りばかりか，ロシア・プロレタリアートの本分への二重の裏切りを意味する」とまで彼女は記した。上述した

ように，ISK の 1918 年に入ってからのアピールの中にかかる暗鬱な響きがあった。そこには内戦によるロシア革命の危機，フィンランドの白色テロル，そして立ち上がらない西欧労働者大衆への失望が重く影を落としていた。

にもかかわらず，バラバノフは，決して楽観的ではないものの，スイスの社会主義者による ISK 再興の動きを捉え，自らが各国ツィンメルヴァルト派と交渉し，ツィンメルヴァルトの可能性を確かめるために旅立ち，まずロシアへ向かった。

到着後，バラバノフは 1918 年 9 月 30 日の全露ソヴェト中央執行委員会（ВЦИК）会議に出席した。スヴェルドロフ（Я.М. Свердлов），トロツキー，チチェーリン（Г. Чичерин），ラデクら 75 名が出席した同会議の第 1 議題に「国際労働運動」が掲げられ，バラバノフ，リュトヘルス，そしてバトゥリンことザミャーチン（Н.Н. Батурин [Замятин]）の順で報告がなされた。バラバノフの報告では，ツィンメルヴァルト運動の最初からの展開が語られ，とりわけロシア革命勃発後は革命の運命に「ツィンメルヴァルト運動の運命を我々は一体化した」ことが強調され，そして西欧プロレタリアートがロシアに続くことを待ちわびているとの楽観で結ばれた。しかし，運動の建て直し問題には触れられないままであった[18]。

それどころか，その二日前（9 月 28 日），スヴェルドロフ，ラデク，ブハーリン，バトゥリン，ロジン（既述のようにリュトヘルス署名の信任状を持参しアメリカ社会主義宣伝同盟を代表して第 3 回ツィンメルヴァルト会議に出席していた），カーメネフ（Л.Б. Каменев）そしてバラバノフが出席した国外での活動に関する会議において，国外との交流に関するすべての問題を統合するため，バラバノフ，ロジン，〔トーヴィヤ・〕アクセリロート（[Т.Л.] Аксельрод），ブハーリン，ヴォロフスキーの 5 名から成る（中央）ビューローをロシア共産党中央委員会の下に創設することが決められた。しかも〔実現されなかったが〕同ビューローによる国外主要社会主義政党との交渉の先にロシアでの国際大会招集が構想されていたのだから [РГАСПИ, 17/1/84/1]，ロシア共産党下の活動に取り込まれかねないバラバノフにとっては，なおさらツィンメルヴァルト運動の建て直しを切り出せなかったろう。

第 3 章　ツィンメルヴァルト運動, 1915-1919 年

　バラバノフの回想によれば，彼女はひと月前の狙撃で負った傷の後遺症で保養中のレーニンを訪れ，スイス行の意志を伝えた。それに対してレーニンは〔ボリシェヴィキ党員でもある〕彼女にストックホルムへ直ちに戻ることを頑強に主張し，結局意見の一致をみないまま話はレーニンから打ち切られた[19]。

　おそらく 1918 年 10 月 5 日直後，バラバノフはスイスに向かって出立した。途中，ほぼ三日間ベルリンに立ち寄った彼女は，ドイツ大使としてやって来ていたヨッフェ（A.A. Иоффе）と会ったほか，ドイツのツィンメルヴァルト派である USPD の数人と，またスパルタキストとも「当面の方向づけについて」会談した。彼女の回想によれば，「深く意気消沈して」彼らと別れた。ドイツ国内の情勢が緊迫しているにもかかわらず，あるのは混乱と絶望だけであった，その上，反戦社会主義者左派の中にさえ意見の衝突があった，と彼女は回想している［Balabanoff (1938), 190-192; Balabanoff (1927), 190; Балабанова (1925), 179］。当地では，もはや事態がツィンメルヴァルト派の再統合を改めて具体的日程に上らせてくれなかった。

　10 月 17 日，バラバノフは赤十字の捕虜帰還交渉要員として合法的な身分証明を経てチューリヒに入った［Collmer (2000), 255］。その同じ日，スイス社会民主党バーゼル支部は，新しいツィンメルヴァルト会議がスイスの方で招集されることを党執行部に要請した（この件を執行部はバラバノフとともに取り扱うことになる）[20]。10 月 25 日頃ベルンに到着したバラバノフは，10 月 30 日にロシア革命の情況およびボリシェヴィキの立場に関するスイス社会民主党執行部会議に出席し，次のように述べたという。ボリシェヴィキは目下政権を維持しているが，しかし革命の偉業は世界革命の火を煽ることに成功した時にのみ継続されるであろう。ドイツとイタリアにおいて，そしてオーストリア，フランス，イギリスにおいても（スイスも除かれるべきではなく），革命の火を煽るためにあらゆることがなされなければならず，そのためまず第一に，できるだけ速やかにツィンメルヴァルト会議が招集されることによって革命的行動が即刻開始されることが不可避である，と。そのツィンメルヴァルト会議招集提案は，しかしながら，プラッテン（F. Platten）の

賛成を得ただけで拒否され，改めて 11 月 9 日にチューリヒで招集される党執行部全体会議でこの問題への最終決定がなされることになった[21]。その予定された日に以下のようにゼネストの前哨戦が始まり，それどころではなくなる。

　バラバノフがやって来たスイスは，時あたかもゼネラル・ストライキの気運が高まっていた。1918 年 5 月 19 日以来ベルンに滞在していたベールジンらソヴェト・ロシア使節団[22]に加えて，バラバノフの到着は国内の不穏な情勢に油を注ぎかねないものだった。「有名な革命家アンジェリカ・バラバノフがスイスとイタリアで革命を起こすため巨万の資金を携えてロシアからスイスへ」やって来た［Balabanoff (1938), 192］，といった広く流されたデマについて，彼女自身が回想の中で多くのページを割いた（が，肝心の目的は書かれずじまいであった）。

　1918 年 11 月 7 日のロシア革命 1 周年記念行事が軍隊の総動員を引き起こし，9 日にはそれに対する 24 時間の抗議ストライキが打たれ，ますますゼネストの気運が高まっていた。そうした中，協商側とりわけフランス，イタリア政府の強固な圧力もあって，政府はバラバノフを含むソヴェト使節団の追放をその理由となる証拠をついに得ないまま決定し，10 日午前にソヴェト使節ベールジンに 24 時間以内にスイスを立ち去ることを通知した。11 日にゼネストが勃発し，翌 12 日婦女子を含む 33 名の一行は鉄道ストライキ中のベルン駅から武装兵の護衛のもとに 9 台の乗用自動車で運び去られた。予想される社会主義者，労働者の抗議をかわすため完全に秘密裡に，しかも途中労働者地区は慎重に迂回までして一日がかりで国境まで運ばれた。ドイツ通過の許可を得るや 15 日に一行は国境を越えた［Gautschi (1971), 342-362; Schmid-Ammann (1968), 299-301］。

　当時の緊迫した情勢では，バラバノフの活動目的がボリシェヴィキによる革命的煽動と同一視されるのも当然だった。追放され戻って来たベールジンが（11 月 27 日の『イズヴェスチャ』〔Известия〕に掲載されることになる）11 月 25 日の ВЦИК での報告で明らかにしたことだが，革命的プロパガンダをしないとの条件で駐箚を許可されていたソヴェト使節団は，ロシア革命につい

第 3 章　ツィンメルヴァルト運動，1915-1919 年

ての情報伝達と並行して実際にその革命的プロパガンダを非合法に遂行していた。ベールジン報告自体が述べているように，バラバノフの到着はボリシェヴィキとソヴェト使節団に対する信じられないほどの悪宣伝を引き起こす導火線となった［Gautschi (1971), 385-387; Schmid-Ammann (1968), 171-175］。

　その煽動・プロパガンダについては，証拠をスイス政府はついに見つけ出せなかったのだが，ベールジンの 1918 年 6 月 15 日（ないしそれに続く）外務人民委員部宛報告には，リアルタイムの言及が次のようにあった。「それら〔当面の通常任務とは別の「ヨリ重要でヨリ緊急の」任務〕について私はこの場で事細かに話すことは不可能とみなす。……いくらかは同志ホルツマン〔E. Holzmann; ベールジン到着前の最初のソヴェト・ロシア政府代表〕に個人的に問い合わせ，ある程度の説明は暗号書簡の中に見出してもらいたい。このためには秘密基金から資金を支出することが必要だ，……」「それ〔特別の秘密基金〕について私はすでに話したし，ヨリ具体的には暗号書簡に書くつもりだ，少なくとも 100 万フランの送金が必要だ」。その 100 万スイス・フランは，この時点で概算で要求された全通常任務の年予算 138 万スイス・フランに迫る金額だった［РГАСПИ, 5/1/2164/9-14］。

　ロシア 2 月革命に，そして 10 月革命にあれほど積極的に関与していったツィンメルヴァルト運動は，ドイツ革命勃発，そしてスイスのゼネストには沈黙せざるをえなかった。別言すれば，1918 年秋，ドイツ革命勃発と入れ替わりに，ツィンメルヴァルト運動に一つの結論が下された，しかも隣国スイスでもゼネストと入れ替わりに。

　バラバノフは，当初スイス行のあと直ちにストックホルムに戻ってツィンメルヴァルト会議のための活動を継続するつもりでいたのだが，スウェーデンへの ISK 書記の再入国はついに許可されず，モスクワにとどまり，1919 年 3 月初め，コミンテルン創設に立ち会うことになる（バラバノフを欠いた ISK の方は，ヘグルンドを中心に活動を続け，国際的連絡を維持し，1919 年 6 月までその記録があるという［Kan (2004), 53］）。

　一方，歴史の皮肉と言うべきか，スイス社会民主党などが改めて（第 4 回）ツィンメルヴァルト会議招集に熱意を示すようになるのは 1919 年に入って

からである[23]。この動きは，1918年11月11日の休戦後社会主義陣営内で新たに再燃することになるインタナショナルの再建問題，とりわけ1919年1-2月のベルン会議招集・開催への対応という流れの中で捉えられるべきである。とくにUSPDのかかる動きをウィーラーは「草の根のインタナショナリズム」という視点から精力的に掘り起こしたのだが，そのことは終章で取り上げる。

1）本節の記述には，第2章と重なる箇所があるが，説明の必要上繰り返すことを諒とされたい。
2）Y. Collart, "La Deuxième Internationale et la Conférence de Zimmerwald," *Revue suisse d'histoire*, 1965, No. 4, 456.
3）Balabanoff（1926/1928），232-233; Балабанова（1925），158-159; Balabanoff（1927），171-173.
4）D. Kirby, "The Making of a Radical: Yrjö Sirola, 1904-1918," *Eripainos Turun Historiallinen Arkisto* 37, 1982, 181.
5）正式にはロシア社会民主労働党中央委員会在外代表部（Заграничное представительство ЦК РСДРП（б））であり，それは1917年4月13日，いわゆる「封印列車」で帰国途中のレーニンの提案でストックホルムに創設された。メンバーは当地で活動していたヴォロフスキー（В.В. Воровский），ハネツキ（J. Hanecki）とレーニンに同行していたラデク（K. Radek）であり，主たる任務は，ロシア革命の正確な情報を各国社会主義者へ供給することと彼ら左派との接触を確保することであり，以下の二つの機関紙が刊行された。*Russische Korrespondenz "PRAWDA"*（1～33号, 1917年6月3日～11月30日）; *Bote der Russischen Revolution*（1～11号, 1917年9月15日～11月28日）.
6）ツィンメルヴァルト左派の名称は，第1回ツィンメルヴァルト会議において独自に提出した決議草案が宣言に盛り込まれず，最終的に満場一致で採択された宣言に十分満足したわけではないことを表明したレーニン率いる左派グループに由来する。ジノヴィエフ，ラデク，ネルマン（T. Nerman），ヘグルンド（Z. Höglund），そしてヴィンターことベールジン（J. Bērziņš-Ziemelis; Winter）が名を連ねた。のちに，名称は必ずしも厳密に定義されずに使われていった。
7）グリム事件とは，グリムがドイツ政府の手先という誹謗によって訪問地のロシアから追放された事件であり，それはそれでなくとも親独的と中傷のあったツィンメルヴァルト運動への不信を高めることに貢献した。ストックホルムに戻ったグリムは彼のISK全権をスウェーデンの同志（ヘグルンド，ネルマン，カーレソーン〔C.N. Carleson〕）に委ねた。こうしてロシアから呼び戻された書記バラバノフとともに彼らスウェーデン左派はISKを左傾化させることになる。
8）『レーニン全集』24巻（大月書店, 1957），66-67, 74-75; 43巻（大月書店, 1968），813.

第 3 章　ツィンメルヴァルト運動，1915-1919 年

9) *Седьмая (Апрельская) Всероссийская РСДРП(б)* (1958), 231-234, 372.
10) 私はシリャプニコフ編集の史料［Шляпников (1926)］を読み進む中で，決議拘束性問題などにみられるソヴェト平和政策の後退・変質の重要性を認識し，それを英文論文（1980）の中でも力説した。私が打ち出したその説はカーヴィでも採用された。Kirby (1986), 173, 271.
11) 出席者のうち，リュトヘルスの盟友ロジンについてだけあらかじめ付記しておく。彼はロシア 2 月革命勃発後，アメリカからラトヴィヤへ帰国の途次，（第 4 章第 3, 4 節で後述する）アメリカ社会主義宣伝同盟を代表して第 3 回ツィンメルヴァルト会議に出席した。彼が提出した同宣伝同盟の 1917 年 5 月 31 日付信任状は，「この書信の持参人は」云々と代表名は明記されなかったけれども，リュトヘルスによって署名されていた。Correspondence of the Military Intelligence Division of the War Department General Staff, 1917-1941, RG 165 [hereafter cited as Correspondence of MID], 9944-D-15, National Archives and Records Administration [NARA], Washington, D.C.; 山内『リュトヘルス』(1996), 270.
12) ラコフスキは，ロシア 2 月革命後最初のメイデーの日にルーマニア当局による拘束からロシア革命の名の下にロシア軍兵士によって解放され，オデッサ，ペトログラート経由でストックホルムに来たばかりであった。彼はロシア臨時政府の無併合・無賠償の平和政策を支持し，その意味でストックホルム会議に依然期待をかけていた。つまり，彼の会見での表現を使えば，ロシア革命のおかげで平和は民主的な平和になるであろうし，ストックホルム会議が平和を採択すれば，それは平和の締結に甚大なる影響を及ぼすであろう，と。"An Interview with Racowsky," *The Call* (London), No. 90, 28.XII. 1917, 3.
13) Balabanoff (1926/1928), 234-236; Балабанова (1925), 165-166; Balabanoff (1927), 175.
14) メジライオンツイとは，1913 年 11 月ボリシェヴィキとメンシェヴィキに分裂した党の統一をめざす「第三の」組織として設立されたロシア社会民主労働党ペテルブルク地区間委員会のメンバーをさす。1917 年 5 月 20-24 日の合同社会民主主義者ペテルブルク地区間委員全市会議において，ボリシェヴィキ党との統合をめざす決議がなされたのだが，それは彼らによる大戦中の試みの継承の上になされたものであり，彼らの言う統合は「ツィンメルヴァルトとキーンタールの見地に立つ組織およびグループの全露大会によってのみ」実現されるものとみられた。Юренев (1917), 18; *Ленинский сборник*, Т. 4 (1925), 300; Ленин, *Сочинения*, Изд. 3, Т. 20 (1936), 662.
15) バラバノフの記述を並べていくと，①1917 年春〔推定〕にペトログラートに赴いた際，「同志トロツキーとルナチャルスキーによって創設された党に入った」〔傍点部は不正確〕というからメジライオンツイへ加入した。②しかし，ロシア国内情勢がますます緊迫化していたので，彼女は呼び戻されたスウェーデンから，ロシアへ戻りつつある同志〔男性形〕を通じてボリシェヴィキ党への入党を表明した。③それは「両党〔メジライオンツイとボリシェヴィキ〕の合体〔1917 年 8 月〕およびボリシェヴィキ党の共産党への名称変更〔1918 年 3 月初め〕の前」であった，と時期的開きがあ

る［以上，Balabanoff (1927), 179; ①については，Балабанова (1925), 117 でも「それに私も加入した」と記されている］。がしかし，④「私は最終的に1917年夏にボリシェヴィキ党に入った」［Balabanoff (1938), 165］とあるように，形式的には両党合体した際にボリシェヴィキ党員となったことになる。その一方で，⑤彼女は入党の意向を（モスクワへ向かってストックホルムを通過中の）コロンタイに依頼したが，その時期については曖昧な表現になっている。⑥彼女が正式に入党を認められたのは1918年9月末〔推定〕帰国した際であり，その間イタリア社会党に属していた期間も含め，さかのぼって25年の党経歴を付与された［以上，A. Balabanoff, *Impressions of Lenin* (Ann Abor, 1968), 33-34］，との記述もあり，実質的入党は⑥であろう。

16) A. Balabanoff, "Eine Zimmerwalder Konferenz?," *Beilage zur Berner Tagwacht* (Bern), Nr. 215, 14.IX.1918, 1.

17) "Eine neue Konferenz?," *Berner Tagwacht*, Nr. 200, 28.VIII.1918, 1.

18) *Пятый созыв ВЦИК* (1919), 21-22, 207-218. リュトヘルスは本書後半の主要人物となるのだが，アメリカから日本を経由し，シベリアを横断して5日前にモスクワに到着したばかりであり，英語でアメリカ，日本，オランダ3カ国のインタナショナリストの名において「世界的社会主義革命の前衛の代表」であるロシアの同志へ挨拶したあと，当該各国の運動の最新情況を報告した。ボリシェヴィキ古参党員であったバトゥリンは，1918年ベールジンら駐ベルン・ロシア使節団（下記）の情報局を組織するとともに広報誌『ロシア報知』（*Russische Nachrichten*）をライヒ（第6章第1節参照）の協力を得て発行した［Collmer (2000), 248］。同使節団およびバラバノフより一足早くスイスから戻って来たばかりのバトゥリンは，当地の労働運動，その革命的兆しについて報告した。

　　これら三報告（内容紹介は山内「リュトヘルス (IX)」[2000] 参照）を受けてВЦИК は，万国の労働者に向けて連合国による干渉戦争の性格を明らかにすることと，社会主義革命をめざす闘争を目下指導しているさまざまな国のすべての党と組織に〔連帯の〕挨拶を送ることを幹部会に委任することを決議した。考えてみれば，ツィンメルヴァルト運動当初からの立役者のひとりであったバラバノフと，後述のようにアメリカにおけるツィンメルヴァルト運動のいち早い，かつ積極的な紹介者であったリュトヘルス（さらにもう一人の紹介者であり，リュトヘルス演説の通訳の労をとったコロンタイ）——彼らは初めて一堂に会した。けれども，ツィンメルヴァルト運動の現下の困難についてバラバノフは語ることはなかったし，当時，同運動の再建をソヴェト・ロシアへ訴えうる情況ではなかった。リュトヘルスの方も，現地報告を課されたからであろう，新インタナショナルの再建を主題にすることはなく，ここでは「インタナショナル」は交わることはなかった。

19) Балабанова (1925), 178; Balabanoff (1938), 187-189. ドイツ語回想［Balabanoff (1927), 189］だけは，このバラバノフの計画は何らじゃまされるどころか推奨されもしたと全く逆に書かれているが，レーニンの当時の考え（既述）から言っても，そのようなことは考えられない。あるいは，上述のロシア共産党中央委員会下のビューローの任

務と重ねてのバラバノフの強弁かもしれない。
20) Sozialdemokratische Partei der Schweiz, *Geschäftsbericht für die Jahre 1918 bis 1920. Zusammengestellt vom Parteisekretariat* (Zürich, 1921), 45.
21) Bolschewismus in der Schweiz, Bd. 1, Militärattaché/Kaiserlich Deutschen Gesandtschaft in Bern, 4.XI.1918, in: Robert F. Wheeler Papers, Reel 20, Hoover Institution Archives, Stanford University, Stanford; R.F. Wheeler, "The Failure of "Truth and Clarity" at Berne: Kurt Eisner, the Opposition and the Reconstruction of the International," *International Review of Social History*, 1973, Part 2, 175-176.
22) スイス政府は，新ソヴェト・ロシア政府の承認を拒否していたが，ロシアにいるスイス人捕虜と在スイスのロシア人亡命者との交換問題でやむなく（協商側の反対の圧力があったにもかかわらず）ソヴェトからの使節団を正式ではない，つまり外交ヴィザを発給することなく「事実上」受け入れることになった。ただし，そのための条件として，ソヴェト使節団がこの地で「いかなる政治的プロパガンダも行わないこと」が確約された。РГАСПИ, 5/1/2164/1-2 [д. 2164: Письма и докладные записки дипломатического представителя РСФСР в Швейцарии Я.А. Берзина в НКИД]; Schmid-Ammann (1968), 167-168; Collmer (2000), 230-231.
23) E.g., *Von Zimmerwald zu Scheidemann. Ein offenes Wort an die sozialdemokratischen Arbeiter und klassenbewußten Gewerkschafter* (Zürich, n.d.[1926?]), 18; *Zimmerwald oder Sozialimperialistische Internationale. Referat von Fritz Platten am Parteitag in Bern. Februar 1919* (Bern, 1919), 3-5.

第4章

リュトヘルスとインタナショナル史研究
——片山潜・ボリシェヴィキ・アメリカレフトウィング——

　ツィンメルヴァルト運動研究が進む中で，或る人物の重要性が浮かび上がってきた。それはオランダ土木技師であり，かつ社会主義者であったリュトヘルスである。彼にはとりわけ大戦前夜から1920年代にかけて蘭領インド——アメリカ——日本——ソヴェト・ロシア——ラトヴィヤ——オランダ——クズバスにおける文字どおり「インタナショナル」を自ら体現したかのごとき活動があった（次頁地図参照）。その中で，大戦中滞在したアメリカでレフトウィングへいち早くツィンメルヴァルト運動を紹介し，そして日本経由でシベリアを横断してようやくたどり着いたモスクワで開催されることになったコミンテルン創立大会において日本社会主義者からのメッセージを代読した。その日本との関わりは，大戦中のニューヨークで片山潜の盟友となったことに端を発する。

　拙著第一書は，リュトヘルスの「インタナショナル」な活動の追跡調査というスタイルを基本にしながら，インタナショナル（国際社会主義）史のケイス・スタディを試み，戦争と平和，そして革命の時代の社会主義インタナショナリズムの実体を捉えることをめざした。

　とともに，このインタナショナル史研究からのアプローチによって副次的には，片山潜およびアメリカ・レフトウィング運動研究に新たな寄与（「アメリカ・レフトウィング内の片山潜」，コンセンサス史観批判，移民社会主義運動史の可能性）をなし，ボリシェヴィキについても従来賛否いずれにせよ固定的に捉えられがちであった伝統的な解釈に対して新たな再解釈（「国際化したボリシェヴィズム」）を下しえたと考える。

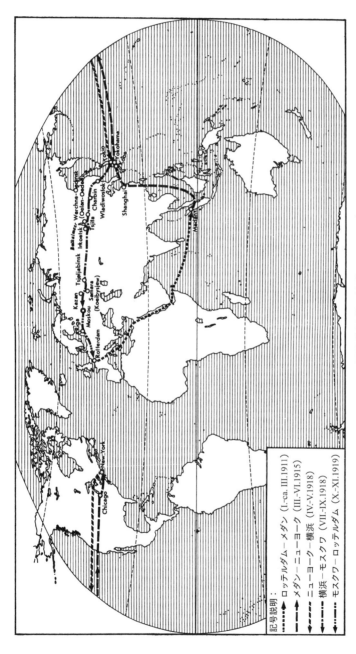

リュートヘルスの国際的活動の軌跡，1911-19 年

出所：拙著『リュートヘルスとインタナショナル史研究——片山潜・ボリシェヴィキ・アメリカンレフトウィンゲー』（ミネルヴァ書房，1996），5 頁。

第 4 章　リュトヘルスとインタナショナル史研究

　以上のような追究は，史料探求・利用についても新たな模索を不可欠とした。隠された文脈を追い求める必要性から数度の現地調査で関連史料を渉猟し，IISG のリュトヘルス文庫のオランダ語書簡をはじめ，アメリカ陸軍省軍情報部（MID）・アメリカ司法省捜査局の報告書類（後者の書類は後身の連邦捜査局〔FBI〕記録として一括保管されている），さらにはオランダ語，ロシア語，英語の各新聞・機関紙などの第一次史料を活用した。
　以下，序章で述べたように，まず各節各項ごとに内容を（既述分を極力避けながら）要約する。続いて，（とくに後半部においてだが）重要と考える箇所についてはさらに説明を加え，一部加筆していく。

1　オランダ――蘭領インド

リュトヘルスの父とその家族
　リュトヘルスの父ヨハネス・リュトヘルス（Johannes Rutgers）は，一方で新マルサス主義者の医者として活動し，他方ではドメラ-ニーウェンハイス（F. Domela Nieuwenhuis）率いるアナーキスト系社会主義グループに共感を示し，自ら空想的社会主義風のユートピア小説『1999 年』（n.d.［1894］）を書き，クロポトキンの『無政府主義者のモラル』を訳してもいた。かかる父親とその家庭環境は，息子セバルトに知的および社会・政治的影響を及ぼした。母が亡くなったあと迎えられた義母マリア（Maria W.H. Rutgers-Hoitsema）もまた，婦人解放運動に携わる一フェミニストであり，オランダ社会民主労働党に一時入党していた。

デルフト工業専門学校時代のリュトヘルス
　世紀転換期のオランダにおいて，学生たちの社会主義への共感は増大していた。とりわけデルフトの工業専門学校においてそうであり，その中で学生運動を支援した進歩的教授たち，中でもペケルハリング（B.H. Pekelharing）の存在は大きかった。「赤いデルフト」とも呼ばれた当地の学生運動は，社会主義発祥地の一つとなった。土木技師であり，かつ社会主義の実践家と

なっていくリュトヘルスのバックグラウンドは，まさしくここにあった。

ロッテルダム市建設局時代のリュトヘルス

　ロッテルダム市建設局に就職したリュトヘルスは，鉄筋コンクリートの応用に関する専門論文で国内外に知られるに至った。1908 年，彼はオランダ王立技師協会の建築・港湾河川建造部門の書記に選ばれ，翌年には私講師として母校デルフト工科大学に戻ってきた。

　社会主義者としてのリュトヘルスは，社会民主労働党発案の新しい労働者協同組合，フォールワールツ（De Voorwaarts）の設立に加わった。1907 年に党内左派のウェインコープ（D.J. Wijnkoop），ファン・ラフェステイン（W. van Ravesteyn）らが自らの機関紙『トリビューネ』を創刊する時，そのグループ（トリビュニスト）にリュトヘルスも加わり，さらに 1909 年にトリビュニストが社会民主党を創設した時も，行動をともにした。

2　蘭領インド——日本——アメリカ

現場技師兼管理者から会社顧問技師兼代表者へ

　技師リュトヘルスは，上司との衝突もあり，自らの能力をためす自立の道を探ることになり，蘭領インドで道路・橋梁建設局の管理者として働くことになった。1911 年初め，夫人バルタ（Bartha E. Rutgers-Mees）と二人の息子を伴って出発し，スマトラ北部メダンに入った。社会主義者としてのリュトヘルスは，植民地の実態を目撃し，本国社会主義機関紙への現地報告を始めた。事業にさしさわる弾圧を気づかって匿名でであった。

　大戦が勃発するや，戦後の社会的大変動をリュトヘルスは予測し，いち早く帰国を望み，建設工事契約を早めに解いてもらい，日本・アメリカ経由での帰路を考え，1915 年 3 月家族（のちに父親の伝記［Тринчер/Тринчер (1967); Trincher[-]Rutgers/Trincher (1974)］を書くことになる長女が新たに加わっていた）とともにスマトラを発った。滞日中にリュトヘルスは，片山潜と会ってみようとするが，片山がアメリカに発って不在であることがわかった。その時期

投稿したのだろう、『トリビューネ』1915年5月29日号にリュトヘルスの「日本における帝国主義」が載った。

1915年6月、リュトヘルス一家はニューヨークに到着した。そこに待っていたのは、オランダ-インド鉄道会社ニューヨーク支社代表の地位であり、リュトヘルスは予想以上に長引いている戦争が終わるまで、その任につき、その一方で社会主義者と接触を図ることにした。

『フレイェ・ウォールト』、スネーフリートとリュトヘルス

1914年5月スラバヤでスネーフリートらによって創設されたインド社会民主同盟（ISDV）とリュトヘルスとの間に文通があったことが史料的に跡づけられた。1916年3月16日、スネーフリートがニューヨークのリュトヘルスに最初の書簡を送り、その返事は5月28日に書かれ、9月25日のISDV機関誌『フレイェ・ウォールト〔自由の言葉〕』(Het Vrije Woord) に公表された。スネーフリートの求めに応じてリュトヘルスが披瀝したのは、資本主義的強盗国家による帝国主義的拡大の欲望の対象となっている国における「民族的」運動への一定の評価であり、独立運動のスローガン「〔東〕インドのオランダからの分離」(Indië los van Nederland) の意義の強調であった。

なお、両者の共通の話題として在米日本人社会主義者片山が登場し、彼の論文もまた『フレイェ・ウォールト』に掲載されることになった。同誌はまた、アメリカ・レフトウィング系雑誌の論文をしばしば詳しく紹介することになるのだが、それも両者の関係を通じて初めてなされたものであろう。

3　アメリカ合州国（1）

『インタナショナル・ソウシャリスト・レヴュー』とリュトヘルス

リュトヘルスは、ニューヨーク到着前にシカゴに立ち寄り、『ISR』編集部を訪れ、植民地の現状についての論文執筆を依頼されていた。早速『ISR』1915年7月号の「アメリカ軍国主義打倒」で、それは実現し、以後1917年9月号まで彼の執筆回数は書評と翻訳を含めて20を越えることになる。最

初の論文の編注で，リュトヘルスは「我々が長い間に会った中で，極東における帝国主義や植民地拡張の意味を我々の読者にそれほど語りうる社会主義者はたぶんいない」とまで紹介され，その方面の報告として「極東の帝国主義」の連載が続く（1915年9-11月号）。

1916年5月号の「新インタナショナルの鬨の声」は，ツィンメルヴァルト運動のいち早い紹介とその運動へのアメリカ社会主義者の呼応を呼びかけたものとして重要である[1]。同論文の反響の大きさもあって，翌6月号から二つ目の連載「レフト・ウィング」が始まった。再び編集部まえがきが注意を引く。リュトヘルスが「その目的において全くインタナショナルであるべき新しい社会主義会議のための計画を立てているヨーロッパの同志と密に接触している」として，その方面の情報提供者として連載が期待され，さらに本連載が注意深く読まれかつ討議されることを切望し，これが「本誌にかつて公表されたシリーズで最も価値あるものになるであろうことを我々は信じる」と続いていた。

1916年12月号の論説欄で副編集者メアリ・マーシィ（Mary E. Marcy）によって「レフト・ウィング」シリーズへの積極的支持が表明された。とりわけドイツおよびオランダ左派が鼓吹し，リュトヘルスもまた強調した，反戦のための大衆行動への支持が表明された。それこそがアメリカ・レフトウィングへ受け継がれていくことになる。

『ニュー・レヴュー』とリュトヘルス

リュトヘルスはニューヨークの『ニュー・レヴュー』（*New Review*）グループとも接触し，同誌へ寄稿することにもなった。『ニュー・レヴュー』1916年1月15日号は，ヨーロッパのいわゆるツィンメルヴァルト左派が刊行しつつある新しい雑誌の論文を積極的に公表していく方針を告知した。それは，オランダ左派のパネクークとロラント-ホルストが編集にあたったその『フォアボーテ』（*Vorbote*）が，その英語版としての役割を受けもつことを『ニュー・レヴュー』に求めてきたことへの応答であった。けれども，両誌とも4月と6月にそれぞれ最終号を出すことになり，直接的なつながりは続

かなかった。

　その前夜，資金難に絶えず悩まされていた『ニュー・レヴュー』は立て直しに躍起で，それにリュトヘルスも関与していた。同誌を継続すべきか，編集のための基礎としての綱領を採択すべきかが討議された時，リュトヘルスは，その原則は「インタナショナリズム」であり，ヨーロッパ左派との共同がめざされなければならぬと考え，いち早くツィンメルヴァルト左派の決議案の英訳を添付して試案を綱領作成委員会へ提出した。それはカウツキーの立場に近いブディン（L.B. Boudin）の容れるところではなく，リュトヘルスの立場に近いフレイナによる起草原案も最終的には「妥協」の産物となった。実りはしなかったけれど，リュトヘルスによるインタナショナルな連帯・共同の訴えは，ヨリ具体的でかつ積極的であったことがわかる。

オランダ左派とアメリカ，それにリュトヘルス

　ドレイパーの『アメリカ共産主義の起源』には重要なテーゼがある。「1917年以後のアメリカ・レフトウィングと共産主義運動への圧倒的なロシアの影響のゆえに，17年以前にはほとんどロシアの影響がなかったことを知ることは驚きかもしれない。はるかに強いヨーロッパの影響はオランダのそれであったことはさらに大きな驚きかもしれない」［Draper (1957), 65-66］。それがリュトヘルスに光をあてることによって再確認された（第1章第3節 (2)）。

　帝国主義戦争勃発の不可避性と第2インタナショナルの事実上の崩壊をアメリカの読者が最初に知ったのは，パネクークの二論文，すなわち『ISR』1914年10月号に載った「ヨーロッパ大戦と社会主義」と翌11月の『ニュー・レヴュー』に載った「インタナショナルの崩壊」によってであった[2]。同様の把握は，同じくオランダ左派のホルテル（H. Gorter）の『帝国主義，世界大戦，そして社会民主主義』でも展開されていたのだが，その一部が『ISR』1915年5月と1916年9月の各号に抄訳された[3]。大戦勃発後いち早く執筆された原書のポイントは，こうである。大戦は資本主義の本質から不可避的に起こり，いまや世界資本は帝国主義を通じて全体として世界プロレタリアートと対決するに至った。資本主義は国際化し，プロレタリアートも闘争

を通じて国際的にならねばならない。国際的全プロレタリアートにとって危険な国際的帝国主義への反対行動は，新しい戦術，つまり国際的大衆行動以外にありえない。そのように国際的に闘うために，新しいインタナショナルが必要だ。〔その新インタナショナルの具体的展望を期待するには早すぎる執筆時だが〕全資本に対する全プロレタリアートの革命的大衆行動，それは新インタナショナルの綱領，精神，意志，そして行動であるべきだ，と彼は大衆行動を一貫して説いた。

　このオランダ左派の思想が，さらにリュトヘルスによって繰り返された。リュトヘルスの説く大衆行動論こそが，最も注目すべき影響力をレフトウィングへ与えることになり，とりわけそれはフレイナによって継承・発展された。

　リュトヘルスは逆に本国オランダ左派にも，当地のレフトウィング運動の情報を与える役割も果たした。とくに『トリビューネ』に"S.J.R."の署名で1916年4月5日から1917年5月10日までの間に計30回にわたり随時載った23便の「アメリカ便り」は重要で，アメリカ帝国主義の現状報告および当地の労働・社会主義運動の最新かつ詳細な報告がなされた。

社会主義宣伝同盟とリュトヘルス

　リュトヘルスと在米ラトヴィヤ社会主義者グループとの共同のスタートも切られた。同グループの書記ロジンからの書簡を受け取ったリュトヘルスがボストンへ赴き，ロジンと会ったことが発端だった。リュトヘルスが驚いたことには，ロジンはオランダ語を解し，『トリビューネ』を読んでいた。同グループは（ドレイパーによって「アメリカ共産主義運動の発展にとってとくに歴史的位置を占めることになった」というほどの評価が付された）社会主義宣伝同盟（Socialist Propaganda League [of America]）を1915年秋に創設したばかりであった。

　1916年11月の大統領選挙においてアメリカ社会党候補が大きく後退し，党の立て直しが必至となる中，同月26日に社会主義宣伝同盟はボストンで会議をもった。その中で，英語機関誌『インタナショナリスト』（The

第4章　リュトヘルスとインタナショナル史研究

Internationalist) の創刊が決まり，ニューヨークのリュトヘルスからの書簡が読み上げられ，刊行費用100ドル貸付の申し出がなされた。そして1915年宣言に続く1916年宣言が採択された。後者は前者に比べ，ヨリ包括的となり，掲げられた項目もヨリ徹底し，産業別組合主義や大衆行動に特徴があった。ヨーロッパ左翼を支持し，彼らとともに第3インタナショナル創設のため，またアメリカ社会党の再組織化をめざし，それぞれ活動することが表明された。

ボリシェヴィキとアメリカ

在米ラトヴィヤ社会主義者の本党，ラトヴィヤ社会民主党は，ヨーロッパでボリシェヴィキ党と密接な協力関係にあった。その関係を手がかりにラトヴィヤ社会主義者をはじめアメリカ・レフトウィングとボリシェヴィキとの関係が追究された。大戦勃発からロシア10月革命までアメリカ社会党ラトヴィヤ人合同組織の中央機関紙『ストラードニェクス〔労働者〕』（*Strādnieks*）に掲載されたレーニンの論文は「第2インタナショナルの崩壊」をはじめ10点を数える。これほどまでに多くのアメリカにおけるレーニン紹介は他に例をみないが，それらのほとんどはラトヴィヤ語であった。

アメリカ・レフトウィングとボリシェヴィキとの立場の違いは，コロンタイによって確かめられ，レーニンへ伝えられもする。その上，ボリシェヴィキの確固たる代弁者として訪米したように従来捉えられてきたコロンタイ自身が，当時のレーニンの立場からは受け入れがたいアメリカ・レフトウィングの大同団結に自らも与することになった。

片山潜とリュトヘルス

リュトヘルスともうひとりの社会主義者，片山潜との交流も始まった。1916年12月，前者に呼び寄せられてサンフランシスコからニューヨークへやって来た片山は，当初社会主義左派の思想的立場への理解が未だ浅かった。そのことを詳しくみてみよう。

1917年初め，片山はリュトヘルスの紹介でトロツキーと対面した時，「ト

ロツキーから，チンメルワルドやキンメンタール〔ママ〕の会議の内容についてきかされたが，その当時はまだその会議のもつ意義を充分に理解することができなかつた，とあとになって老人は私たちに語つていた」〔渡辺春男の回想『片山潜と共に』(1955)〕。なお続く片山の不十分な理解は，1917年春から夏にかけて計画され，ついに開かれずに挫折した国際社会主義会議，ストックホルム会議への片山派遣問題によって検証される。片山が派遣問題をどのようにみていたかは，以下に引用する彼の1917年8月7日付岡繁樹宛書簡に明らかであった。「羅府の野中〔誠之〕兄から日本から僕に大会に出席してくれといって来たと僕に知らして来た……。僕は其時には何とも決定しては居なかったが其後，山川，高畠氏等からも云って来た，堺兄からも云って来た。日本同志の希望であらば僕は喜んで行くが何にしても金だから野中に相談をした」〔岡／塩田／藤原 (1965)〕。

しかし，ヨーロッパに目を転じれば，当時ボリシェヴィキや「インタナツィオナーレ」派らはストックホルム会議を激しく批判し，それへの参加拒否を表明していた。その会議への態度決定はヨーロッパ社会主義左派に課された一つの試金石だった。アメリカ・レフトウィングもまた，同会議への批判をしばし遅れながら展開することになったのだが，それには『NI』8号 (1917年10月1日) に載ったリュトヘルスの，旧インタナショナルは弱さと衰退を露呈し，会議は挫折せざるをえなかったと説いた「ストックホルムの裏切り」が一役買っていた[4]。少なくとも，会議反対の立場はレフトウィング内に知られるに至ったのであり，ましてやリュトヘルス論文自体を知る位置にある片山が会議への本質的理解を深めなかったことは留意されるべきである (付言すれば，日本国内の社会主義者もストックホルム会議への認識に欠けていた)。

その片山が1920年までに重大な思想的転換を行った (第6章第3節参照)。その過程の解明の手がかりとして「アメリカ・レフトウィング内の片山潜」という視点が提起され，その視点によって，片山は日本人の中でいち早くボリシェヴィズムに近づくことができ，その背景に彼らもその一翼を担ったアメリカ・レフトウィング運動の急進化があった，と捉えられた。

「国際化したボリシェヴィズム」

　片山の場合もそうだが，アメリカ・レフトウィング運動をストレートにボリシェヴィズムに則った運動と従来遡及的に捉える傾向があったが，ボリシェヴィズム受容までにはしばらく時間がかかるし，しかもアメリカへボリシェヴィズムとして最初に入ってきたのは厳密にレーニン的なそれではなく，ヨリ広義の言わば大戦中に形成された既述の「国際化したボリシェヴィズム」という捉え方を設定しなければ説明しがたいものであった。

　その「国際化したボリシェヴィズム」の概念でもって，大戦中とりわけツィンメルヴァルト運動を契機にヨーロッパ・レフトウィング内に起こった新たな再編過程を，ロシア社会民主党を例に捉え直した（第1章第3節（1））。それはアメリカの事例を把握するためにも不可欠な作業であったからである。

4　アメリカ合州国（2）

レフトウィング結集

　レフトウィング結集の重要な踏み台となる会議が，1917年1月おそらく15日の夜ブルックリンのローレ（L. Lore）宅で開かれた。出席者は（前日朝，ヨーロッパから追われて到着したばかりの）トロツキー，（すでに訪米中の）ブハーリン，チュドノフスキー（Г.И. Чудновский），（2週間後に離米する）コロンタイ，（アメリカ社会党員でもあった）ヴォロダルスキー（В. Володарский），そしてリュトヘルスと片山，さらにブディン，ローレ，フレイナと社会主義宣伝同盟を代表してウィリアムズ（J.D. Williams）らである。会議の目的は，急進勢力を組織するため左翼社会主義者の行動綱領を討議することであり，何はともあれまず革命的少数派の態度を表明する機関誌を出すべき，とのトロツキーの提案が採択された。ローレの回想［Lore (1918), 7］によれば，ロシア人以外の我々にとって当面社会党内で左翼を組織することは絶望的だと感ぜられた，というから，そのスタートを切りえたことについてはロシア側の影響力の大きさが窺われる。とは言っても，党との決裂はまだスケジュールには上っていない。

レフトウィングによる大同団結の結集過程が，参戦を間近に控えた合州国においてもあった。亡命社会主義者を中心としたレフトウィングもまた，既成社会主義政党との組織的決裂にまでは至らぬものの左翼組織内において（自由な交流など）弾力性を示し，綱領・政策においては（大衆行動の強調や第2インタナショナル批判から新インタナショナル創設への模索など）急進性を強めていた。その結集の前提が，反戦とインタナショナリズムであったが，ロシア革命が新たな契機となりつつあった。

　アメリカ人と亡命者との左翼間に当時，ドレイパーの表現を借りれば，「きっちり編まれた小さなインタナショナルな共同体」が形成された。その象徴的な場面が，1917年3月20日ニューヨークでの革命的インタナショナリストの国際集会だった。報道されたばかりのロシア革命を国際プロレタリアートとヨーロッパの社会主義革命の観点から解明しようと，社会主義インタナショナリストが大同団結してそれを開いた。最初にローレがドイツ語で語った。ロシアの革命的プロレタリアートとドイツのそれとの団結について語られ，革命のドイツへの波及，さらに世界革命が展望された。そしてヌオルテヴァ（S. Nuorteva；アメリカ社会党フィンランド人連盟の機関紙編集者であり，1918年初めフィンランド人民委員会議が成立する時その合州国代表に指名されることになる）がフィンランド語で語った。フィンランドの解放はロシア革命家の血で支払われた。いまや我々フィンランド人はいつでもあなたがたロシア革命家とともにあろう，と。ブディンは英語で，ロシア革命が全ヨーロッパ，全世界の革命の始まりであり，まずはドイツ革命の来る日を待つ，と語った。続いて，トロツキーがロシア語で語った。現下のロシア政府は自由主義者のそれであって，それは革命的政府に取って代えられねばならぬ。その時初めて平和が要求され，それをドイツ・プロレタリアートも支持するであろう，と。その他，イディッシュ語，リトアニア語，ラトヴィヤ語の演説もあった。かくして集会は，目下「人民による共和国と平和」のスローガンの下で闘っているロシア・プロレタリアートとの連帯の集会となった[5]。

　その4日後同じくニューヨークで，ロシア革命のための大音楽会および舞踏会が開かれた。その収益はロシアで闘っている革命的社会主義プロレタリ

アートへ送られることになった。同時に，ロシア革命についての演説も行われた。トロツキーがロシア語で，ローレがドイツ語で，そしてフレイナが英語で演説した。トロツキーのは帰国を前にしての別れの演説となった。

『ニュー・インタナショナル』と『クラス・ストラグル』

　社会主義宣伝同盟の代表者会議でリュトヘルスらは，『インタナショナリスト』をボストンからニューヨークへ移し，組織と運動の強化をめざすことになり，かつて『ニュー・レヴュー』に参加し「最左翼分子」を形成したフレイナが，誌名を『NI』と変えることを条件に編集者を引き受けた。1917年4月21日，『NI』がフレイナ論文「大仕事を進めよ——行動への呼びかけ」[6]が巻頭に掲げられて創刊され，ボストンとニューヨークのレフトウィングが初めて合同したプロパガンダ機関として一つの歴史的役割を果たすことになる。

　上述の1917年1月半ばのレフトウィング会議以来創刊がめざされていたもう一つの機関誌『CS』も，1917年5-6月号を創刊号としてニューヨークで出はじめた。両誌を比較すると，隔週刊の『NI』はフレイナの責任編集でリュトヘルスも刊行委員会に名を連ね，行動への提起に力点が置かれた。対して，隔月刊の『CS』は理論誌としての色彩が強く，ブディン，フレイナ，ローレの共同編集であった分，意見の対立も生じ，のちにブディンは（彼へのリュトヘルスの批判もあり）同誌を去っていく。

社会主義宣伝同盟の後半期の活動

　アメリカ参戦後，社会主義宣伝同盟は反戦運動，とりわけ徴兵反対キャンペーンに力を注いだ。徴兵反対および良心的兵役拒否者の論理は，とくにフレイナとリュトヘルスによって展開された。フレイナは，徴兵が決して一時的な手段ではなく，攻撃的軍国主義が始まったと捉え，それとの闘争の一環として徴兵反対闘争を訴えた。さらに彼が強調したのは，良心的兵役拒否者があらゆる交戦国の戦争反対者と手を結びうるという国際的連帯である。リュトヘルスも，良心的兵役拒否者を労働階級の立場から擁護し，しかもそ

の重要性をロシアで展開している革命的情況と結びつけ，その拒否が革命の最大の危機となっているアメリカ資本主義へ敵対する意義を強調した。

1918年のレフトウィング運動

　1918年1月末，アメリカ・ボリシェヴィキ情報局（American Bolshevist Bureau of Information）が創設された。アメリカ社会党ロシア人部，ロシア・ボリシェヴィキ・ニューヨーク・セクション，『HM』，社会主義宣伝同盟などがそれに参加し，その執行委員会に各組織から1名ずつ選出することになり，宣伝同盟からはリュトヘルスが選ばれ，そして局長にはフレイナが指名された。同情報局は，ソヴェト・ロシアの正式代表が未決定の間，この国における情報と解説について自前のボリシェヴィキの中心となることがめざされた。

　ブレスト－リトフスク交渉が決裂し，ドイツ軍の進撃が再開されたとのニュースが当地に伝わるや，さまざまなグループから革命ロシアへの物心両面の支援，中でも義勇軍派遣の動きが活発化した。レフトウィングは派遣のためのアメリカ赤衛軍の組織化に努めた。昂揚をみせた赤軍派遣運動は結局，多方面にわたって弾圧強化をめざす政府の断乎たる派遣許可拒絶の態度に変更を迫りえず，どうにも前進できずに終わった。

最初の理論的応答

　ロシア10月革命後，レフトウィングが理論的にも対応を迫られたのは，ソヴェト政権がとった措置，とりわけブレスト－リトフスク条約締結と批准であった。協商側に与して途中から参戦したアメリカにとっては，ロシアが戦線を離脱しないであろうとの希望的観測が「裏切られ」，広がる失望の中，条約締結・批准への強力な擁護者が現れた。それはジョン・リード（J. Reed）で，1918年4月末に帰国後直ちに彼は『ニューヨーク・コール』（*The New York Call*）や『リベレイター』（*The Liberator*）で次のように論じた。過ぐる年ロシアにいなかった者は，誰も露－独講和条約に署名を強いた状態を理解できないだろう。革命ロシアにとって，革命以前にすでにロシアは壊滅状態に

あったのであり,ブレスト交渉決裂後のドイツ軍侵攻は致命的であった中,レーニンがとった立場は最善であったろう,と。ただし,リードは釘を刺す。誤ってならないのは,ソヴェト・ロシアは協商側の一員として参戦はしないだろう。目下やむなくドイツ帝国主義と戦っているが,資本主義世界全体に対して自らを防衛するだろう。ここをおさえておかないと,協商側に立ってドイツと戦うロシアを支援するというナショナリズムを越えられない,と[7]。

　ロシア 10 月革命の先駆的把握は,フレイナによってなされた。『CS』1918 年 1-2 月号に載った「ロシアにおけるプロレタリア革命」こそ,アメリカ・レフトウィング内で最も早くまとまったロシア革命論として着目される[8]。当時いち早くアメリカに届いたボリシェヴィキ文献を可能な限り使い,かつ徹底的に読み取ったフレイナは,従来の大衆行動論と新たなプロレタリアート独裁論とが独自に結びついた視点から 10 月革命を捉えた。その論の発展を裏打ちするものとして評価されるのが,既述のように,レーニンとトロツキーの『ロシアにおけるプロレタリア革命』であり,それをフレイナが編纂し,序文と編注,さらに補章まで加えた。それこそ 10 月革命およびボリシェヴィズム把握の 1918 年末時点での一大集大成だった(第 1 章第 3 節 (2))。

1919 年のレフトウィング運動
　レフトウィング運動の評価を試みるためには,アメリカ共産主義両党が創設される 1919 年 9 月初めまで運動の経過をたどる必要がある。ロシア 10 月革命 1 周年目の 1918 年 11 月 7 日にシカゴで共産主義宣伝同盟が創設された。また同月 16 日に『レヴォリューショナリィ・エイジ』(*The Revolutionary Age*) が社会党ボストン支部によって,同年 4 月に停刊した『NI』からフレイナを編集者に迎えて創刊された。残るはニューヨークで,1919 年 2 月 15 日の大会で大ニューヨーク支部社会党レフトウィング・セクションが正式に組織され,(リードとウルフ〔B.D. Wolfe〕を中心にまとめられ,フレイナによって修正された)「宣言と綱領」が採択された。それこそレフトウィング運動に「明確な表現」を与えることになる。かくしてレフトウィングが三地区で結集し

つつあり，それに社会党全国執行委員会より州単位で追放されたミシガン・グループが加わった。途中の紆余曲折を経て，社会党ロシア人連盟（厳密には「ロシア語を話す社会主義者連盟」と記すべきところだが，以下も含めて略記している）が主導するシカゴ・グループ，フレイナが中心人物であるボストン・グループ，そしてミシガン・グループによって9月1日にアメリカ共産党創立大会が開幕した。ロシア人連盟が大会を実質的に支配し，ミシガン・グループが去った。他方，ニューヨーク・グループのリードらに率いられた多数派は，ともかく共産党創立大会へ4番目の正式団体として出席することをめざしたが，シカゴとミシガンの両グループの反対に遭い，自らの党，共産主義労働党の創設を余儀なくされた。結局，共産党創設にあたって各グループ間の溝は，理論的にも実践的にも埋められなかった。それはレフトウィング運動の評価に深く関わる問題だった。

レフトウィング運動の総括に向けて

アメリカ・レフトウィング運動においては理論的急進性がまず促進され，ひき続いて組織的な運動が固定化された。それゆえ，プロパガンダに関するその理論レヴェルの急進性がとりわけフレイナによって捉えられた意義は大きい。プロパガンダ運動の重要性はまた，革命ロシアより帰国したばかりのもうひとりのプロパガンディスト，リードによって確かめられる。1918年4月28日に革命ロシアから帰国したリードは，ロシア・ボリシェヴィズムについての情報を与える任務から，アメリカでボリシェヴィズムを組織する任務へと移行した，と言われるが，しかし，そのような移行はほとんどなかった。なぜなら，当時「アメリカでボリシェヴィズムを組織する」ということは，主としてロシアにおけるボリシェヴィズムについてのプロパガンダから成っていたから [Draper (1957), 120]。

1917-18年のレフトウィング運動は「ロシア人」を含めて反戦インタナショナリズムに則る結集運動として発展したのであり，ロシア10月革命後は革命への理論的応答を十分に果たした。そして組織的には，社会党との決裂ではなく，党内のレフトウィングの糾合こそがめざされた。分裂の契機は，

ひとえに「ロシア人」に帰せられるものではなく，複合的であった。戦後台頭するレフトウィング運動に対して，党右派から「分裂」工作がまず進められた。次に，追放されたり，資格を一時停止されたミシガン州グループとスラヴ系諸連盟グループとによる新党組織化が企てられはじめた。かかる二つのベクトルに引っ張られて，分裂は加速化した。

かかる解釈のもとに改めて私は「ロシア人」側の動きを追った。ワインスタインは『レヴォリューショナリィ・エイジ』1919年2月1日号のグールヴィチ（Н.И. Гурвич; N.I. Hourwich）論文「アメリカ社会党内のレフトウィング」などに「外」からの影響を実質的にみようとするが［Weinstein (1967), 187］，ボリシェヴィズムの文献を介しての当時の浸透の中身からみても，皮相的すぎる（第1章第3節(2)）。すなわち，アメリカにおけるボリシェヴィキ文献の普及は，レフトウィング運動の思想的急進化を遂げるのに大いに貢献したが，同文献はスラヴ系同志によってのみ宣伝されて普及したのではなく，むしろフレイナらによって自らの思想と結びつけられるかたちで摂取され，ヨリ積極的に宣伝された。

本節を終えるにあたって，アメリカ社会党の史学史的問題，とりわけワインスタイン・テーゼを検討し，そのテーゼにも内包されていたコンセンサス史観を批判し，運動はアメリカの脈絡で本来捉えられるべきだとみた。

ベル，シャノンらいわゆるコンセンサス史家は，アメリカには固有の「アメリカニズム」というコンセンサス的特徴があり，社会党が1912年を頂点として凋落していったのは，それが異質的（エイリアン）であったからだ，と早々と結論づけてきた［Bell (1952); Shannon (1955)］。それに対してワインスタインは，豊富な統計的データをもとに1912年以降の，とりわけ大戦中の党勢の持続を強調した。つまり，1919年の党分裂直前までは，広く基礎づけられた，しかもイデオロギー的に統一された社会主義運動が確かに存在したのであり，それはアメリカ的伝統から成長したものであった。党が崩壊したのは，もっぱら「外」からの影響であって，ロシア・ボリシェヴィズムの影響を受けたアメリカ・レフトウィングの分裂策動によるものだった，と［Weinstein (1967), ix; Weinstein (1963), 104］。

そのワインスタイン・テーゼは，のちにビュールによって次のように批判されることになった[9]。

社会党左翼の伝統，あるいは伝統の欠如が，一つの重要問題だった。もしも社会党指導者に反対する真の伝統がないならば，党内で分裂を要求する左翼は，ロシアの出来事にだけなるほど反応するだろう。がしかし，事実は，バーガー（V.L. Berger），ヒルキット（M. Hillquit）らへの反対はアメリカ社会主義の根本に深く根ざしていた。反対は絶えず，寛大に取り扱われることがなかった。何千もの党員が1919年に追放されたその迅速さは，党の支配サークルにおける精神状態を示してもいた。その上，1900-19年の社会党が非難されるのは，党が未熟練労働者を組織できなかったからである。それは，運動があまりにしばしば彼らと異なるメンタリティにおいて考えられたからであり，党指導部のメンタリティが伝統的なアメリカ的改良主義と合法主義に特徴的であったからである。

ワインスタインは，バーガーや社会主義の議会主義的スタイルに無批判的に近づきすぎている。それは中産階級や熟練労働者を満足させても，未熟練労働者の心をつかみえない。後者にとって，大衆行動のようなレフトウィングの戦略的概念は，次の選挙を待つよりもヨリ現実的にみえたにちがいない。社会党指導部ばかりか多数は，社会改革が不可避的に社会主義に至るであろうという誤った考えを共有していた。結局この誤った考えが，アメリカ社会主義の能力に対しても，ロシアの出来事の解釈に対してと同様に，致命的であった。社会主義者たちは，議会主義的解決に頼ることによって大戦中政府や個人のテロリズムにうまく備えられなかった。

ヨリ重要なのは，彼らがまた，外国語連盟の大量増員を通しての党の若返りに対してもうまく備えられなかったことである。1919年の社会党は，もはや1912年の党ではなかった。連盟員の党員全体に占める比率は，13％から53％へと増大し〔途中の1917年では35％〕，それは農村地帯から主要産業地帯への移動を伴っていた。

ビュールは結ぶ。ワインスタインの著書『アメリカにおける社会主義の衰退，1912-1925年』（1967）で未だ十分に捉えられていないもう一つのモデル

が，反議会主義的革命主義の伝統の中に含まれている。その革命主義は，社会主義の支配形態に対し底流として長くあり続けた，と。

かかるアメリカ社会主義・労働運動内に脈打つ「隠された文脈」(a hidden context) の掘り起こしこそ，ビュールがめざしているものである[10]。

以上の批判に対して，ワインスタインの以下の反論は説得力のあるものとは言いがたい。またしても，「外的要因」をワインスタインはもち出す。議会主義について，多くの社会主義者は幻想をもってはいなかった。戦争中の弾圧の経験が，選挙による多数獲得に対する圧倒的な障害の存在を彼らに証明させた。その経験から，党は選挙活動の長期的見通しについての見解を変えることができたかもしれない。1919年の分裂によって党が引き裂かれなかったならば，と。

ビュールも指摘するように，分裂を促進してもいた党指導部にその気があったかは疑わしい。

最後に，ビュールの他の研究［Buhle (1973), 272-273］によって（仮説的要素を残しているものの）ヨリ概括的な像を提示することにする。

20世紀初頭，アメリカ産業労働者の大多数は外国生まれで占められていた。北・西欧からの「旧移民」が熟練労働者を構成したのに対して，東・南欧からの「新移民」は新工場のための労働者大衆を供給することになった。彼ら新移民に対して，既存の社会主義者の大方は関心を示さず，そもそも運動の当初から「真のアメリカ人労働者」像に囚われていた。しかし，大戦前夜までに起こった産業界の変化や新労働者によるストライキの波が，社会主義者の無関心を取り除きはじめた。未熟練労働者の台頭によって，社会党内部から，将来の社会主義理論と活動の基礎として未組織・未熟練労働者の主義主張を明確に表す人々が出てきた。レフトウィングと自称することになる彼らは，「大衆行動」を理論と運動の中心に据えていった。

この流れは，補章で取り扱う在米ロシア人移民労働運動につながる面をもっていたが，にもかかわらず，後述のように，この流れが本流とはなっていかなかった。

最後に，移民社会主義運動史研究の可能性について立論に関する限りで触

れられたが［山内『リュトヘルス』（1996），243-246］，本節では割愛させてもらう。

　共産主義運動はどこでも，ホブズボームが指摘したように［Hobsbawm (1969), 85］，自国の経験とロシア10月革命という二つの起源をもっていた。そしてアメリカ共産主義には，三つ目の，移民メンバーのインタナショナルな経験があった。かかるインタナショナルな経験こそ，反戦運動とロシア革命支援運動の中に活かされた。リュトヘルスもその一翼を担ったインタナショナルな反戦運動は，ヨーロッパの社会主義運動と相通ずる展開をみせたし，またロシア革命支援運動も同様だった。この時期，移民を含めたアメリカ社会主義運動におけるインタナショナリズムは，歴史的実体を確かにもっていた，とまとめられる。

5　アメリカ——日本

リュトヘルスへの二重の嫌疑と離米

　リュトヘルスは1918年4月にソヴェト共和国建設かつまた国際社会主義運動への積極的関与をめざして革命ロシアへ向かうことになった。その出発に至る背景として，リュトヘルスが社会主義者として，技師として，二重の嫌疑をアメリカ政府諸機関によってかけられ，逮捕が迫っていたことがあった。

　実は，仕事上のリュトヘルスへの嫌疑はMIDなどによって煽られていた。1918年9月20日の戦時通商局からMIDへの返事によれば，こうだった[11]。戦時通商局の忠告にもとづいてリュトヘルスが顧問技師となっていたシャール（チャールズ）・T・ストルク商会を離れざるをえなかったというのは，真実ではない。離米後もリュトヘルスは依然同社の株主であり，滞日中の彼による同社のための取引業務の適否が社から我々に求められた時，これを拒みうるいかなる理由も我々にはない。リュトヘルスのこの方面の活動を，追放のための根拠にすることはできない，と。

　社会主義者としてのリュトヘルスには，以下の使命が託された。社会主義

第4章　リュトヘルスとインタナショナル史研究

宣伝同盟は彼に，ヨーロッパで開かれるであろう革命的社会主義者のすべての会議において宣伝同盟を代表することを委任した。また，運動として壁にぶつかっていたアメリカ義勇軍派遣の可能性をロシアで探ることも託された。そして日本での社会主義者との接触のため，片山が日本の同志へリュトヘルスを紹介する書状をしたためた。

検閲・押収されたリュトヘルスの通信

リュトヘルス夫妻が送り手あるいは受け手となる書簡の検閲，時として押収・保管がアメリカ政府諸機関によってなされた。それら検閲等の記録のうち，仕事関係は次にまわして，ここでは運動に関するものの分析が行われた。一例を挙げれば，マーシィからリュトヘルス夫人宛1918年6月27日書簡も検閲された。その中で，片山の英文『日本における労働運動』が刊行されつつあることなどが記されていた[12]。本書簡にはもう一つリュトヘルス宛書簡も同封されていて，それには売文社の"K. Arahata"〔荒畑寒村〕を訪れるように，彼は最近ヘイウッド（W.D. Haywood）に50ドルの寄付金を送り，すばらしい手紙を書いてきた，とあった。

以上のようなアメリカ治安当局による監視・検閲体制にもかかわらず，日本現地での情報収集に関しては極端に機能していなかった。1918年6月20日，MID本部から在京アメリカ大使館付陸軍武官へ，リュトヘルスがいつ，どの目的地へ向かって離日するかを通知することが求められた。がしかし，在日当局はリュトヘルス一行の出発も捕捉できず，同年末時点で一行がすでに離日し，入露していたことを知りえていなかった。

会社顧問技師としてのリュトヘルス

リュトヘルスがデリ鉄道会社とオランダ-インド鉄道会社の両本社と通信していた事実だけはMIDも把握していたが，その通信の中身がハーグの国立公文書館に保管されている原物によって明らかとなった。戦後の態勢を考えると資材調達のためアメリカに両鉄道会社の事務所を設けることは，オランダ本国のためにも蘭領インドのためにも重要であり，またアメリカは戦後

159

一時的にとどまらず永続的な市場となるだろう，とのリュトヘルスの判断が本社に伝えられたりした。

　日本に到着したリュトヘルスに対して，蘭領インドでは二つの方面から彼を当地に迎えようとの動きがあった。一つは電報による技師としての招請で，それはニューヨークを発つ前に彼がかつての同僚にアジアへ向かうと伝えていたことへの反応だった。もう一つは社会主義者としての招請で，スネーフリートが呼び寄せに熱意を示した。それは原住民の組織化についてリュトヘルスからの支援を期待してのことであったと推測される。いずれの招請も，ロシア行の意志が固く，受け入れられるものではなかった。

リュトヘルス一家の日本到着

　日本到着後のリュトヘルスの動向については，社会主義者としての動きのみが日本官憲の把握するところとなった。片山からの紹介状をもとに，吉田只次を皮切りに日本社会主義者との接触が始まる[13]。そしてリュトヘルスは，山川らから託された［РГАСПИ, 497/2/2/193-194］書簡「ロシアの同志へ」と1917年のメイデー決議とを隠し持って革命ロシアへ向け1918年7月19日夜横浜駅から敦賀経由で発つことになる。リュトヘルスの「インタナショナル」への旅は続く。さらなる追究を期して本章は閉じられる。

1）S.J. Rutgers, "The Battle Cry of a New International," *ISR*, Vol. 16, No. 11, V.1916, 647-649. ツィンメルヴァルト運動の紹介自体は，それに先立つこと4カ月，同誌1916年1月号に載ったコロンタイの「インタナショナリストは分裂を欲するか？」によってなされた。A. Kollontay, "Do Internationalists Want a Split?," *ibid.*, No. 7, I.1916, 394-396. アメリカ社会党ドイツ人グループからの講演旅行の招待に応じて，1915年9月26日にクリスティアニア（オスロ）を発つ直前，コロンタイのもとにツィンメルヴァルト会議の報道が届き，またレーニンから①（ツィンメルヴァルト会議の会場で出席者に配布された）『社会主義と戦争』のアメリカでの出版，②インタナショナリストの結集，③資金調達の依頼が届いた。それはコロンタイにとって荷の重い依頼であったろう。なぜならば，大戦勃発の年10月からコロンタイとレーニンとの間に（思想的一致を待たず）協力関係が築かれはじめたものの，一方で彼女はトロツキーらの『ナーシェ・スローヴォ』グループとの関係を保ち，他方で，ボリシェヴィキの中でもブハーリンらの勧誘で1915年夏に出た『コムニスト』グループに参加していたからで

ある。Коллонтай（1974），172, 176, 188, 194-196. 結局，コロンタイはレーニンの依頼に応えられず，同論文の中で宣伝したのは，何よりもツィンメルヴァルト会議の意義と目標であり，（リュトヘルス論文とは違い）同会議での内部対立にまで言い及ぶことはなかった。それどころか1917年1月の（レーニンが求めるツィンメルヴァルト左派だけによるものではない）アメリカ・レフトウィングの結集にトロツキー，ブハーリンらとともに参加することになる（本章第4節）。

2) A. Pannekoek, "The Great European War and Socialism," *ISR*, Vol. 15, No. 4, X.1914, 198-204; id., "The Downfall of the International," *The New Review*, Vol. 2, No. 11, XI.1914, 621-630. 後者は，1914年10月下旬に『ベルナー・タークヴァハト』に3回にわたって連載されたパネクーク論文の時を移さぬ転載で，すでに10月31日にレーニンによって，「パネクークは正しい。すなわち，第2インタナショナルは最終的に死んだ」と言及されたほどだった。A. Pannekoek, "Der Zusammenbruch der Internationale," *Berner Tagwacht*, Nrn. 245-247, 20-22.X.1914; Ленин, *Полн. соб. соч.*, Т. 49 (1964), 23.

3) H. Gorter, "Imperialism, The World War, and Social Democracy," *ISR*, Vol. 15, No. 11, V.1915, 645-651; H. Gorter, "Mass Action the Answer. Imperialism, War and Socialism," *ibid.*, Vol. 17, No. 3, IX.1916, 165-166; Gorter (n.d.[XII.1914]).

4) S.J. Rutgers, "The Stockholm Betrayal," *NI*, No. 8, 1.X.1917, 3; cf. Draper (1957), 100.

5) *HM*, No. 940, 19.III.1917, 1, 5; No. 941, 20.III.1917, 1, 6; No. 943, 22.III.1917, 1, 3; *The New York Call* (New York), Vol. 10, No. 79, 20.III.1917, 1, 4; No. 80, 21.III.1917, 1; cf. Draper (1957), 79.

6) L.C. Fraina, "The Great Task Ahead — A Call to Action. A study of Socialist Reconstruction, and of the New Problems Created by Imperialism. Our Action in this crisis and the crises that are coming," *NI*, No. 1, 21.IV.1917, 1.

7) "Bolsheviki Foes of All Imperialism, Writes John Reed," *The Evening Call*, Vol. 11, No. 103, 1.V.1918, 1, 2; J. Reed, "Recognize Russia," *The Liberator* (New York), Vol. 1, No. 5, VII.1918, 18-20.

8) L.C. Fraina, "The Proletarian Revolution in Russia," *CS*, Vol. 2, No. 1, I.-II.1918, 29-67.

9) P. Buhle, "The Meaning of Debsian Socialism," *Radical America*, 1968, No. 1, 44-51; id., "Rejoinder," *ibid.*, 57-59; cf. J. Weinstein, "A Reply," *ibid.*, 51-56.

10) かかる革命的社会主義ばかりか，アナーキズム，サンディカリズムもまた，アメリカ労働史の主流からは異論的だとして無視されてきたのだが，それらこそ新移民コミュニティを形成するのに関与していた。補章参照。

11) Correspondence of MID, PF49042-7.

12) Records of the Federal Bureau of Investigation [1908-1922], RG 65 [hereafter cited as Records of FBI], OG253980, NARA.

13) この時リュトヘルスが知遇を得た「英語ニ暗」くない横浜在住の杉山正三との間に1919年6月から1920年6月にかけて（確認できる限りで4通の）書簡（および大杉栄「労働運動の転機」の英訳原稿）が行き交うことになる。РГАСПИ, 497/2/2/58-60,

178-179, 193-194, 208-211; 山内「日本社会主義者とコミンテルン・アムステルダム・サブビューロー」(2000). この文通によって，これまでの研究が杉山の果たした役割を見落としていたことが明らかとなった。リュトヘルスが滞日中から離日後も日本国内の社会主義者と保った接触については，大杉に近い杉山，吉田らと実質的に密であり，堺，山川らとは上述の書簡と決議のリュトヘルスへの委託を除けば，むしろ疎遠に近かったことが判明した。あえて推測すれば，政治・思想的立場の違いが堺，山川らをして杉山経由の情報等へ消極的姿勢をとらせたのか，あるいは杉山がその情報伝達に本気で取り組まなかったのか，文面からだけだと前者のように思えるのだが。

第 5 章

第 3 インタナショナルへの道
——コミンテルン創設前史 (2)——

1 ソヴェト・ロシアによる最初の試み

　第 3 インタナショナルへの道は，ソヴェト・ロシアからはまず，ロシア 10 月革命直後にツィンメルヴァルトの精神と運動にかなり沿いながら模索された。つまり，1917 年 12 月から翌年 2 月にかけてソヴェト・ロシアによる新インタナショナル創設をめざす最初の試みは，ツィンメルヴァルト運動を継承・発展させる方向での国際社会主義左派会議の開催をめざした。そのおおよその顛末をみていこう。

　1917 年 12 月初め，スウェーデン左派かつ ISK メンバーであるヘグルンドとチルブムが，ツィンメルヴァルト会議招集をボリシェヴィキ指導者と協議するためペトログラートへ向かった。12 月 16 日，CHK は両者を歓迎し，審議に入った。近年刊行された新編集の議事録から，通し番号が不揃いで読み取りにくい原文ではあるが，該当箇所を訳出しておく［Протоколы СНК (2006), 76］。

1) ウクライナ問題……12) スウェーデン同志たちの歓迎。1) 全面的情報収集と直接交流のための独自の代表派遣に関する同志たちの提案。− 12) 1) 責任ある〔1 語判読不能：原注〕全権代表オルロフスキー〔ヴォロフスキー〕と昨日ラデクが去った。2) 第 3 回ツィンメルヴァルト会議（於ペトログラート）についての問題。− 2) アンジェリカ・バラバノヴァにストックホルムから探りを入れることを提案する。3) フランス，イギリス，アメリカへ代表を派遣する。− 3) コロンタイ

に，さらに二人の候補者を選出し，明日審議に付すことを提案する。
2) スウェーデン同志 K. チルブム〔Killorn と誤記〕と Z. ヘグルンドの歓迎と挨拶のやり取り。

ここには，ツィンメルヴァルト会議開催計画だけではなく，それへの関与を ISK 書記バラバノフに正式に求めているようであり，と同時に早々と海外派遣も審議され，最終派遣先が明示され，そして派遣責任者にコロンタイが任命されたか，想定されたかしている。ヴォロフスキーが関わるのかどうかは不明だが，全く無関係とは思えない。なぜならば，既述のように（第3章第6節），6日後の CHK 会議の第6議題において，ストックホルムのヴォロフスキーへ平和のための闘争基金を設けるため200万ルーブリを支出することが承認されたとあり，その基金が全く ISK との共同または協力なしに運用されるとは考えがたいからである。

いずれにせよ，12月16日のレーニンが主宰した CHK 会議がいかに重要な会議であったかは明らかである。にもかかわらず，12月20日の CHK は第5議題「国外への代表派遣について」で，「国外への代表派遣を原則的に望ましいと承認しながら，この問題の審議と代表派遣を ЦИК へ回す」と決議した［Протоколы СНК (2006), 91］。「原則的に望ましい」との文言は，情況次第では強行せずとのニュアンスもありうるのだが，担当機関がスヴェルドロフが議長を務める (В)ЦИК に移った理由が，単なる役割分担の変更にすぎないのかどうかは詳らかでない。

(В)ЦИК は，1917年12月20日と12月27日における国際会議招集とそのための国外への代表派遣に関する審議を経て，1918年1月4日の会議議事録に次のように記録した。「第8項目　講和代表団について。／西欧の全労働者との間の密接な関係を確立するために代表団をストックホルムへ派遣する。この代表団に，ツィンメルヴァルト－キーンタール国際会議の招集およびストックホルムにおけるソヴェト情報ビューローの組織化の準備のためにあらゆる手段を講ずることを一任する。ЦИК 幹部会に代表団の構成および性格の細かい決定を一任する」［РГАСПИ, 134/1/129/1］。

しかし，ドイツとの休戦交渉中であることなどの当時の情況が広汎な左派

会議開催を困難にしていたので、その派遣はひとまず延期されることになった。その間、2月6日には在露の各国左派代表による会議がペトログラートの外務人民委員部の建物で開かれ（ヘグルンドも出席し、ボリシェヴィキ党中央委員会からはスターリンが出席）、提案されている国際社会主義会議のための条件が決定され、その決議を、目下会議に代表が出席している組織と、またISKに送ることが決定された（ВЦИК国際関係部から出席した同部長ペトロフ〔П.М. Петров；亡命中、イギリス社会党員となり、後述の在露英語を話す共産主義者グループの一員となる〕の後日の報告によれば、もともと「ツィンメルヴァルト左派の代表がそれに参加すべきところの予備会議を招集する」との意図があり、その目的のために同志バラバノフらがペトログラートに呼ばれることがあらかじめ考慮に入っていたという）［Свердлов (1959), 112-114; Stoljarowa (1969), 219］。

改めて2月11日に開催されたЦИКの会議で、先の1月4日の決定に補足して以下の決定がなされた。「1. 代表団はストックホルムに情報ビューローを設置する義務を負う。その主要な任務はさまざまな国の左翼社会主義政党との密接かつ直接の関係を確立すると同時に、国外の出来事についてЦИКへ詳しく通報することである。……」「2. 代表団は『社会主義革命通報』（*Вестник социалистической революции*）という名の（ЦИКの）情報機関紙を発行することを一任される。編集部は左派のツィンメルヴァルト・ビューロー〔ISK〕と共同して代表団に委任され、同ビューローと代表団はともかく完全な接触に入らなければならない」。労働運動分子との密接な交流に関する第3項は省略するとして、最後に、代表団は左翼エス・エルのナタンソン（М.А. Натансон；Бобров；第1、2回ツィンメルヴァルト会議出席者）、ウスチノフ（А.М. Устинов）とボリシェヴィキ党のコロンタイ、ベールジンから構成されることになり、出発は2月14日と定められ、そして当面の出費として10万ルーブリが支給されることになった［РГАСПИ, 134/1/129/1-2］。

その時コロンタイが利用したロシア語およびフランス語の両外交パスポートを見れば［РГАСПИ, 134/1/8/[1-2]］、ソヴェトЦИК代表の資格でスウェーデン、ノルウェー、イギリス、フランス、そしてアメリカ合州国へ赴くこと

が謳われており，機会が得られれば合州国までもが目的地に上がっていた。

　1918年2月17日，コロンタイを長とした6名（秘書2名が加わっていた）の一行は，ひと月前に始まったフィンランド革命の最中，まずはヘルシンキをめざしてフィンランド駅を出発した。翌18日ヘルシンキ到着後，西へ向かい，22日オーブ（トゥルク）に到着したが，北の沿岸は白衛軍が，南はドイツ軍がそれぞれ掌握していた。一行は小船に乗り，最初の目的地であるストックホルムをめざしたが，行く手を氷に阻まれ，アランド諸島に避難し，そこからソヴェト軍艦艇に助けられ，引き返し，空しく3月6日に帰還した。ここに，ボリシェヴィキ政権下のソヴェトによる最初の社会主義代表団の国外派遣は挫折した。

　実は，一行の顛末を記したコロンタイと同行した彼女の個人秘書ツヴェトコフ（А.П. Цветков）の共同の日誌を私は1990年代末にルガスピで発見し，コピーを得て，後日の紹介を計画していたのだが，それを近年ダジナが有益な序文と詳細な注を付して（一部早期の原稿で修正稿と重なる部分を省略して）公表した［РГАСПИ, 134/1/129/124-221; Дажина (2008)］。その紹介は本筋ではないので省略するが，次の一点だけ取り上げたい。

　苦難の果てに空しくコロンタイらは戻って来たのだが，結びのパラグラフには，こうあった。「ペトログラートは我々を『コムニスト』創刊号で出迎える。ということは革命は生きている」と。わずか18日間であったが，革命の存亡の危機の中での覚悟の国外派遣であったことが如実に伝わってくる。

2　外国人グループ中央連盟とインタナショナリスト

　第3インタナショナルへの道は，「下から」の視点をも加えるならば，コミンテルン創設で区切りがつけられるものではない。創設されたばかりのコミンテルンと，それに与さないものの第2インタナショナルへの復帰は考えていない「中央派」との交渉およびその帰結までも射程に収められなければならない（終章参照）。またその創設自体も，よく取り上げられる第2イン

タナショナル復活の動きへの対抗という戦略的理由もだが，前史からの制度および人的連続性や「小インタナショナル」（本章第4節）との関連性がいっそう重視されるべきであろう。

　最初に，本節が基本的に依拠した研究を紹介する。それは1960年代半ば，マルクス－レーニン主義研究所（現ルガスピ）のコミンテルン・アルヒーフへ外国人として立ち入れない情況下で，公刊史料・機関紙類を網羅かつ徹底的に活用することによって，コミンテルン指導機関の発展と各構成の解明を可能な限り試みたスヴァーテクの先駆的研究である［Svátek (1969)］。その研究の第一に挙げられる特徴は，コミンテルン創立大会前史への着目であり，とりわけ制度的および人的連続性の重要性が強調された。制度的な形態でも，人員でも，重要な先駆があったし，それらのいくつかは，1920年7-8月のコミンテルン第2回大会まで活動することをやめなかった。

　間接的な先駆としては，すでにいわゆる「ツィンメルヴァルト左派」とそのビューローがあったし，コミンテルンの他の多くの指導者たちもまたツィンメルヴァルト運動の時期に登場した。直接的な先駆で，実質的にコミンテルンの最初数年間の基礎になったのは，ソヴェト共和国やボリシェヴィキ党の諸機関に附属した革命的プロパガンダ諸ビューローによって指導・鼓舞されたところの1917-20年における在露共産主義者の運動であった（内戦の圧力下にその組織は中央集権化され，ほとんど準軍事的組織の形態をとった）。例えば，外国人グループ中央連盟（下記）は，コミンテルンに一つの自律的な組織として加わり，1920年春まで存在した。それらのスタッフは，ИККИの新部局のスタッフとなり，時には革命的プロパガンダの全ビューローが，コミンテルンの委員会や部門のための基礎となった。また，執行委員会の内部機関の機能分化，とくに全体的な執行委員会とその「小ビューロー」との間の機能分化は，コミンテルンのこの組織的前史の中に先例をもっていた。

　レーニンはコミンテルン創設以前から，新インタナショナルの組織は未だないが，それは形式的にそうであって，実質的にはすでに存在している，と繰り返し主張した。実質的にそれはどこに存在しているかというと，例えば，大戦中の反戦社会主義左派ら「実際の国際主義者」においてであったり，ス

パルタクス団が自らを「ドイツ共産党」と名のった時においてであった。コミンテルン創立直後のロシア共産党（ボ）第 8 回大会においてもレーニンは，外国人グループ中央連盟の活動報告に注目して，その活動の中に「第 3 インタナショナルのために我々によってなされたことの真の基礎が認められる」とまで連盟を評価した［*Восьмой съезд РКП (б)* (1959), 23-24］。レーニンによって繰り返された主張には戦術的配慮が勝ちすぎる時もなくはないが，こと在露外国人共産主義者ないし社会民主主義者，いわゆるインタナショナリスト（интернационалисты）については，「インタナショナル」の精神においてばかりか実際の組織においても重要な先駆となっていた。

ここで，「1918-20 年にソヴェトの国の領土にいた外国人労働者のインタナショナルな運動の歴史における最も重要で，最も輝かしい 1 ページ」［*Интернационалисты* (1967), 228］とまで定評のある旧ソ連研究書で評価された，その外国人グループ中央連盟についてみておこう。

1918 年 3 月 10-11 日ロシア革命政権がモスクワに遷都したあと，ドイツ軍の反攻という最も困難な時に，それまで半公式であった各戦時捕虜組織からロシア共産党（ボ）附属の外国人セクション，つまり最初ハンガリーとルーマニアのセクションが，続いて南スラヴ，チェコ-スロヴァキア，ドイツのセクションがそれぞれ形成された。それらは目的と原則が同一なので，各グループの統一機関を創る要求が内から出てきた。そこで各グループから平等に 2 名ずつの代表を出し，原則や戦術のあらゆる問題に関して最高指導機関として，ただし煽動やプロパガンダなど実践的問題に関しては広い自律性を原則に，ロシア共産党（ボ）中央委員会附属外国人グループ中央連盟（Центральная федерация иностранных групп; ЦФИГ）が創設されることになった。それは 1918 年 5 月にロシア共産党（ボ）中央委員会により外国人共産主義者の指導機関として追認され，クン・ベーラ（Kun B.; 11 月にハンガリーへ帰国したあとは，ルドニャーンスキ・エンドレ〔Rudnynászky E.〕）を議長に活発な活動が展開される。フランスおよび英-米グループ（後者のグループにリュトヘルスも参加する；本章第 5 節）も ЦФИГ に加わっていく（ただし，大戦まで旧ロシア帝国外にいた外国人グループのみを加盟対象としたので，ポーラ

ンドやフィンランドの共産主義組織は入らず，それらは別にロシア共産党（ボ）中央委員会附属のビューローを形成した。また，東方諸民族のグループも入っていない）。

ЦФИГ の任務は，①在露外国人労働者の革命的教育，②彼らをソヴェト共和国内外の敵に対する積極的闘争へ参加させること，③他国における革命的運動の発展への全面的協力，そして④「社会民主主義者 - 妥協主義者に反対する全般的闘争のためにロシア共産党に加入しているすべての外国人共産主義者を統合し，彼らを第3，共産主義インタナショナルの中へ統合すること」であった[1]。

その ЦФИГ の創設前夜に実は，インタナショナリスト運動の結集をめぐって二つの可能性があった。その二つの可能性を取り上げ，そしてそれが最終的に ЦФИГ に集約されていき，ЦФИГ もまた所属を二度変えて解消していく経過を，大まかにみておく。

1918年4月15-25日イルクーツクにおいて，東シベリアおよび極東の戦時捕虜社会民主主義者 - 国際主義者の大会が開かれ，当地における彼らの統一組織，シベリア外国人プロレタリア共産党の創設が決議され，そして赤軍への参加を訴えるアピールも採択された。モスクワでも同月16-18日，全露外国人社会民主主義者・国際主義者大会が開かれ，外国人労働者・農民の国際的・革命的社会主義組織の設立が決議され，そして国際的赤軍形成のための委員会の設置も決議された。西と東で相互の連絡なしに時を同じくして二つの大会が開かれるほど，戦時捕虜インタナショナリストの統一的組織化の機運が高まっていたのだが，その組織化の道として二つが考えられた。この問題に精力的に取り組んできたコピイロフの三つの研究をみると，記述にその都度大幅な変更が施されているが，それは公式の記録類が乏しいことと当時の機関紙類の記事が不備であることに主として起因した[2]。

モスクワでの全露大会開催に向けて，3月半ばから繰り返し開かれた準備のための会議の内と外で組織化に関して二つの考えが示された。一つは，ロシア共産党（ボ）の枠内で民族別セクションをもった外国人連盟を創設するという考えで，もう一つは，民族別セクションの創設に反対し，ソヴェトと

似た大衆組織を創ることによって戦時捕虜を統合するという考えであった。必ずしも明瞭ではないが，そこに前者を唱えるペトログラート代表と後者を唱えるモスクワ代表との対立が読み取れなくもない。それ以上に明瞭なのは，前者を唱えるロシア共産党（ボ）外国人グループのクンら創立者たちと，後者を唱える大会の主催者でもあった戦時捕虜社会主義者－国際主義者モスクワ委員会の指導者たちとの対立であった。例えば，形成されたばかりのロシア共産党（ボ）附属のハンガリーとチェコ－スロヴァキアの両グループは，組織委員会宛の手紙の中で，自分たちの企てと目的に合致するには，広汎ではあるが思想的に雑種の「ソヴェト型」の組織ではなく，闘う用意のある意識的な共産主義者の少人数グループを創らねばならないし，捕虜の中へのプロパガンダを党綱領の厳しい原則に則って指導すべきであると主張した。

　当の全露大会は，80 から 90 の戦時捕虜－国際主義者の組織（傘下のメンバーは 10 万人にも及ぶとみられる）から約 260 名の代表が集まる中で，「外国人労働者・農民の国際的・革命的社会主義組織」を決議し，その中央執行委員会のメンバー 21 名を選出した。そのことは翌 19 日に大会議長・書記らによって書簡で ВЦИК に伝えられた。そして同組織に対して，ВЦИК の審議権付きの 9 議席が与えられることになった。

　この結果（組織名称に「社会民主主義者」に替えて「共産主義者」を加えよとの主張も容れられなかった）をみると，大会での意見の集約はロシア共産党ではなくソヴェトの方に向かっていたようにみえる。祖国への帰還を控えた多くの捕虜の中での組織化をめざすには，大衆性と広汎な結集が求められるように思えるが，当の捕虜の大半が 1918 年秋までに帰国することになった中ではかかる大衆組織は根拠が薄れる。4 月の全露大会で選出された中央執行委員会も統轄力に欠け 9 月までで廃止されることになり，捕虜－国際主義者関係の仕事は ЦФИГ に集中されていく。在露国際主義者の運動は，ボリシェヴィキ党組織の枠内で展開することになる。

　コミンテルン創立後は，連盟の主たる関心が戦時捕虜の帰還先でもある外国での革命的運動へ転じたために，ЦФИГ はボリシェヴィキ党からコミンテルンの管轄下へと移り，1919 年 3 月末に本拠をモスクワからキエフへ移

した。しかし，（ハンガリー革命崩壊の翌月）9月にはキエフからモスクワへ本拠の撤退を余儀なくされたЦФИГの活動は，再びロシア国内問題となり，1920年3月にЦФИГはロシア共産党（ボ）内に再び吸収され，コミンテルンの下部組織としてはなくなっていく。

3　1918年12月の二つの国際会議

　1918年3月のドイツ軍の反攻に加えて，協商国（連合国）軍による干渉戦争も始まり，国外との接触が極端に困難となる孤立化の中で，革命政府およびボリシェヴィキ党が努力を傾けたのが，戦時捕虜と外国軍兵士の中へのプロパガンダと，ロシアと国境を隣接する諸国の社会民主主義政党内に共産主義的核を形成することであった（次節）。

　1918年末までにボリシェヴィキ・シンパの外国人のかなり多くのグループが，ソヴェトの中心地であるペトログラートとモスクワに参集した。彼らを本書では，インタナショナリスト（時に和訳して国際主義者）と一括して記し，彼らの活動を追ってきたところだが，彼らのかなりの数は戦時捕虜でソヴェト体制に共鳴した人々であり，その他にソヴェト建設の観察者（ジャーナリストら）とそれへの参加をめざした労働者（リュトヘルスのように技師も含む）であり，またフィンランドのように革命が失敗し，反革命の迫害から難を逃れてきた活動家であった。

　このような中，1918年12月5日にモスクワで，19日にはペトログラートでそれぞれ公開の国際会議が開催された。同じ月に西欧では，第2インタナショナルの再建をめざして1919年1月にロザンヌでの国際社会主義会議招集の動きが始まった。それに対して，12月24日にロシア共産党（ボ）中央委員会は無線でその試みを批判し，同時に「事実上すでに創立されている第3革命的インタナショナル」への結集を万国の共産主義者へ呼びかけた [*Известия*, No. 283 (547), 25.XII.1918, 3]。ЦФИКもまた，12月27日の会議で「プロレタリア・革命的共産主義諸党の国際会議が招集されない間，……他のいかなるインタナショナルも認められないだろう」と表明し，翌28日

171

の決議で，第2インタナショナルによる国際会議招集は「労働運動の利害と何の関係もない」と批判した[3]。これ以降，ソヴェト・ロシアによる第3インタナショナル創設へ向けての具体的な動きが加速する。

このような流れの中，1918年12月のモスクワとペトログラートでそれぞれ開催された国際会議のうち，先に後者をみていく。

ペトログラート国際会議での発言者は，公刊された議事録のゴーリキー(М. Горький)による序文によれば23名だったが，本文に載っているのは16カ国20名の演説である（演説記録はないが，バラバノフも出席していた）[4]。ゴーリキーが議長を務めたその国際会議は，一連の在露外国人グループの会議の中で重要な一つとみられる。20名の演説者のうち8名が，3カ月後のコミンテルン創立大会に出席することになるのだが，演説者のうちЦФИК傘下のメンバーが半数近くを占めた。そのうち在露英語を話す共産主義者グループからはファインベルク (И.И. Файнберг; I. Fineberg; 元イギリス社会党執行委員会メンバー)，リュトヘルス，レインシチェイン (Б. Рейнштейн; B. Reinstein)[5]に加えて3名の元戦時捕虜が派遣された。その他の多くはヨーロッパとアジアの各国からロシアにやってきていた社会主義者，元戦時捕虜，労働者たちであった。

発言内容の全体的な特色は，ゴーリキーの序文に端的に示されている。すなわち，さまざまな国の代表によってなされた演説は，たいそう重要でも新しいものでもないが，しかし重要であり意義深いのは，彼らによって表されたロシア労働者への熱い信頼の感情であり，その歴史的役割への十分な理解である。そして彼らが唯一話題にしたのは，帝国主義についてであった，と。

事実，彼らの発言には，帝国主義とそれが引き起こした戦争についての認識が示され，戦時捕虜となった発言者の多くは，ソヴェト・ロシアと戦う理由を欺いて教えられていた，と自己を反省した。各国代表の演説では国際プロレタリアートの連帯が強く呼びかけられたが，ロシア10月革命が起爆剤となり各国社会主義運動が昂揚するに及んで高まりつつある自国の社会主義革命への楽観が，彼らの発言の基調をなしていた。

唯一，ペトログラート・ソヴェトを代表して出席した同議長ジノヴィエフ

第5章　第3インタナショナルへの道

の開会の発言とみられるものの中においてだけ，目前の目標として第3インタナショナルの創設が次のように強調された。冒頭，大戦勃発後我々の最初の小さな国際集会であったツィンメルヴァルト会議が想い起こされ，それから約3年がたち，第3インタナショナルは未だ創設されていないが，現実にはすでに存続している。本日の我々の集会が来たる大集会のささやかな前触れとみなされ，その第3インタナショナルの創立集会が最初に国際革命の旗を掲げ，最初にブルジョワジーを打倒したそのペトログラートで開かれることが希望され，確信された。けれども，その第3インタナショナル創設に応答する発言は，以下に紹介するリュトヘルスの演説を除き，顕著なものとはならなかった。

　リュトヘルスは，具体的にオランダでの労働および社会主義運動について次のように述べた。オランダの運動において長い間，旧第2インタナショナルの信者と，全世界のプロレタリアートの国際的運動に基礎を置く第3インタナショナルを創設することが不可欠であると考える人々との間に分裂があった。1905年〔革命〕以来ロシアの出来事が絶えずオランダに深い反響を巻き起こしてきた。オランダ社会民主党は最終的に共産党を〔1918年11月17日に〕創設したところであり，党員は約2,000名で，彼らはすべてボリシェヴィズムの信奉者である[6]。オランダのプロレタリアートは数のうえでの弱さにもかかわらず国際社会主義のための闘争をやめない。彼らは国際社会主義連邦共和国（la République fédérative internationale socialiste）に入ることを熱望している，と。

　ペトログラートの国際会議に先立つ2週間前，同様の国際会議がモスクワの第2ソヴェト館で開催された。なぜか遅れて報道された『イズヴェスチャ』1918年12月25日号の記事に拠るしかないが，冒頭，主催者を代表してカーメネフが演説し，その後に11名の演説が続いた。うちファインベルク，レインシチェイン，サドゥール（J. Sadoul）ら8名がペトログラート国際会議でも演説する（ベルンから戻ってきたばかりのバラバノフも含まれるとすれば，9名が連続出席となる）。残りの演説者の中には，（翌月にウクライナ人民委員会議議長兼外務人民委員としてハリコフへ赴くことになる）ラコフスキがいた。

173

会議の目的は，カーメネフの演説に窺われる。すなわち，目下の戦線は全世界のブルジョワジーと全世界のプロレタリアートとの間の内戦であり，闘いは最も緊迫した局面に入っている。各国〔セルビア，トゥルキスタン・ブハラ，トルコ，ペルシャ，インド，中国・朝鮮など〕プロレタリアートの代表から成るこの会議は，その闘いに呼応しなければならない，と。そのため，ほとんどの演説で自国プロレタリアートからの連帯・支援が表明されたけれども，もとより具体的な提案がなされる場ではなく，一大デモンストレーションの様相を呈していた。会議は盛会で，各演説が終わるたびにインタナショナルが演奏され，夜半まで続いた。会議後，各代表のための晩餐会が外務人民委員部主催で催された。
　モスクワとペトログラートの国際会議に外務人民委員部とペトログラート・ソヴェトがそれぞれ関与した。ロシア共産党はもとよりこれら政府，ソヴェト機関をも動員して，新インタナショナル創設へ向けての準備は，ようやく革命ロシアの地で本格化しつつあった。

4　「小インタナショナル」と社会主義諸ソヴェトの　　世界共産主義インタナショナル

　フォン・ラウフがつとに指摘しているように〔von Rauch (1974), 51〕，バルト海沿岸地域の攻略はモスクワのボリシェヴィキ指導部によって計画された「世界革命」の一つの特別な舞台を構成した。早くも1918年11月16日，軍事人民委員トロツキーは，赤軍が西欧へと進軍するであろうことを表明した。ドイツ軍敗北によって生じた軍事的真空へトロツキーは赤軍を移動させようと懸命になったのである。
　1918年12月17日，ストゥーチカ (P. Stučka) を首班とするラトヴィヤ・ソヴェト臨時政府がモスクワで組織され，同時に「ラトヴィヤ労働者，無土地農民，ライフル兵ソヴェト政府の宣言」が発され，ここにラトヴィヤ・ソヴェト共和国が宣言された。「万国のプロレタリアートを統一し，解放しつつある世界革命の名において，我々，下に署名した者〔議長ストゥーチカ／

第5章　第3インタナショナルへの道

副議長ダニシェフスキ（J.K. Daniševskis），レンツマン（J. Lencmanis）〕は，本日からラトヴィヤにおける全国家権力が再びソヴェト政府の手にあることを宣言する」と書き出され，「我々のすぐあとに共産主義革命が控えており，それはドイツばかりか残りのヨーロッパをもまもなくすべての社会主義ソヴェト共和国同盟〔ドイツ語版では，ヨーロッパ社会主義レーテ政府連盟〕へ導くであろう，その構成部分に我々もなるであろう」と続き，「目下国内戦がライン川からウラジヴォストークまで，また黒海から〔白海の〕アルハンゲリスクまで荒れ狂っている」中で，「武器を取れ！／ラトヴィヤ・ソヴェト政府万歳！／全世界革命万歳！」と結ばれた[7]。

その前日，12月16日に発された「リトアニア臨時革命的労働者‐農民政府の宣言」にも，「我々の新しい生活をロシア社会主義連邦ソヴェト共和国にもとづくべきところのまさにその始まりのうえに打ち立てながら，我々は今後ソヴェト・ロシアと，そして世界社会主義革命の道をとった他のあらゆる国と手に手を取って行くであろう」とあり，そして「世界労働者社会主義革命万歳！」と結ばれた[8]。

ソヴェト・ロシア側も，ラトヴィヤの宣言公表8日後の12月25日にペトログラート・ソヴェト議長ジノヴィエフが表明した。すなわち，リトアニア，ラトヴィヤ，エストニアはソヴェト・ロシアを革命的ドイツから切り離す障害物を形成した。この障害物は，ボリシェヴィキがスカンディナヴィア諸国で社会主義革命のために煽動し，そしてバルト海が「社会主義革命の大海」へと変えられるように取り除かれねばならない，と［von Rauch (1974), 52］。

かかる「世界革命」の展望は，バルト海沿岸地域に限定されていなかったことは言うまでもない。しかし赤軍には，その大部分が東部戦線ととりわけ南部戦線に釘付けにされており，西部戦線へ兵力を集結させる余力はなかった。それどころか，1919年1月24日付電報でトロツキーはレーニンへ「西部から軍をできるだけ速く〔南部戦線へ〕移動させることはきわめて重要であり，そのことを〔バルト海沿岸の〕新しい〔ソヴェト〕諸政府が妨げている」とまで伝えた［Meijer (1964), 260］。それより先1918年12月15日，軍補給に関してだが，レーニンは次のような指示を出していた。「西方へは全くな

175

く，東方へは少し，す・べ・て・（ほとんど）は南部へ」と伝えていた［Ленин, Полн. соб. соч., т. 50 (1970), 221（『レーニン全集』未収録）］。

「世界革命」どころではない生き残りの難問が突きつけられていた。ここで強調したいのは，「世界革命」に結びついた社会主義ソヴェト共和国樹立およびコミンテルン創設の一先駆が，ブレスト－リトフスク条約締結後のドイツ軍占領地域における共産主義諸組織の運動にたどれることである。従来残された議事録をもとに旧ソ連史家によって検討されてきた（また西欧史家によって間接的にその検討に依拠して再検討されてきた）その運動を，今回私は議事録および関係資料を入手し検討を加えることができたので，改めてみていく。

1918年8月半ば，モスクワにおいてラトヴィヤ，リトアニア，ベラルーシ，ウクライナ，ユダヤ人共産主義諸組織と民族問題人民委員部の各代表が出席して会議が開かれた。その結果，ロシア共産党（ボ）中央委員会へ以下の要請がなされることになった。「〔ドイツ人による〕占領地域における共産主義活動の調整と正しいやり方のために，共産党中央委員会に附属して民族別共産主義諸組織の代表から成る特別な協議機関を創ることは不可欠である」。

当該代表（ポーランド代表が新たに加わる）7名が，1918年8月22日モスクワで第1回会合を開き，当該機関が一組織ビューローのかたちで設立された。同ビューローは「形式的には自立した機関のようであったが，実際には〔ロシア共産〕党中央委員会附属であった」。それにミツキャヴィチュス－カプスカス（V.S. Mickevičius-Kapsukas, 通称ミツケヴィチ；リトアニア民族問題委員部コミサール），ペーゲルマン（H.G. Pöögelman；エストニア共産主義セクション中央委員会），ディマンステイン（S.M. Dimanstein；ユダヤ人共産主義者セクション），レシチンスキ（J. Leszczyński, 通称レンスキ；ポーランド民族問題委員部コミサール），クラスティン（K. Krastiņš；ラトヴィヤ社会民主党中央委員会；のちにスパイと判明）が入り，議長はポーランド人で民族問題人民委員部次長であったペストコフスキ（S.S. Pestkowski）が務め，「毎日集められた全情報を同志ペストコフスキへ渡す」ことが決まった（1週間後の第2回会合でラシカス〔R. Rasikas；リトアニア民族問題委員部〕が書記に任命され，彼に占領地への文献輸送

の組織化が委任される）[9]。

　1918年9月15日の第4回会合には，中央委員会を代表してスヴェルドロフが出席し，そこで組織名が占領地域共産主義諸組織中央ビューロー（Центральное Бюро Коммунистических организаций оккупированных местностей）と改められた。そして，権限の及ぶ正確な地域がポーランド，リトアニア，ラトヴィヤ，エストニア，ベラルーシ，ウクライナ，フィンランドと確定され，それらの地における彼らの諸活動が統制されることになった。

　組織ビューロー，続いて中央ビューローは，たとえ多くの活動を成し遂げられなかったとしても，占領地の共産主義諸政党・組織とある程度の関係を築き上げることと，以下に記す10月後半の会議を準備することに貢献した。

　1918年10月19-24日にモスクワで，上記7地域の諸組織を代表する30名以上の共産主義者が出席して占領地域諸組織会議が開かれ，それは同時代人たちによって「小インタナショナル」として言及されることになる［РГАСПИ, 333/1/8/1-166］。

　中央ビューローによって提出され，一部修正された議事日程案は，以下であった。

1) 報告：①中央ビューロー，②地域諸組織代表
2) 現時点，占領地における我々の戦術とスローガン
3) 組織的諸問題：①地域における組織化と占領地域共産主義諸組織の指導的センター，②武装蜂起への準備，③軍事－革命的組織化
4) 出版活動
5) 当面の事項：選挙等。

　議題1)の①および②の各報告がなされた。途中，到着したばかりの党中央委員会代表スヴェルドロフによる挨拶が議長によって許可された（開会時であるかのような印象を従来与えてきたものではなく，また会議への彼の指導性についても認められない）。「全般的危機が始まった。困難な瞬間を迎えつつある。我々は今ほど破局に近づいているような時はない。南から迫っている危険は，……英－仏軍の攻勢でありうる。……たとえドイツ，オーストリアなどで始まる革命運動をみるとしても，その一方で我々は気がつくと万国の

帝国主義者の結束の前に立たされていることがありうる」。このように情況を複雑でデリケートなものと捉えたスヴェルドロフは，占領地における活動の特性に言及し，占領地と中央ビューローおよび中央委員会との関係の維持は不可欠とみなした。

議題2）現時点，占領地における我々の戦術とスローガンについて，議長であり民族問題人民委員部次長であったペストコフスキが基調報告をしたが，その際彼は，迫り来たる国際革命のために闘争の集中管理（централизация）が不可欠であり，革命の中心であるロシアとの合同の必要性を強調した。しかし，このロシア・ソヴェト連邦社会主義共和国（РСФСР）との連盟には，ポーランド代表ボビニスキ（S.F. Bobiński）とラトヴィヤ代表ベールツェ（A. Bērce）から以下のような反対があった。自分たちは全世界的連盟の直前におり，今求められているのはドイツ革命である，と。結局，執行部案が多数を制し，決議「テーゼ　現状，我々の戦術とスローガンについて」が採択され，その以下の末尾は秘密扱いとされた。権力をめざすプロレタリアートの武装大衆闘争の調整とヨリ良い組織化のために，あらゆる地域の共産主義プロレタリア組織が一つの組織的センターへ従属することが不可欠である。現時点で，そのようなセンターはРСФСРにある，と。

議題3）組織的諸問題のうち，まず①について，ペストコフスキが基調報告をした。今まで中央ビューローは党中央委員会書記局の一部門とみなされていたが，中央ビューローを地方および党中央委員会とヨリよく関係づけるために改善する必要がある。が，これについても以下の対立点があった。中央ビューローを純粋に技術的な機関とみるか，それとも逆に，中央ビューローはすべての占領地域の理念的指導センターでなければならないか，である。

これに対して，ベールツェは次のように主張した。関係は上からではなく下から確立されなければならない。個々の党の中央委員会は現場にあらねばならず，在外中央委員会は官僚的な決議だけを書き，それを誰も執行しないだろう。ゆえに，中央ビューローは技術的機関であらねばならず，思想的指導者であってはならない，と。この問題については，ボビニスキの以下の判

第5章　第3インタナショナルへの道

断が妥当であったろう。すなわち，私は中央集権化されたインタナショナルの創設を支持する，がしかし，今いたるところに連邦主義が現れている時，占領地域の条件が互いに異なる時，このセンターから政治運動を指導することは不可能である。占領地域の政治活動を指導する中央ビューローは，いずれにせよ下からではなく上から建設されるだろう。そこには中央ビューローが直接的に支えられうる現実的な基礎がない。大衆がいない。我々は今日まで認められていない連邦的機関を創設する。かかる機関のように，中央ビューローは活動の技術的な側面のみを指導しうる，と。採択された決議「中央ビューローの任務」をみると，上記対立の決着がついたようにはみえない。

満場一致で採択された決議「中央ビューローの人的構成について」によって，中央ビューローは，各地域の党から代表2名，うち占領地域から1名，ロシアにおける責任あるセンター〔ロシア共産党（ボ）の各民族セクション〕から1名で構成し，ロシア共産党中央委員会からの代表〔1名〕も入る。そして，全体会議は少なくとも月1回招集され，ロシアにいる中央ビューロー・メンバーが全体会議の執行機関を構成することになった。ただし，ベールツェが，もしも中央ビューローがロシアに滞在する代表から創られるならばそのビューローはフィクションになるであろう，またミツケヴィチも，中央ビューローにおいてロシアに滞在する代表を選ぶことは可能であるがしかし彼らは現場の組織に依存するだろう，とそれぞれ述べたように，現地に重点を置く意図があった。

民族問題については，明らかにローザ・ルクセンブルクの立場に立って，ボビニスキは次のように主張した。我々は民族自決のスローガンを，その階級的でない性格を考えてもち出すことはできない。プロレタリアートは国際的規模においてのみ自ら決することができる。我々のスローガンであるのは，プロレタリア共和国のみである。それはほぼそのまま民族問題に関する決議となった。結びだけ記しておくと，「我々のスローガンは，ウクライナ，ポーランド，リトアニア，ベラルーシ，ラトヴィヤ，エストニア，そしてフィンランドにおけるソヴェト政権を加えたプロレタリア的ヨーロッパ国際共和

国である」。

　一度ならず議論した問題は，ЦФИГへの我々の関係はどうあるべきかであった。類似の活動ゆえにЦФИГとの共同が模索された。しかし，ペストコフスキはЦФИГと関係をもつのに懐疑的であり，中央ビューロー附属の軍事－革命部を創る必要性を説いた。決議「ドイツ軍の中での活動」では，オーストリア－ドイツ軍での活動実施のためのあらゆる出版および組織的活動を中央集権化するため，中央ビューローに附属して専門部を創ることも掲げられたが，ЦФИГについても「中央委員会の同意を得て，ЦФИГに，この活動のために自らの中にもっているすべての力を提供してくれることを要求すること」が掲げられた。

　会議閉幕に際して，副議長ミツケヴィチは述べた。本会議によって我々諸組織は第3インタナショナルの家族へ加えられる。我々は，西欧での社会革命が燃え出す時，会議を終える，と。

　かくして，「占領地域共産主義諸党および組織」は，ソヴェト・ロシアとの合同に軸足を置きながら「世界革命」を目前にしての態勢を整えつつあった。けれども，いくつかの対立点が克服されないままの出発であった。閉会直後の11月1日会議で軍事部を自らに附属して創設することをも決定した中央ビューローが，いつまで機能していたかは不明だが，活動地がドイツ軍占領地ではなくなり，かつウクライナ，エストニア，リトアニア，ラトヴィヤ，ベラルーシと相次いで社会主義ソヴェト政権が樹立したあと，それぞれが反革命勢力との戦闘に明け暮れる中，ビューローどころではなくなったのであろう。

　しかしながら，ここで強調したいのは，占領地域での革命運動のセンターを担うことをめざした「小インタナショナル」にとって，まさしく自らの運動の延長線上に共産主義インタナショナルが構想されていたことである。彼ら，とりわけラトヴィヤ共産主義者の論理による新インタナショナル創設についてはすぐあとで考察するとして，その前に会議中，垣間見られた「左翼共産主義者」的立場についてみておく。

　1918年11月29日，レーニンとスターリンは共和国総司令官ヴァーツィア

ティス（J. Vācietis）へ，ロシア赤軍の西部およびウクライナへの前進を占領とみなす可能性を当該地域の排外主義者から奪い，わが軍隊を解放軍として歓迎させるために，ラトヴィヤ，エストニア，ウクライナ，リトアニアの臨時ソヴェト政府の支持を要請した。がしかし，ラトヴィヤとリトアニアの社会主義者は，この種の政府の形成に気が進まなかった。なぜならば，彼らの多くは民族問題に関するローザ・ルクセンブルクの見解を共有し，民族自決の理念を拒み，プロレタリアートの「自決」は国際的規模においてのみ実現されると考えていたからである。上記10月19-24日会議でも垣間見られたように，民族問題をめぐってとった立場にポーランド，ラトヴィヤ，リトアニアの社会主義者左派にはある種の共通性があった。そこからコワルスキは博士論文［Kowalski (1978)］で，なぜポーランド，ラトヴィヤ，リトアニアにおける革命的マルクス主義者が彼らの各々の国において永続的な社会主義革命を実行するのに不首尾であったか，との未解決のテーマを設定し，その（ロシアも含めた）「左翼共産主義者」の系譜を歴史分析というよりはむしろ理論分析に重点を置きながら掘り起こした。

　コワルスキによれば，ラトヴィヤの労働階級は民族的に異種から成っていた，ラトヴィヤ人と同様にドイツ人，ロシア人，ユダヤ人，ポーランド人，リトアニア人のかなりの比率をもって。この要因こそが，ラトヴィヤ・ボリシェヴィキがナショナリズムを非難するうえでかなりの役割を果たした。彼らにとって国際的な社会主義革命が，唯一の解決策であり，ナショナリズム拒絶のための包括的な理論的基礎を与えた。

　ラトヴィヤ社会主義者は，結党（1904年6月）以来あくまで連邦的な基盤の上にロシアにおける社会民主主義者の統一が果たされるべきことを主張しつづけた。それゆえ，ソヴェト・ロシア政府によるラトヴィヤ臨時政府創設の決定が1918年11月23日のラトヴィヤ社会民主党中央委員会ロシア・ビューロー特別会議に提起された時，ストゥーチカらがそれを積極的に支持したとは考えがたい。彼は4日前のロシア共産党（ボ）モスクワ組織ラトヴィヤ・セクションの全体集会で，社会主義ラトヴィヤの建設はソヴェト・ロシアとの同盟においてのみ実現されうることを強調し，国家構成としてソヴェ

ト・ラトヴィヤは直接ロシア連盟の成員にならなければならないとみなして
いた。しかし，民族問題人民委員スターリンが臨席した同特別会議は，
ストゥーチカからの構想とは異なる方向に歩み出した。議事録を読むと
[РГАСПИ, 558/1/128/1-4]，会議をスターリンが主導したのは明白で，彼はラ
トヴィヤの党が臨時政府創設を望んでいないことに反対し，レーニンとの話
し合いを踏まえた以下の結論を提起し，同意させた。「ラトヴィヤ社会民主
党のヨリ広く知られた活動家から成る革命的臨時政府」が創設され，その宣
言が起草されなければならない，と。スターリンが，占領ラトヴィヤに迫っ
ている蜂起は時期尚早であってはならず，政府創設および軍の攻勢と呼応し
なければならない，と発言したのに対して，なかったはずはないであろうス
トゥーチカらによる反対もしくは消極論は，その抄録とみなされる議事録に
は載っていない。にもかかわらず，ストゥーチカが「分離主義者」となって
ラトヴィヤ・ソヴェト政府創設に同意した唯一の理由は，「さもないとドイ
ツ社会 - 裏切者が，ソヴェト・ロシアが小国に解放をもたらすのではなく征
服すると声高に叫ぶであろうから」であった[10]。

　ドイツにおける革命という新たな情況は，革命の西漸の期待を膨らませ
た。そのことは，もしも革命がロシアから現実化しはじめたソヴェト諸共和
国（バルト海沿岸地域のソヴェト権力の確立は不完全であったけれども）を通じ
て西欧へ広がるならば，共産主義諸党の活動を調整する機構も拡張されるべ
きことを示唆した。
　実はその種の機構としても，新インタナショナル創設が構想されていた。
ストゥーチカが心に描いた社会主義共和国総同盟は創設されつつあるように
思えた。1919年2月27日の『ツィーニャ〔闘争〕』（Cīņa）および『ナーシャ・
プラウダ』（Наша Правда）公表のストゥーチカ論評「ラトヴィヤ社会主義ソ
ヴェト共和国」の末尾は，こうだった。「国際関係に関するすべての古い概
念は，諸ソヴェト共和国間の相互関係が問題になっている時，その意味を失
う。……／独立したラトヴィヤ社会主義ソヴェト共和国万歳！／社会主義諸
ソヴェトの全世界共産主義インタナショナル（Всемирный Коммунистический

Интернационал Социалистических Советов）万歳！」また 1919 年 3 月 1-6 日のラトヴィヤ社会民主党第 6 回大会（途中から共産党〔創立〕大会となる）は，「共産主義インタナショナルの諸ソヴェト同盟」（союз Советов Коммунистического Интернацонала）という表現でそれに言及した。大会は，ドイツ，オーストリア，ハンガリーやその他の国々のソヴェト共和国が創設されるにつれて，それらはすべて「唯一の偉大な共産主義インタナショナル」に一体化するであろう，と信じた[11]。

　それらの用語から，ラトヴィヤ共産主義者が共産主義インタナショナルについて少なくとも諸党集団だけではなく社会主義諸ソヴェト共和国連盟として考えていたことは，明らかである。そこにはブルジョワ国家概念を止揚しようとする発想があった。

　類似の考えは，レーニンによっても示された。一つは，1919 年 3 月 6 日，コミンテルン創立大会閉会の辞の末尾においてである。「全世界にわたるプロレタリア革命の勝利は保障されている。国際ソヴェト共和国の創立は近づいている」。もう一つは，同日『プラウダ』に公表された「獲得されたものと記録されたもの」の末尾においてである。「第 3 共産主義インタナショナルの創立は，国際ソヴェト共和国の戸口であり，共産主義の国際的勝利の戸口である」［『レーニン全集』28 巻, 510, 512-514］。

　しかし，微妙な違いがある。ストゥチカは新インタナショナル自体が社会主義ソヴェトの連合体であるべきと考えたのに対して，レーニンはコミンテルンの創設が先行し，あくまで国際ソヴェト共和国の戸口と考えた。さらに，コミンテルン創設もレーニンが 1919 年 1 月 12 日に記したところによれば，「『スパルタクス団』がみずから『ドイツ共産党』と名のったとき，──そのとき，真にプロレタリア的な，真に国際主義的な，真に革命的な第三インタナショナル，共産主義インタナショナルの設立は事実となった」［『レーニン全集』28 巻, 463］。かかる楽観を孕むレーニンの論理では，「世界革命」がたとえ潰えたとしても，それを模索しつづける限りコミンテルンの存在は成り立つのである。実際，コミンテルンは「世界革命」の展望が後退するにつれ，それと入れ替わるように「革命のための世界党」として自らを標榜し

ていくことになる。

　ホワイトの把握を借りて［White (1994), 1367-1368］，本節の結びとしよう。
　ソヴェト・ロシアがブレスト－リトフスク条約の条件を厳守した公式外交政策は，民族別共産主義諸党が占領地域で設立され，そしてそれらの党の諸活動が調整組織体の指令によって取り仕切られていたという事実を曖昧にした。1919年初め，この事実はロシアの国境を越えて広がり，インタナショナルな性格をもった。ハルスは『コミンテルンの形成』［Hulse (1964), 1］の中で，ソヴェト政府が1919年1月24日時点で〔『プラウダ』に〕コミンテルン創立大会招請状を発したものの時と所を明示しないまま開会に至ったことは「謎」だと記している。が，ホワイトは，ハルスがコミンテルンが占領地域共産主義諸組織会議の中にその前任者をもったことに気づかず，さまざまな党を組織し調整する必要性のゆえにコミンテルンとその前任の同会議が設立されたことを強調する。

　ホワイトは次のようにまとめた。1918年末から19年にかけてロシア国境で集中しかつ相互に関連した一連の事件において起こったことを，ドイツ，ロシア，ポーランド，そしてバルト諸国の一国史の中に区分けすることは不自然である。それらの諸事件を「内戦」，「コミンテルンの起源」，「ソヴェト外交政策」，「ソヴェト－ポーランド戦争」などのトピックへと整然と区分けすることもまた不自然であり，ミスリーディングですらある。かかる不自然な区分けから生じた「謎」を解くのは，この短いがしかし大いに重要な歴史的時期を一体化した全体として取り扱うことである。

　「世界革命」の理念こそが，その一体化した全体に通底していたのではないか，と私は捉える。本節では，その理念に深く関わってのラトヴィヤ社会主義者による新インタナショナル論およびソヴェト共和国運動，そしてその一先駆としての「小インタナショナル」の模索を追究してきた。

5　インタナショナリストとして，また技術顧問としてのリュトヘルス

　本章を終えるにあたって，リュトヘルスのインタナショナリストとしての在露英語を話す共産主義者グループ，および技術顧問兼共産主義者としてのラトヴィヤ社会主義ソヴェト共和国へのそれぞれの関与について付記しておく。

　1918年8月30日，〔在露〕英-仏共産主義者グループがモスクワでクラブ「第3インタナショナル」に附属して組織された。そして9月4日にグループのメンバー会議が開かれ，フランス語グループと英語グループを別々に設立することが決定された。メンバーの大多数を占めるフランス語グループはこのあとЦФИКに加入し，活発な運動を展開した。他方，英語グループの方は，しばらくの間活動は活発化せず，リュトヘルスら一行がシベリアを横断して9月25日にモスクワにたどり着いたことが活動再開の大きなきっかけとなったことはほぼまちがいない。

　1918年11月28日，在露英語を話す共産主義者グループ（Group of English speaking Communists in Russia; ロシア語表記では，在露共産主義者英-米グループ〔Англо-Американская группа Коммунистов в России〕）は，約60名の出席者を得て創立会議を開催した。議長にファインベルク，書記にリュトヘルス，そして執行委員会メンバーとしてペトロフ，ミヘリソン（C.B. Михельсон；リュトヘルスに同行して帰国した）ら5名が選出された。のちに，レインシチェイン，コロンタイらが補充されていく。

　その在露英語を話す共産主義者グループの活動の実態が，リュトヘルス筆蹟の執行委員会会議英文議事録［РГАСПИ, 549/1/20/1-22］をもとに，以下のように解明された。

　グループの活動の目的は，以下の三つであった。①在露英米労働者の中への文献および口頭によるプロパガンダ，②英語を話す戦時捕虜への情報提供と彼らの組織化，③英米の労働運動に関して入手できるあらゆる情報をロシ

ア共産党へ提供することによって同党を手助けすること。

①にとっては，文献刊行が重要であり，『コール』を途中の15号（1918年12月21日）からグループの機関誌とした[12]。グループがプロパガンダで力を注いだのは南部戦線であり，そこでは地方グループの組織化も図られた。

②については，戦時捕虜の衣食住の世話や観劇など文化的催しまで準備し，その上にプロパガンダのための講義があった。またグループは，12月19日にペトログラートで開催される国際会議にリュトヘルスら執行部メンバーとともに3名の戦時捕虜を派遣した（本章第3節）。取り扱った捕虜数は38名まで記録されている。

③に関連して，当初グループは，ВЦИК附属のソヴェト・プロパガンダ部と密接に共同していたが[13]，同部からも勧められ，またロシア共産党からの資金援助に期待して，1919年1月5日のメンバー全員会議において同党の一支部となった。その上でЦФИГへ加入することになり，リュトヘルスがЦФИГへの同グループ代表に選出された。同年3月1日付信任状で同グループは，コミンテルン創立大会となる「国際共産主義大会」への代表としてファインベルクを指名することになる。

1919年1月24日の執行委員会会議において，議長が廃され，ファインベルクが書記に移った。リュトヘルスがリーガへ赴くための措置と考えられる。これ以降の議事録は残されておらず，散見する文書もそれまでほど整備されていない。このことによって逆に，リュトヘルスが組織運営の要であったことが窺われる。

1919年元旦ラトヴィヤ・ソヴェト臨時政権のストゥーチカらがモスクワからリーガへ向けて発つ際，リュトヘルスはストゥーチカによって直々に港湾・水利施設建設に関する技術顧問として招聘された。その招聘はラトヴィヤ政府の農業人民委員に任命されたロジンの推薦によるものであった。ロジン自身は，その時病気療養中で同行できず，1919年1月末に妻を伴い，そしてリュトヘルス夫妻と一緒に赴任した。リュトヘルスとロジンがともにボストンの社会主義宣伝同盟で活動しあってから，2年がたっていた。この間，

第5章　第3インタナショナルへの道

なんと多くが変わったことか。ソヴェト・ロシアが，そして今，ソヴェト・ラトヴィヤ共和国が実現した。その共和国建設のためにリュトヘルスは，ロジンの母国へ向かったのである。ロジンは無理がたたって，ソヴェト政権のリーガ陥落目前 1919 年 5 月 7 日に没することになる［山内「ラトヴィヤ・ソヴェト政権」(2005), 98, 101-102］。

　その技術顧問としてのリュトヘルスの仕事は，彼のロッテルダム時代のように（第 4 章第 1 節），まずリーガ港の改修であり，ダウガヴァ川の調整であった。リーガが陥落しソヴェト政権が大きく後退した時期，1919 年 7 月 14 日の日付を序文に付して刊行されたストゥーチカの『社会主義ソヴェト・ラトヴィヤの 5 カ月』第 1 部には，わずか 2 箇所ながら以下のようにリュトヘルスへの言及がある[14]。それだけみても彼の技術顧問としての役目は重かったことがわかる。

　一つは，「ごく小さいながらも独自の国家建設委員部が組織された」ことが記された箇所であり，「それは専門家の助けと，わが国に一時やって来た著名なオランダの技師である我々の同志リュトヘルスの尽力で，建設事業に関するあらゆる建設と修繕を実際に集中化する機関を備えることができた。そして我々はこの集中化を厳密に実現するつもりであった」。もう一つは，自分たちの鉄道をどこへ接続するか（ペトログラートか西部地区か）の交渉に際してのことだったが，「オランダとアメリカの鉄道〔会社〕で重要な地位についていた我々の友，同志リュトヘルスは，我々の鉄道〔敷設〕量（もし誤っていなければ，2,800 キロメートル）が独立管区の完全な権利を我々に与えてくれることを，私に請け合った」。

　ここで，1918 年春離米を控えたリュトヘルスがレフトウィングから託された二つの用件を思い起こしてもらいたい。一つは，社会主義宣伝同盟から与えられたヨーロッパで開催されるすべての革命的社会主義者会議への代表権だが，それはまもなく開催されるコミンテルン創立大会において行使される好機が来る（が，実際は行使されず）。

　このことに関して，実は，モスクワを発つ前リュトヘルスは，第 3 インタナショナル創設をめざす 1919 年 3 月開催予定の国際会議へ出席をあらかじ

187

め要請されていた。彼にとって懸案だったのは，オランダ共産党からの代表委任状を得ることであり，妻バルタは夫に代わってそれを受け取るとともに西欧諸党の代表をも同会議へ招くため，リーガ到着後時をおかず1月26日極寒の中，若き赤軍兵士が先導する橇に乗り込み，途中東プロシャで鉄道に乗り換え，ベルリン経由で帰国する（そのオランダ共産党からの委任状は間に合わなくなる）[15]。

　リュトヘルスがコミンテルン創立大会出席のためモスクワへ呼び戻されたことに関する史料が，二つある。一つは，私がかつて文書館調査を依頼したラトヴィヤ史家シチェインベルク（V.A. Šteinbergs）による調査報告の中にあるもので，リーガのストゥーチカがモスクワ滞在のカルル・アンドレーヴィチ〔・ガイリス〕（K. Gailis）へ宛てた書簡に，次の文章がある。「本日リュトヘルスがモスクワへ会議に行く——彼について私は昨日やっと電報を受け取った。その時，彼は市内にいなかったので，出発できなかった」。同書簡の日付をシチェインベルクは1919年2月12日頃と推定しており〔山内「ラトヴィヤ・ソヴェト政権」（2005），101，129〕，それだとリュトヘルス呼び戻しの電報が届いたのは，開会も迫った2月11日頃になる。

　もう一つは，創立大会の準備責任者である外務人民委員チチェーリンからの以下の電報（写）である。「1919年2月26日／同志ストゥーチカ／リーガ／いつラトヴィヤ共産主義者の代表たちはやって来るのか，至急返事せよ。あなたがたに知られている技師を至急やって来させよ。／チチェーリン」〔РГАСПИ, 488/1/2/16-16 об.〕。「技師」とは言うまでもなくリュトヘルスのことである。文面から，2月26日時点で彼が到着していないとなると，実際の出発が上記より遅れたか，途中時間がかかりすぎたかもしれないが，いかにリュトヘルスの出席が待たれていたかが如実に伝わってくる（ラトヴィヤ代表としては上記ガイリスが出席する）。

　当地でのリュトヘルスの活動家としての実践については，ほとんど跡をたどりにくいが，技師としての実践と関わってのものが一つある。リーガ運輸機関製造協会の共産党フラクション名簿の8番目に「リュトヘルス教授」があった。シチェインベルクの報告によれば，その現存する名簿以外に手がか

りはないとのことだが，これに類するリュトヘルス自身の以下の記述がある。1919年初めリーガにて「建設労働者のための組合員」として登録した，と［Rutgers (1920), 5］。

　もう一つの用件は，アメリカ義勇軍派遣の可能性と有効性を革命ロシアで探ることだったが，それを彼が試みたかどうかは今のところ不明である。けれどもリュトヘルス自らが，上述のように英米に亡命し革命後帰国してきたロシア人を中心とした英語を話す共産主義者グループに加わり，いわゆるインタナショナリストとして積極的に反干渉戦争に関与した。その直後，ラトヴィヤへ赴いたリュトヘルスは，その活動を「継続」していたのであり，その跡を以下のように私は初めてたどることができた。

　ラトヴィヤ社会民主（共産）党中央委員会ドイツ語機関紙『ローテ・ファーネ』(Die Rote Fahne) 29号（1919年2月9日）の第1面右上欄に，同日午後6時からの「あらゆる民族の労働者および兵士の国際集会」の案内があった。議題は，赤軍の国際部隊創設についてであり，ラトヴィヤ社会民主（共産）党中央委員会と同党ドイツ語部，ロシア語部，さらに英語グループ，フランス語グループ，スカンディナヴィア諸語グループの各代表が演説することになっていた。その英語グループの演者が，リュトヘルスであった。30号（2月11日）には，同部隊への入隊が労働者，同志，インタナショナリストへ呼びかけられた文章が掲載され，そして31号（2月12日）では，同創設集会の模様が次のように報じられた。ドイツ語，ロシア語，フランス語の各グループからの演説があり，「さらに英語で同志リュトヘルスが，ラトヴィヤ語でベールジンが報告し，そして最後の報告としてスカンディナヴィア・グループから同志ボング（Bong）がスウェーデン語で話した。彼らすべてが火を吐くような言葉で勝利の瞬間を目前にして弱気にならず，男らしく赤軍に入隊する必要性を指摘した」[16]。そのリュトヘルスの発言内容は記録されていない。

　国際部隊創設については，同時期であろう「労働者！　同志！　インタナショナリスト！」と題してラトヴィヤ社会民主（共産）党リーガ委員会とリーガ軍事部の連名で発された新聞紙大のビラにおいて，「世界革命のシンボル

として創設されるであろう赤軍国際部隊」への参加がラトヴィヤ語，ドイツ語，フランス語，ロシア語，英語，スウェーデン語でそれぞれ呼びかけられていた［ГАРФ, Р-9550/4/11184/1］。『ローテ・ファーネ』30 号にも，赤軍国際部隊は「世界革命万歳！」と結ばれた声明文を載せ，同隊への加入をインタナショナリストに呼びかけた。同紙44号（2月27日）以降は，同隊に入りたい人は誰でも進んで，10時から15時の間に問い合わせてもらいたい，との案内が載り続けた。

それらの努力も空しく，1919年5月22日夜，ソヴェト・ラトヴィヤ軍は首府リーガを撤退せざるをえなくなり，ラトヴィヤ・ソヴェト政府は東部，ラトガレ地方へ後退していく。

1) *Восьмой съезд РКП(б)* (1959), 500-501; *Интернационалисты* (1967), 176-178.
2) В. Копылов, "Всероссийский съезд военнопленных социал-демократов интернационалистов (апрель 1918 г.)," *Интернационалисты в боях за власть Советов* (Москва, 1965), 74-76, 85; В.Р. Копылов, "Зарубежные интернационалисты в период борьбы Советской республики за выход из империалистической войны," *Интернационалисты* (1967), 153, 158-159, 165-166; Копылов (1988), 174-177, 188-195, 200-202, 204-205, 208-209.
3) *Welt-Revolution.* Herausgegeben von der Deutschen Gruppe der Russischen Kommunistischen Partei (Moskau), Jg. 1, Nr. 66, 29.XII.1918, 2-3; *Интернационалисты* (1967), 225.
4) *Советская Россия* (1919); *La Russie des Soviets* (1920). バラバノフの出席は，4頁と5頁（フランス語版では6頁と7頁）の間に「第3共産主義インタナショナル書記」とすぐあとの肩書で顔写真が挿入されていることから確認できる。
5) かつて 1917 年 6 月にストックホルム会議のためアメリカ社会主義労働党から当地に派遣されてきたレインシチェインは，会議開催の困難さを見越して同月末（おそらく露暦）ペトログラートへ向けて発った。8月初めのボリシェヴィキ党第6回大会でアメリカ社会主義労働党の名で挨拶を送り，そして10月革命の最初の週に外務人民委員部に附属して設置された国際革命宣伝部を主宰することになった。同部は1918年1月1日にВЦИКの管轄下へと移り，ブレスト－リトフスク条約締結後は密かに外国政治文献部へ組織替えしていた。さらに，外国からの軍事干渉が増大し革命的プロパガンダの強化の必要性が高まる中，同部を基にソヴェト・プロパガンダ部が創設され，同年末から1919年初めにかけて敵軍への政治的活動が活発化した。その後，ソヴェト・プロパガンダ部はЦФИКと似たような経過をたどった。つまり，1919年3月25日ロシア共産党中央執行委員会総会での決定により，同部はコミンテルン・ビューローの管轄下に入り，同年8月には共産党中央執行委員会の管轄下に戻った。

第 5 章　第 3 インタナショナルへの道

6) 党員数については倍近い誇張があるが，実際の党員数も 1918 年 10 月 1 日時点の 1,089 名から 1919 年 4 月 1 日時点の 1,799 名へと急増していた。Tiende jaarkongress der Communistische Partij in Nederland (vroeger S.D.P.), te houden op Zaterdagavond 28 Juni en Zondag 29 Juni a.s.[1919], in „Ons Huis" te Groningen, pp. 12-13, Archief W. van Ravesteyn, Map 78, IISG.

7) ロシア語版：Государственный архив Российской Федерации [hereafter cited as ГАРФ], Р-9550/4/11197/1; Стучка, *Пять месяцев*, Ч. 2 (1921), 5-8; ドイツ語版：ГАРФ, Р-9550/12/166/1.

8) "Манифест Временного революционного рабоче-крестьянского правительства Литвы," *Историк-марксист*, 1935, No. 2-3 (42-43), 50-52.

9) РГАСПИ, 333/1/1/1-1 об.; cf. З. Ангаретис (ред.), "Материалы о 1-й конференции коммунистических организаций оккупированных стран," РГАСПИ, 333/1/8/2, 333/1/8/16-17.

10) Стучка, *Пять месяцев*, Ч. 1 (1919), 5-6 (Стучка, *За Советскую власть* [1964], 392 では，該当箇所は削られている); White (1994), 1363; М.И. Куличенко, *Борьба коммунистической партии за решение национального вопроса в 1918-1920 годах* (Москва, 1963), 47.

11) Стучка, *Пять месяцев*, Ч. 1 (1919), 24; Стучка, *За Советскую власть* (1964), 156-157.

12) *The Call Of the workers and peasants of Russia, to their English speaking fellow workers/ The Call. The organ of The English Speaking Group of Communists in Russia* (Moscow), Nos. 1-48, 14.IX.1918-28.IX.1919. 同誌は 4 ページ建てでほぼ週刊を維持し（ただし，1919 年 3 月 7 日の 24 号から 4 月 2 日の 25 号の間隔があきすぎているが，それはコミンテルン創設による組織再編の動きと関連していたのではないか），そして 1919 年 9 月 28 日の 48 号にはその気配すらなかったもののそれをもって終刊とみなされる。

13) 「リュトヘルスはソヴェト・プロパガンダ部で働き，英語のパンフレットを出し，北部戦線の干渉軍兵士や戦時捕虜の中へのプロパガンダを行った」という。*Интернационалисты* (1967), 545.

14) Стучка, *Пять месяцев*, Ч.1 (1919), 136, 138; Стучка, *За Советскую власть* (1964), 472, 474-475. いずれの箇所でも初版で "Рэтгерс" と誤記された名は，1964 年版で正された。

15) Indrukken van Bartha Rutgers Aug '18−, РГАСПИ, 626/1/1/178-178 об.; Trincher[-]Rutgers/Trincher (1974), 73-74; Тринчер/Тринчер (1967), 72; Рутгерс, "Встречи" (1935), 90.

16) *Die Rote Fahne. Organ des Zentralkomitees des Sozialdemokratie (Kommunisten) Lettlands* (Riga), Nr. 29, 9.II.1919, 1; Nr. 30, 11.II.1919, 1; Nr. 31, 12.II.1919, 3.

第6章

初期コミンテルンと在外日本人社会主義者

1 コミンテルン在外ビューローの構想および創設

創設されたばかりのコミンテルンがめざしたインタナショナルな活動の拠点づくりに関して，すでに1919年早秋 ИККИ 議長ジノヴィエフは西洋の在外ビューローについて構想していた。干渉戦争下で国外との接触がきわめて困難な中，また各国で共産党が未だほとんど形成されていない中，最初の国外との接触機関として期待された在外ビューローの構想は，自筆の日付なしの草稿に書き留められた。重要ゆえに，それをカンによってドイツ語訳された訳文を参照しながら全訳する［РГАСПИ, 495/18/33/20-21; Kan (2004), 68-69］。

 I 西欧とアメリカにおける共産主義運動の発展に対して，とりわけさまざまな国の共産党の実際的仕事の調整のために，ИККИ は西方に以下のビューローを創ることを決定した。すなわち，

  1) ストックホルムに——スウェーデン，ノルウェー，デンマーク，フィンランドのために。

  2) ベルリンに（西欧書記局）——ドイツ，スイス，イタリア，フランス，ベルギーのために。

  3) オランダに——オランダ，イギリス，アメリカ，オーストラリア，他のヨーロッパ外の国々のために。

  4) ウィーンに——オーストリア，ハンガリー，チェコ‐スロヴァキア，そしてソフィアにビューローが創られるまで暫定的にルーマニアとバルカン諸国のために。

5）ソフィアに——ルーマニア，ブルガリア，セルビア，モンテネグロ，ギリシアのために。
II　在外ビューローはIKKIの補助機関であり，個々の党とIKKIとの関係における仲介的役割を果たす。
III　IKKI在外ビューローは以下の任務を課される。すなわち，
　　　1）当該諸党の組織的，宣伝的，とくに文献的，そして互いに通知しあう仕事に力を貸すこと；2）個々の共産党内のさまざまな潮流間の意見の相違や争いの除去；3）分裂した分派がコミンテルンの綱領に立ち，IKKIのすべての根本的決議を承認し，実際に遂行し，共産主義的規律を守り（少数派は多数派に従う），そして統一的で強力に中央集権化された党の全決議を実現する用意がある限りにおいて，これらの分派の統一；4）階級闘争の個々の行動の取り決め，さまざまな国のプロレタリアート共同行動の準備と組織化，これらの目的のために当該共産党の代表の特別な協議や会議の招集——これらの国々の党中央委員会との合意に従って；5）IKKI刊行物および当該国の他の共産主義文献の新たな刊行と普及；6）資金の保管と分配；7）国際労働運動および共産党の実効性についての資料収集，IKKIの文書館および図書館のための収集；8）政治闘争下で指導してきた同志たちに物的〔財政面の〕手当を交付し，合法的防衛を組織し，拘留されている人たちの解放に力を貸すなどの任務をもった共産主義的赤十字の組織化。
IV　さらにIKKIはさまざまな国の共産主義組織に物的支援をただ在外ビューローだけを通じて果たすだろう。この目的のためにそれぞれのビューローに特別な基金が築かれる。あらゆる国の共産党が外からの物的支援なしでやってゆく目的を追求しなければならないことから出発して，IKKIはその代表——在外ビューロー——に初めは以下の要求のため資金援助をさせる。すなわち，
　　　1）共産主義文献の編集のため；2）非合法的党新聞，雑誌，小冊子の助成金を与えるため；3）当該の在外ビューローによってその

第6章　初期コミンテルンと在外日本人社会主義者

必要性が認められる限り，新しい合法的機関紙の創刊のため；4) プロレタリアートのとりわけ取り残された層（農業労働者など）の下での煽動や宣伝に力を貸すため；5) 兵士の下での煽動のため；6) 指導的同志たちの扶助のため。

　ИККИ 在外ビューローは，可能な限り緊密な相互接触をお互いの間で，および ИККИ とで保ち，規則的に少なくとも月1回，さまざまな国における労働運動と共産主義活動に関係するすべての資料とともにその実効性と繰越高について詳細な事業報告を ИККИ へ送ることを義務づけられる。

本史料には在外ビューローの構想があますところなく描かれている。例えば，これまでの研究で批判が集中してきたコミンテルン本部による資金援助に関しても，「あらゆる国の共産党が外からの物的支援なしでやってゆく目的を追求しなければならない」と筋を通そうとしていた。けれども，計画どおりにはいかなかったし，変更もあった。そこには，情況の困難などの外的要因だけでなく，内的要因もあった。その一例をあらかじめ略記しておけば，構想には「在外ビューローは可能な限り緊密な相互接触をお互いの間で，および ИККИ とで保ち」（傍点引用者）とあったが，その相互接触は外的障害だけでなく ИККИ の意図的な操作によっても促進されない場合があった。そもそも ИККИ が各ビューロー創設にあたって与えた任務は各ビューロー間で相互了解されることがなかったし，また ИККИ による肩入れの濃淡や変化によってビューロー間に不平等の関係が生じた。

　まず，各在外ビューローの創設について概括的に記しておく。

　早くも1919年4月14日の ИККИ ビューロー会議[1]において，「ハンガリーとバイエルンからの最新報道に関連してさまざまな国に ИККИ 支部を開設するロシア共産党中央委員会決議に関するジノヴィエフの報告」がなされ，「第3インタナショナルのビューローをキエフ，ハンガリー，バイエルン，そしてスカンディナヴィアに創設することを非常に重要かつ不可欠と認める」ことになり，それぞれのメンバーも以下のように指名された。キエフにはバラバノフ（この任務のため ИККИ 書記を一時休職），ラコフスキ（ウクライ

ナ人民委員会議議長のほかロシア共産党（ボ）中央委員会メンバーを兼任），サドゥール（ЦФИГ フランス語グループ），ハンガリーにはルダシ（Rudas L.），クン，オシンスキーことオボレンスキー（Н. Осинский; В.В. Оболенский），そしてスカンディナヴィアにはヘグルンド，ストレム（F. Ström），チルブムであった（バイエルンについては候補者問題は未解決）。筆頭に挙げられたキエフ支部は，上記報告にあったように「〔ロシア〕南方への革命運動の重心移動およびバルカンとの関係を確立する必要性のため」であった。その上，別版の報告によれば，その重心移動は「ハンガリーとバイエルンの出来事と関連して」であった［РГАСПИ, 495/1/1/12-13, 15］。

このように在外ビューローのスタートは「世界革命」への対応が主に意識されてのものであった。

創設後の各在外ビューローの活動については，本章の主対象である二つについては後述するとして，ここでは本書との関連性があるスカンディナヴィア委員会（ビューロー）と西欧書記局について取り上げる。

スカンディナヴィア委員会（ビューロー）

スカンディナヴィア委員会には「前史」があった。ロシア2月革命勃発が報じられるやベルンにあったツィンメルヴァルト運動の委員会 ISK は，既述のように，革命の現場に少しでも近づくためストックホルムへ移り，1917年7月に同議長グリムがいわゆるグリム事件で役を降りたあと，書記のバラバノフとスウェーデン社会主義左派によって担われていった。1918年9月にはバラバノフがツィンメルヴァルト運動の行き詰まりを打開するためロシア，さらにはスイスへ向かい，ストックホルムへ戻って来られなくなったあと，ISK の活動はスウェーデン左派によって継続された。すでにバラバノフが発つ前から，ソヴェト・ロシアからの資金の管理が ISK メンバーに委ねられており，コミンテルン創立大会における ISK の清算＝コミンテルンへの発展的解消後も（1919年6月時点でも）非公式ながら ISK メンバーと ИККИ との連絡はとられていた［РГАСПИ, 510/1/1/20-25; Kan (2004), 53-54］。

構成メンバーは，スウェーデン社会民主左党の指導者トリオである上記3

第6章　初期コミンテルンと在外日本人社会主義者

名であり，そして議長となった党書記ストレムは，1919年1月在ストックホルムのソヴェト・ロシア政府代表ヴォロフスキーの追放後，同政府により全スカンディナヴィアのための公式の政治的代表（正式には，ソヴェト連邦共和国外務人民委員部代表）に任命されていた。また，党執行委員会メンバーであり，ロシア通信社（ロスタ〔РОСТА〕）ストックホルム支部長でもあったグリムルンド（O. Grimlund）も参加した。

「スカンディナヴィア」を冠した組織である限り，その構成は十分とは言えず，当初ストックホルムで3名から成る同委員会が選任され〔上記のスウェーデン・メンバーであろう〕，それは1919年10月に同じ目的で活動していたもう一つの〔フィンランドの〕委員会と統合し，〔ギュリング（E. Gylling），ヘイモ（M. Heimo; G. Fried）らが加わって〕6名の構成となった。1920年4月24日のИККИ小ビューロー会議での決議によれば，委員会構成はヘグルンドのほか，フィンランド共産党代表（未定）およびノルウェー共産党代表ハンセン（A.G. Hansen）となり，スウェーデンにおける外務人民委員部代表を兼務していたストレムは外れた。

カンの研究によってスカンディナヴィア委員会の構成員の規模にもとづく時期区分を記しておけば[2)]，①当初，委員会はスウェーデン人が担い，②1919年10月に上記のようにフィンランド人と統合し，そして③1920年8月にノルウェー人を加えることになり，1921年8月まで続く。1921年8月14日付でИККИ書記局がスカンディナヴィア委員会の政治部門を廃止して，ИККИ小ビューローの直接的管理下にある2名のみによる連絡ビューロー（Stockholmer-Verbindungsbüro）へ改組する提案を行ったことにより，その最後を迎えた［РГАСПИ, 510/1/1/37］。

第三期のノルウェー人の加入は実は，1920年4月のアムステルダム・サブビューローの解散決定を皮切りに同年夏，ИККИが打ち出すことになるすべての在外ビューローの廃止方針・決定（次節）を鵜呑みにするのではなく，自分たちなりに検討し，決定し，その承認をИККИへ求めた結果であった。つまり，ビューロー〔委員会〕はストックホルムに置きつづけるが，必要とみなされる場合はクリスティアニアへ移されるであろう，事務所は両地にもつ，と。

そのことは ИККИ によるアムステルダム・サブビューロー解散決定（次節）へのスカンディナヴィア委員会の対応にもみられることになる。つまり，その解散決定を委員会は無視し，次のように表明した。「オランダ・ビューローと我々は良い連絡をとってきている」。このことによって間接的に，オランダ〔・サブビューロー〕に対するモスクワの取り扱い方およびベルリンの西欧書記局の優遇が非難された。そのことはまた，ストレムのリュトヘルス宛 1920 年 5 月 9 日付書簡で次のように表現された。「西欧書記局の活動については，我々が知りうる限りでは残念ながら良くない。我々は執行部がそのような措置を講じたことを残念に思うが，しかしすべてはなおよく整えられていると思う」[РГАСПИ, 581/1/95/14; 497/2/5/18]。
　スカンディナヴィア・ビューローは 1920 年 6 月初めノルウェー〔クリスティアニア〕で計画されている国際会議へのアムステルダム・サブビューローの出席に積極的であり続けた。けれども，その国際会議はコミンテルン第 2 回大会招集によって実現困難となっていく。
　最後に，スカンディナヴィア委員会（ビューロー）が果たした重要な役割について付記しておく。彼らは郵便仲介だけではなく，西洋各国各地への資金の仲介役を果たした。それはスウェーデンの地理的，内政的，そして国際的有利な情況だけではなく，スウェーデン左派，とりわけストレムの組織能力と個人的な清廉潔白さが，彼を一時的にインタナショナル（少なくとも北欧と北米）の国外財務管理者にした。ドイツとの関係が秩序づけられず，ロシアの西方近隣国が軍事的敵であり続ける限り，スカンディナヴィアの同志たちは大きな役割を割り当てられたのである[3]。

西欧書記局

　ベルリンの西欧書記局の設立のために任命されたのはトーマスことライヒ (Thomas; J.S. Reich; 別名ジェームズ・ゴードン〔James Gordon〕) であり，それは語学力と西欧における地下活動の経験，さらにいく人かの指導的ボリシェヴィキ〔ジノヴィエフ，ラデク，ブハーリンら〕と個人的に知り合っていたからであった [Watlin (1993), 22-23]。ИККИ 予算委員会の文書によると，1919

第6章　初期コミンテルンと在外日本人社会主義者

月9月9日にトーマスへ宝石類25万ルーブリ相当が提供されており [Loupan/Lorrain (n.d.[1994]), 47]，それが創設資金とみなされる。すでにモスクワを発ったジェームズ〔ライヒ〕に対して，10月25日のИККИビューロー会議で「ドイツの党と出版事業のために」200万ルーブリ相当の貴金属を急使によって送らせることが決まり，さらに外務人民委員部にも「ドイツの党用に」100万ルーブリまでの融資を依頼することになった [РГАСПИ, 495/1/1/81]。

それに先だってИККИは，1919年5月30日にトーマスへ宝石類30万500ルーブリ相当，10万ドイツ・マルク，10万スウェーデン・クローナ，モルヒネ7,500ルーブリ相当，そして6,500ルーブリもの別の資金も提供していた。その時彼に与えられた任務は「出版‐情報活動のため」であり，それは西欧書記局の主要活動にもなり，実際ドイツに出版センターが創られていく（下記）。

ライヒは「1919年秋の終わりに」ベルリンに到着した。メンバー構成は，活動の展開に応じて変化したとも言えるが，コミンテルン・アルヒーフの中の西欧書記局ファイル（РГАСПИ, ф. 499）には下記のアムステルダム・サブビューローほどには整備された資料が残されておらず，メンバー構成をはじめ全般にわたってある種の不明瞭さがつきまとう（それは指導者ライヒおよび組織そのものの性格に由来した，と私はみている）。ライヒ以外のメンバーは，ラデク（ドイツにいる限りであり，1920年1月帰国），レーヴィ（P. Levi），アウグスト・タールハイマー（A. Thalheimer），ブロニスキ（M. Broński; Zürcherの名で；別偽名 M. Braun），ミュンツェンベルク（W. Münzenberg），フックス（E. Fuchs; 出納管理者）であり，協力者としてクレプス（Krebs; Felix Wolfの名で），アブラモヴィチ（А.Е. Абрамович; A. Albrechtの名で）がいた。

メンバーはほぼコミンテルンから派遣された要員と当地のKPD党員から構成されていたのだが，両者の間には時として溝があった。その上，ライヒの立場はほとんどいつもラデクと一致していた。後年「同志トーマス」の証言を引き出した編者ニコラエフスキーによれば，「私〔ライヒ〕は絶えず彼〔ラデク〕に相談し，私の政治路線は主要な点については彼のそれと一致した」[Nicolaevsky (1965), 14]。

西欧書記局の任務は，明示的ではないが，ヴァトリンらの文書館史料を駆使しての初の本格的研究によれば，革命の準備に対する政治的中心を創設することだけではなく，むしろモスクワとドイツ（ヨリ広い意味での西欧）の接続機関（Verbindungsapparat）を築くことであった［Watlin (1993), 24］。その接続工作に関連して，ニコラエフスキーによって「理論家でも政治家でもなく」「実践の人」であったと記されたライヒにとっては，非合法ないし半合法下にあったドイツにおいて非合法活動が得意分野であり，ヴィザをはじめ旅行関係書類の調達に力が注がれた。

　ライヒの最初数週間の活動の様子が，ИККИで働いていたエストニア共産党員キンギセップ（V. Kingisepp）からジノヴィエフへ上げられた1919年12月30日付報告書にみてとられる［РГАСПИ, 324/1/549/105-106］。すなわち，「リュトヘルスが貴重品も持ってうまく〔モスクワからベルリンへ〕やって来ている。彼はそこでフックス，レーヴィ，そしてライヒと会った。ドイツとオランダで今良き関係が築かれている。フックスに彼は40万マルク引き渡した。金は至急必要とされている。ライヒは，自分たちが一つは合法的，もう一つは非合法的な二つのビューローを設立したと通知する。急使業務はオランダ，スカンジナヴィア，オーストリア，バルカンと，そしてスイスを越えてフランス，イギリス，イタリアとともに整備されている」と。

　その合法的なビューローはハンブルクに置かれ，ヨリ重要な非合法のビューロー（西欧書記局）はベルリンに置かれた。前者は，ドイツ語圏で共産主義宣伝のためにコミンテルンの機関紙類やボリシェヴィキ指導者の著作を販売するコミンテルン書店をドイツにおいて設立するため，当地の出版社（Carl Hoym）を買収した出版局であり，直ちにドイツ語版『共産主義インタナショナル』を刊行しはじめた。

　1920年8月初めのИККИ決定により，いったん在外ビューローが解散させられることについては後述するとして，アジベーコフらは在外ビューローも含めたИККИの初期組織構造を，以下のように総括した［Адибеков/Шахназарова/Шириня (1997), 14］。コミンテルン第2回大会までの時期，

ИККИ の組織構造はただ創設されたにすぎず，第2回大会でジノヴィエフが次のように言ったとおりだった。「最初の年，我々はプロパガンダの団体にすぎなかった。すなわち，中央集権化された機関として執行委員会は未だ機能しなかった。それはロシアの組織であった」と。

確かに「中央集権化」を規準にすれば，「プロパガンダの団体」にすぎなかったと言えなくもない。がしかし，そのような評価はスヴァーテクが捉えたようなコミンテルン創設前史からの流れ，つまり制度的および個人的連続性をみえにくくする。また，「ロシアの組織」であったと，全体としてはそう言うしかないが，やはり（「インタナショナル」の精神においてばかりか実際の組織においても重要な先駆となっていた）インタナショナリストをそのメンバーに加えていた在外ビューローの可能性をみえにくくしてしまう。次節では，その可能性に関わる問題をみていくことになる。

2 初期コミンテルンとアムステルダム・ニューヨーク・メキシコシティ

日本国内での運動の困難な情況下で，創設されたばかりのコミンテルンとその下部組織からの日本社会主義運動との接触，日本共産党創設などの試みは，モスクワを起点に言わば「西回り」と「東回り」とで模索された。

すなわち，前者はアムステルダム～ニューヨーク～メキシコシティのルートであり，それは片山潜とリュトヘルスとの1916年末以来の盟友関係がきっかけとなって開拓されたものであった。後者はモスクワ～シベリア～上海を主としたルートであり，こちらで最初に活躍する日本人もまた在米（のちに在墨）片山との密接な連携の下に派遣された在米日本人社会主義団員であった。

以下は，旧ソ連の文書館史料を中心にヨーロッパおよびアメリカの文書館史料を加えた，文字どおり「インタナショナル」にわたる現地史料渉猟にもとづく，初期日本共産主義運動をインタナショナル（国際社会主義）史の文脈で捉えようとする試みである。本章の前半部では上記「西回り」のルート

越境するネットワーク

【西回り】

日本 → モスクワ → アムステルダム → アメリカ合衆国 → メキシコ

モスクワ
コミンテルン執行委員会（IKKI）
IKKI小ビューロー
国際労働組合評議会／赤色労働組合インターナショナル（プロフィンテルン）
共産主義青年インターナショナル（キム）
ロシア共産党（ボ）中央委員会

アムステルダム
アムステルダム・サブビューロー
オランダ共産党

アメリカ合衆国
「アメリカン・サブビューロー」
「パンアメリカン・ビューロー」
「パンアメリカン・エイジェンシー」
（国際労働組合評議会／プロフィンテルン）パンアメリカン評議会
（国際労働組合評議会／プロフィンテルン）アメリカン・ビューロー
アメリカ共産党
アメリカ共産党統一共産党
アメリカ共産党組織委員会
[在米]日本人社会主義団 日本人共産党（アメリカ共産党日本人部）

メキシコ
「ラテンアメリカン・ビューロー」
「ラテンアメリカン・エイジェンシー」
「ラテンアメリカン・セクション」
（国際労働組合評議会／プロフィンテルン）臨時メキシカン・ビューロー
キム・ラテンアメリカン・ビューロー
メキシコ共産党（ゲイル派）
メキシコ共産党（ロイ派）
メキシコ共産主義青年連盟
メキシコ共産党組織委員会

日本共産党暫定中央執行委員会

【東回り】

日本 → 上海 → シベリア・極東共和国 → モスクワ

上海
「極東共産党同盟」
[極東総局]
[東洋総局]
[東洋書記局]
「コミンテルン東アジア書記局」
IKKI在外エイジェント（マーリン）
韓人社会党／韓国共産党
大同党

シベリア・極東共和国
党中央委員会シベリア・ビューロー
同ペペコム・ビューロー
党極東州ビューロー
中央委員会極東方面ビューロー
外務人民委員部シベリア・ミッション
同シベリア・ミッション附属東方ビューロー
IKKI極東書記局
（国際労働組合評議会／プロフィンテルン）東方セクション
キム極東書記局（東方書記局）

モスクワ
ロシア共産党（ボ）中央委員会
党中央委員会附属外国人グループ中央連盟
外務人民委員部
外務人民委員部東方部
コミンテルン執行委員会（IKKI）
IKKI小ビューロー
IKKI東方部
国際労働組合評議会／赤色労働組合インターナショナル（プロフィンテルン）
共産主義青年インターナショナル（キム）

日本共産党暫定中央執行委員会 ← 日本

（注）「越境するネットワーク」のイメージを、便宜的に諜報する人名ではなく組織名で図示した。「　」内の組織は、構想どまりか、ほとんど活動を伴わなかったとみられるもの。

202

第6章　初期コミンテルンと在外日本人社会主義者

による，また後半部では「東回り」のルートによる運動の解明を，それぞれ運動の大本の側，そして末端の順で試みた。

「西回り」で初期コミンテルンが日本社会主義者と最初に接触したのは，世界各地に活動の拠点づくりをめざして構想・創設したコミンテルン在外ビューローのうちの二つ（アムステルダム・サブビューローとパンアメリカン・エイジェンシー）を介してであった。つまり，前者は，モスクワのコミンテルン本部から全権を委任されて帰国したリュトヘルスらによって1919年11月アムステルダムに創設され，書記となったリュトヘルスは，在米中の片山らと連絡をとりあった。しかし，早くも1920年5月に同サブビューローはコミンテルン本部より解散指令を受け取り解散し，後述する在外組織改編を経て，ニューヨークで1921年1月前半からコミンテルン・パンアメリカン・エイジェンシーが活動しはじめることなり，片山はその議長となった。同年3月末日から片山は，別々に組織されていたメキシコ共産主義両党を統一する任務を帯びてメキシコシティに移り，当地で活動するとともに，ニューヨークに残った在米日本人社会主義団員と連絡をとりあいながら，日本のための活動を継続していった。

そのあたりの説明は次節でするとして，本節ではまず，アムステルダム・サブビューローの創設から解散に至る経過を，とくに解散の問題に力点を置いて追っていく。

当初アムステルダム・サブビューローの設立は，1919年9月28日のИККИビューロー会議で決定された。その「オランダにおけるИККИ支部の組織化とそれへの指令について」の決定事項は，のちのトラブルと深く関わる内容なので，全訳しておく［РГАСПИ, 495/1/1/78］。

1) 同志リュトヘルス，ロラント-ホルスト，パネクーク，ホルテル，ウェインコープおよび〔ファン・〕ラフェステインから成るオランダ支部を組織する。報酬はオランダ支部の一存で彼らによって算定する。同志ホルテルとパネクークのためにその上一定額を特別基金で支出する。

2) オランダでの支部用に2千万ルーブリを支出する。

3) 支部に，できるだけ1920年1月に共産主義インタナショナルの会議を招集することを委任する，そのためにストックホルムのИККИ支部との予備的関係に入る。
4) 『共産主義インタナショナル』を出版することを委任し，必要な場合は，この雑誌の名称を変更することを許可する。
5) 文書館と図書館を組織することを委任する。
6) あらゆる国と連絡をつけることを委任する。
7) オランダの支部に，特別な場合は一刻の猶予もなしに，第3インタナショナルを代表して独立して意見を発表する全権を与える。
8) ИККИのためにそこへ自らの代表を派遣する可能性がない場合は，同志リュトヘルスに共産主義インタナショナルの会議でИККИ全権代表である全権を与える。
9) 以下の会議議事日程を定める。すなわち，①ИККИ報告，②現地報告，③あらゆる国での共産党の形成，④議会主義とソヴェト権力，⑤労働組合インタナショナルの形成。

オランダのメンバーはすべてИККИによって指名されていたのであり，とりわけホルテル（レーニンの『国家と革命』をオランダ語訳したばかりでもあった）およびパネクークへの期待は過大とも思えるほど高い。さらに，1920年1月に国際会議をできるだけ招集することを委任されていたのであり，そのことにも関連する第6，7，8項をみれば，彼らに与えられた全権委任はきわめて重い。

次回の10月14日ИККИビューロー会議は，議題「ИККИオランダ支部の命名およびこれに全権を与えられた支部（Отделение уполномоченного）を任命することについて」のみで開かれ，リュトヘルスも出席し，以下を決定した[4]。

1) 「アムステルダムにおける共産主義インタナショナル支部」と命名する。
2) この支部におけるИККИ全権に同志リュトヘルスを任命し，ИККИを代表してありとあらゆる行動を指令する。

全権委任が再度確認された。それにもかかわらず，同サブビューローは

1920年2月2日のИККИビューロー会議での決定により，一方的に権限を縮小された［РГАСПИ, 495/1/6/21］。それは（ドイツの監獄から釈放されて戻ってきたラデクによる報告とそれに続く激論があった）1月30日および2月1日の同会議でのコミンテルン本部の左翼急進路線から「右」への方針転換によるものであり，1年後にいわゆる労働者統一戦線を採用する道を拓くことになる。さらに，4月25日のИККИ会議において，同サブビューローの解散が決定された［РГАСПИ, 497/1/9/2; 581/1/95/18］。

このあたりの詳細は拙著第二書［『初期コミンテルン』（2009）］を参照してもらうとして，ここではアムステルダム・サブビューローの評価について論じよう。

在外ビューローの閉鎖に関して，フールマンの研究が以下のように総括するのは肯ける［Voerman (2007), 218］。すなわち，その閉鎖は1920年にコミンテルンにおいて始まった中央集権化の経過の第一歩を印づけた。連合（協商）国によるロシア包囲の終結をもって，コミンテルンの在外ビューローのネットワークのための重要な存在理由はもはや適用されなくなった。ますます中央集権化されたコミンテルン機構内では，もはやそれらのための場所はなかった，と。

フールマンは，リュトヘルスに全権委任した1919年秋とは違い1920年に入って状況は好転し，ИККИの西洋共産主義諸党への方針が急変した，それを通信網の不備も手伝ってアムステルダム・サブビューローが把握して戦術を変更しなかったがゆえにИККИから解散させられたのは当然だった，と割り切って捉えている。

しかし，私が強調したいのは，最初の在外ビューローがめざした西洋に根ざそうとした運動の可能性であり，その可能性を摘み取るかたちでの中央集権化であったことである。それを明らかにするために，定評のある『レーニンとコミンテルン』の著者，ラジッチとドラチコヴィチの或る解釈に着目する［Lazitch/Drachkovitch (1972), 253, 256］。彼らは，大部分の中・西欧において1920年前半ほとんど同時に同様の左翼共産主義が表面化し，それはたとえ強力でなくとも少なくとも厳格なレーニン主義的服従の共産主義よりもヨ

り騒々しかったように思える，と捉えている。

　それはいささか対比的すぎ，私の評価の方向性とは異なるのだが，1920年どころかそれ以前から，なぜ国境を越えてそのような左翼勢力が台頭していたのか，ここでアゴスティの把握を借りて論じる［Agosti (1997/98), 73-75］。

　ロシア 10 月革命後直ちに国際共産主義運動を発足させた左翼勢力は，革命的過程の国際的性質に強く力点を置いた。この国際的な次元こそが，社会主義運動の歴史が生み出してきた同質性および一貫性を保証する。革命的過程のこの本質的に国際的なヴィジョンは，等しく重要である二つの起源をもっていた。すなわち，一つは，重要な相違にもかかわらず第 2 インタナショナルのすべての急進的左派に共通であった帝国主義の分析である。資本主義の国際化に伴い，労働側もまた生産力を社会化する過程にとって障害となってきた国民国家を越えて国際化すること（プロレタリア国際主義）が求められていたことである。もう一つは，ロシア 10 月革命はヨーロッパの社会革命のプロローグであり，ロシア革命の唯一の保証は先進国革命であるとの確信（「世界革命」論）が共有されていたことである。

　以上の起源から，（すでに私が考察してきたように）大戦中反戦社会主義左派において「国際化したボリシェヴィズム」が欧米規模で形成されていったのであり，そしてコミンテルン創設前夜の 1918 年末から 1919 年春にかけて革命に隣接するロシア西方地域で集中しかつ相互に関連して起こった一連の事件は「一体化した全体」として取り扱われるべきであり，そこには「世界革命」の理念が通底していた。さらにコミンテルン創設直後は，一方で勃発したハンガリーおよびバイエルン革命をさらなる飛躍台として，他方で国内戦と干渉戦争で苦しんでいたソヴェト・ロシアが積極的支援を与えることができない中，西洋各国各地で左翼急進的思想と行動が展開されていったのは，決して偶然ではない。

　しかし，この急進的思想と運動は，当時の反 - 帝国主義戦争，反 - 資本主義という社会不満の高まる中での希望的観測を伴ったものであったのであり，（アゴスティが指摘しているように）そこでの確信は革命的希望と現実と

の混同を誘導し，西洋における潜在的な革命の成熟性を過大に評価し，その一方で同時に，欧米におけるブルジョワ体制の強固さと労働者への日常・伝統の拘束力を過小に評価した。その上，1920年後半，21年へと続く展開によって最初の社会主義国家の生き残りの可能性に関してますます自信が深められるにつれて，革命的過程が必然的に国際的過程であるという着想に生命力を与えてきた自由意志的要素は徐々に色あせていく。

言うまでもなく本章が取り扱っている在外ビューローは，革命的過程の国際的次元の揺るがない確信，すなわち「世界革命」が意識されていた時代のことであった。

アムステルダム・サブビューローの評価に戻って，ИККИによってサブビューローへの全権委任が撤回され，その機能が西欧書記局へ移されることになるのだが，当の書記局にそれに応えられるほどの要件が備わっていたかは，はなはだ疑問である。1920年2月上旬サブビューロー主催の国際会議に出席したあと，ベルリンへ移ったボロジン（М.М. Бородин ［Грузенберг］）が3月頃にИККИへ報告した以下の記述が傍証となろう［РГАСПИ, 499/1/3/93-96］。「実際のところ書記局はひとりの人間——ジェームズから成っている。他の人々は書記局の会合に出席するだけで，ほとんど何の実際的な仕事もしていない。ジェームズの意見によれば（私もこれに全く同意するが），書記局は思想的な指導者，国際的な評判を得た人に欠けている」と。さらに，メンバー構成がドイツ語圏の外へ広がらなかったこと，また西欧書記局の接触・通信の範囲も限られ，「西欧」ではなく，「中欧」の範囲にとどまっていたことは，問題であったろう。

最後の接触・通信の問題こそ，アムステルダム・サブビューローにとっては評価点であり，同サブビューローが接触・通信した範囲は当時の在外ビューローの中でおそらく最大であったろう。以下にその相手国を示しておこう。

①ソヴェト・ロシア，②ドイツ，③スウェーデン，④ノルウェー，⑤デンマーク，⑥フィンランド，⑦イギリス，⑧アメリカ合州国，⑨日本，⑩メキシコ，⑪スペイン，⑫フランス，⑬ベルギー，⑭ルクセンブルク，⑮オラン

ダ，⑯スイス，⑰オーストリア，⑱イタリア，⑲南アフリカ，⑳オーストラリア，㉑ポーランド（オーストリアを通じて），㉒ブルガリア，㉓蘭領インド。

　続いて，パンアメリカン・エイジェンシーの創設決定の経緯を明らかにしよう。
　ラジッチとドラチコヴィチは，（冷戦下の多くの西欧史家に言えることだが）在外ビューローの中に最初からロシアの中央集権的コントロールをみがちであり，それに従わなかったビューローが解散させられたのは当然であったと決めつけた。
　しかし，コミンテルン本部の外に向かっての中央集権化が始まるのは，1920年に入って早々干渉戦争に好転の兆しがみえはじめてからであり，アムステルダム・サブビューローの解散決定を皮切りに同年夏，在外ビューローを活動途中で解散させ，ヨリ自分たちの意向が通じやすい個人的なエイジェントに切り替えるところからであった。すなわち，1920年8月6日，ロシア共産党（ボ）中央委員会政治局は「すべてのビューローは廃止する。もっぱら技術的な目的のために単独で行う個人的なエイジェントだけを許可する」との決議を採択した［РГАСПИ, 17/3/100/1］。
　ИККИに関する決定をロシア共産党が先行して行っているところは特徴的だが，その二日後8月8日のИККИ会議で在外ビューローに関する問題が議論された［РГАСПИ, 495/1/8/64-65］。まず，ジノヴィエフが次の提案を行った。我々は執行委員会を前に個人的な責任なしに一つのビューローも存在しないようにするための提案，言い換えれば，あらゆるビューローを解散し，すべての事柄を個人的な信用の上に組織する案を提出する，と（これはアムステルダム・サブビューローとベルリンの西欧書記局との対立をとくに念頭においてのものであった）。
　続いて，マーリン（スネーフリート）が発言した。私の考えでは，極東と中東においてそのような中心を確立することは不可欠であり，執行委員会がこの提案を受け入れることを希望する，と。
　フレイナもまた，アメリカ帝国主義が極東にまで広がっていることを考慮

して一アメリカン・ビューローをもつべきだと主張した。彼が言うには，両アメリカでは未だ共産主義運動はなく，ただ革命運動があるだけであり，もちろんモスクワの統制下にであるがアメリカに固有のビューローがあらねばならず，それはメキシコがふさわしいであろう，と。

新たなビューロー創設の提案に対してジノヴィエフは，以下のように総括した。「私はヨーロッパにおけるビューローに関する考えの清算後，そのようなビューローがアメリカに存在しなければならないとみなす。同種の中心をもつことは不可欠だ。アメリカと極東において情況はなおいっそう都合が悪く，困難はなおいっそう大きい」と。

そしてジノヴィエフは，執行委員会に以下を決定することを提案した。執行委員会と並んで政治的任務をもった他のビューローは存在してはいけない。この決定によって西欧ビューローやその他類似のビューローは廃止される，その一方で，小ビューローはさまざまな国において自ら委任された個人を指名し，彼らの個人的責任の下，彼らに一定の任務を与える。小ビューローはさらに急使の勤務の組織化について配慮しなければならない。急使は，①文献の配達，②さまざまな情報の送受，③政治的任務の遂行という三つのカテゴリーに分かれる，と。

その提案は採択されたけれども，三番目のカテゴリーに「政治的任務の遂行」もあるのだから，なおさらビューローの任務は曖昧化を免れえない。

この決定により在外ビューローは姿を消すことになった。その一方で，ヨーロッパのビューローの解散と同時に，アメリカと極東における新たな（任務を限定された）ビューローの設置がここに決められた。パンアメリカン・エイジェンシーもそのような「個人的なエイジェント」として位置づけられたのであり，そのことはまたИККИの一存で容易に解散させられる性格の機関であったことを意味する。

ここで，なぜ片山潜，フレイナ，ヤンソンの3名が同メンバーとなったのかについて付言しておく。後二者は決定時にモスクワに滞在し，それぞれアメリカ共産党（CPA）とアメリカ統一共産党（UCPA）のメンバーであった。両者の均衡をとる意味で片山が議長に抜擢された背景には，エイジェンシー

の最初の提案者となったフレイナに推薦ないしそれに近い言動があったのではないだろうか。なぜならば，フレイナにはリュトヘルスを介しての片山との盟友関係があり，1920年2月アムステルダム・サブビューロー主催の国際会議においてアメリカン・ビューロー形成に際して「日本および極東における活動およびそれらとの連絡のために一日本人同志〔片山〕の協力を確保すること」という提案がフレイナによってなされていた［*Bulletin of the Sub-Bureau in Amsterdam* (1920), 8-9］のだから [5]。

　モスクワから全世界へ革命を波及させようと世界的規模で行動する初期コミンテルンは，遠く離れたアメリカ大陸に実際何をもたらしたか？　革命的諸力を呼び起こし，鼓舞し，強化したか？　それとも逆に，アメリカ大陸での共産主義者の挫折に寄与したか？
　かかるドイツ・ロシア共同のコミンテルン研究プロジェクトの推進者のひとりによる問題提起［Meschkat (2007), 111］に，正面から答える段階では未だない。にもかかわらず，拙著第二書において私は，パンアメリカン・エイジェンシーの顛末を明らかにし，その中からコミンテルンが指導する越境する在外活動の多岐にわたる問題点を挙げることができた。その主なものを（場合によって，それに関連する課題も含めて）挙げておく。ただし，あらかじめ注記しておけば，以下は当初カナダの場合を除いてまとめられたものであり，のちにカナダの場合もまとめることができたので [6]，各項目において前者に必要な範囲で後者を追記するかたちにしている。

1) ИККИ はアムステルダム・サブビューロー，さらにすべての在外ビューローをいったん解散することを一方的に決定したすぐあとに，東アジアとアメリカにおいてだけ特別に二つの在外ビューロー（エイジェンシー）を認めるに値する理由を受け入れた。にもかかわらず，結局在外ビューローの権限が今まで以上に制限され，かつ「政治的任務の遂行」に関して当初から曖昧さが内包されており，それゆえ混乱の収拾を図るために今度もまた ИККИ によって一方的にパンアメリカン・エイジェンシー解散指令が出されることになった。たとえ解散するにしても，片

山が事業の継続性を強く訴えたことに正面から応えることなく，それどころか実は，解散指令が出される前にすでにИККИ書記局によって新たな類似の組織がこれまた一方的に計画されていた。それに続いて，ИККИ幹部会会議がエイジェンシーの解散を決定するのだが，そのことを片山らは直接知らされることはなかった。

2) 在外ビューローは各国共産主義諸組織とИККИとの間の仲介的役割を担わされたにもかかわらず，実際にはИККИからの指令系統が二つあった。①パンアメリカン・エイジェンシーを通じてだけではなく，②在モスクワのCPAおよびUCPA代表を通じてのものがあり，アメリカ共産主義両党間の対立も手伝って混乱が避けられなかった。

　他方，カナダの場合は，エイジェンシーの，しかもスコット（ヤンソン）だけからの指令であった。カナダ共産党の在モスクワ代表はCPA代表が兼任し，第3回コミンテルン大会での（統一戦線を先取りする）政策転換は，CPA代議員のマーシャルことベダハト（J.A. Marshall; M. Bedacht）が帰国後カナダを訪れた時に伝えられたのだが，マーシャルとスコットは共同歩調をとっていたので，指令系統の混乱はなかった。

3) アメリカ共産主義両党間の対立の溝は深く，とりわけUCPAへ合流しなかったロシア人連盟を中心としたCPAによって，相互に歩み寄る余地をほとんど残しえないほどの断乎とした立場が貫かれた。アメリカ合州国における共産主義運動自体へのそのマイナス効果が憂慮されていたのだが，その立場はまたエイジェンシーによる両党統一工作を困難化させる主要因となった。

　しかし，両党間の対立は，各カナダ支部まで深刻には及ばなかった。両支部を核として創設されたカナダ共産党の構成員はウクライナ人，フィンランド人など「外国人分子」が「英語を話す分子」よりも多かったけれども，後者が執行部の4分の3を占めた。これに関連して，1922年8月26日のИККИアングロ–アメリカン–コロニアル・グループ第17回会議の第1議題で「カナダ問題」が取り上げられ，在モスクワ特別代表ケント（A. Kent）は（8月15日に提出したカナダ共産党からの）「コ

ミンテルン幹部会への報告」［РГАСПИ, 495/98/3/15-24; 495/72/3/88-95］を再度提出し，それを補足するかたちで次のように発言している。共産党内の「外国人分子」は（共産党の合法政党である）カナダ労働者党の創設に反対していたし，これまで起訴されたり追放されたりしてきた「外国人」は，労働者党執行部には入らず，共産党の外国語セクションのメンバーとしての活動を継続していた，と[7]。微妙な「棲み分け」ではあるけれども，両グループ間の対立は未だ表面化していなかった。

4）　アメリカ共産主義両党間の対立は明らかにスコットに影響を及ぼし，彼にはどうしても自らの出身母体となっていた UCPA への肩入れがあった。加えて，片山とスコットとの間では，資質の問題も関わっていたであろう以下のような対立があった。一方は通信において多くを語り，金銭的にもきちんとし，他方はほとんど語らず，財務報告すら逐一しなかった。また，一方は自分たちの活動の成果への楽観視の傾向が強く，他方はかつて在米ラトヴィヤ社会主義者グループの中央派の中で左派に位置していた経歴があり，現実主義的な傾向が窺われた。両者の対立ゆえにエイジェンシーの権限の分散が生じかねず，そのため CPA にとっては在米スコットと接触しておけばよく，エイジェンシーが機能しないことの責任は CPA 側にはない，と統一後の CPA にエイジェンシーは突き放されもした。

　　この片山とスコットの対立は，カナダをめぐっても同様だった。片山とは対照的にスコットは（最初の報告を除いて）多くを語らなかったけれども，独りでかなりのことを成し遂げたことはまちがいない。片山はスコットがメキシコに来ないことを約束が違うと糾弾しつづけたが，スコットの（アメリカ合州国での成果は乏しいものの）カナダでの活動とその成果をみると，スコットなりにとどまる理由が十分にあった。「あなたは何度も電報で，また書簡で『直ちにここに来なさい』と言ってくる。しかし，親愛なる同志よ，私は……混沌と備えがない状態のまま当地ですべてを置き去りにすることはできない」［РГАСПИ, 495/18/66/143-144］とスコットはいら立ち気味に片山へ 1921 年 9 月中頃書き送ったけれど

も，約束違反は違反なのだからきちんと説明すべきであったろう。

　そして三人目のフレイナの活動には，かつてアメリカ・レフトウィング運動で活躍した生彩はなかった。最初，エイジェンシー資金の運搬役としてのフレイナのベルリン滞在および再滞在[8]は，なぜか長すぎ，さまざまな疑念を生んだ。そして最後，かつてのスパイ嫌疑が晴れたあともなおフレイナには嫌疑がくすぶり続けCPAからの信頼を回復しがたかった中で，エイジェンシーの残された資金の横領嫌疑が再び彼にかけられた。それだけではなく，メキシコに遅れて来たあとフレイナの活動の中に積極性を見出すのは困難である。すでにこの時期，フレイナの中に共産主義からの離脱が意識されはじめていたのか？　それともすでに考察したように［山内『リュトヘルス』(1996), 237-238］，理論的急進化の先導者であったフレイナは，本質的に実践的ではなかったというのであろうか？　その解明が残されている。

5)　エイジェンシーが「最大限の関心」をもったアメリカ共産主義両党に，エイジェンシーの権限が認められず，逆にその資金だけがあてにされた。当初ИККИは各国共産主義諸組織に対して資金援助する場合，直接にではなく在外ビューローを介して行うこととしたからであった。加えて，エイジェンシー内外で金銭トラブルが絶えなかった。

　カナダにおけるエイジェンシーの権限については，カナダ共産党創設前夜から事あるごとにスコットに指示を仰ぎ，また彼の方もその役割を十分に果たしたことから，その権威は掛け値なく認められた。しかし，スコット自身が1921年夏頃からエイジェンシー議長片山およびフレイナと対立していき，権威は失墜させられた。その一方で，カナダのためにエイジェンシーの資金があてにされたことは，合州国の場合と同様だった。

　コミンテルンの世界的規模での運動にとって，活動資金の問題は運動の評価に関わる本質的な問題であり，エイジェンシーにとってもまた資金の分析による活動の把握は重要である（残されたエイジェンシーの資金問題の追究は，次の課題である。終章参照）。

6）エイジェンシーの運動は果たしてどれほどの成果を収めたであろうか？　アメリカについてはその成果を発揮する前提が，上述のようにそもそも整っていなかったと言えよう。メキシコについては，エイジェンシーが精力的に現地の諸組織と接触を試み，複数のスペイン語機関誌，声明等で訴えようとしたが，その成果の包括的評価は現地側からの史料収集・分析を経なければ下しがたい。けれども史料自体が乏しい現状がある。カナダについては，以下のようにまとめられる。

　カナダ共産党，さらに労働者党の創設へのスコットのイニシャティヴは決定的に重要であった。党創設を実現したという意味では，エイジェンシーの最も顕著な成果と言えよう。カナダ共産党が，いかに多くをスコットに負っていたことか。まず挙げられるべきは，エイジェンシー資金による創立大会準備（約2,000ドル）とその後3カ月間の活動費（3,000ドル）の財政援助である。それに劣らず重要なのは，スコットがいずれの段階においても党の基本路線の策定に関して実質的に関与し，その他細々とした指示も与えつづけたことである。それだけではなく，カナダ共産党の活動の一部をもスコットは担った。とりわけ西部地区での活動（カナダ社会党切り崩しと同党員の獲得工作など）を彼は期待されていた。

　しかしながら，合州国の共産主義両党の統合およびメキシコの共産党創設のそれぞれの遅延と比べて，カナダには以下の好条件があったことを見落としてはならない。
　① カナダと合州国は地理的に隣接し，アメリカ共産主義両党はそれぞれカナダ支部をもち，英語という共通言語をもつ両支部が率先してカナダ共産党創設にあたった。さらに，カナダ労働者党の創設への経過が合州国でのアメリカ労働者党創設のそれとほぼ同時進行であったことが，後者からマーシャルらを介しての前者への影響をヨリ容易にした。
　② ウクライナ人とフィンランド人が党内で多数を占める「外国人」であったが，彼らはCPAロシア人連盟のように強力な言わば「圧力団体」の役割を果たすことはなく，アングロ-ケルト系の活動家

が主導した。それは当該移民による政党との関わり方に合州国の場合と大きく異なる特徴があったからである。つまり，ウクライナ人の場合でみると，党との関係は「いくぶん曖昧」で，彼らは自らの指導者を通じて関わっていたにすぎない。指導者もまた，党員数に占める高い割合および党創設時からの党員であるにもかかわらず，党大会に対して正式な代表ではなく友好代表ないしウクライナ・セクション代表としての参加であった。彼らの大衆組織にもとづいた独立性は高く，彼らからの党批判も 1924，25 年以降のいわゆる「ボリシェヴィキ化」以前にはめったに聞かれなかった。ここに，英語を話すアングロ-ケルト系の指導者を中心に党がまとまりやすい背景があった。

7) アメリカ共産主義両党と他のアメリカ大陸の諸党との関係は，エイジェンシーの努力をしても築かれたとはとても言いがたく，両アメリカ大陸のネットワークが構築されるにはあまりにさまざまな障害が立ちはだかっていた。一例を挙げれば，パンアメリカン・エイジェンシーの名称は合州国においてはしばしば「パン」を省いて使用された。そのことは時として，中南米を意識の外に置いていたからであった。その上，片山の 1921 年 9 月 24 日付ジノヴィエフ宛書簡に垣間見られる CPA 側の優越意識のような偏見[9]が広がっていたとするならば，ネットワークどころではなくなる。

　カナダ共産党もまた，そのネットワークに関与することはなかった。「しかしながら，我々はあなたがたが〔赤色労働組合インタナショナル創立〕大会で出会った USA，カナダ，そしてメキシコからの代表を送ることができた」［РГАСПИ, 495/18/66/122-124］と片山がジノヴィエフ宛 1921 年 9 月 24 日付書簡で誇った事業が，唯一ネットワークの成果にみられそうだが，カナダの場合はアトウッドことハリソン（H. Atwood; C. Harrison）がカナダ共産党創設工作のためにエイジェンシーによって同年 3 月初めに派遣された時点で人選は決まっていた。ネットワークの具体的な可能性としては，片山，フレイナが呼びかけた（同年秋開催予定

のAFL系の）パンアメリカ労働者連盟大会への反対キャンペーンがあったであろうが，それは仲介の労を積極的にとろうとしなかったスコットにも問題があった。この時期，スコットおよび彼の指導を受けて創設されたカナダ共産党もまた，全くと言ってよいほどパンアメリカ的活動の意識をもっていなかった。

確かにパンアメリカン・エイジェンシーは，両アメリカ大陸を対象にコミンテルン期で最大規模の一大ネットワーク形成をめざし，まがりなりにも最初の足跡を残した。がしかし，以上に挙げたいずれの問題点も，今後コミンテルンが指揮する越境する在外活動の困難を予測させるに足るものであった，とまとめられる。

3　片山潜，在米日本人社会主義団と初期コミンテルン

続いて「西回り」の末端を担った在米日本人社会主義団（ほぼ1919年秋に結成）の活動の実態について先に要点だけをまとめておく。

1) 片山，田口運蔵の離米後，猪俣津南雄が指導し，彼の帰国後は石垣栄太郎があとを引き継いだ。
2) コミンテルンが米国よりもチタ，上海からの運動を重視し，田口を通じて団員たちの訪露を呼びかけた。
3) それへの応答が団員たちの訪露の主目的で，極東諸民族大会に出席するためだけではなかった。
4) 猪俣がコミンテルンの指示に従い，団の当初の計画であった在米での活動強化から方向転換したのに対し，片山は在米での活動にこだわり続けた。

1921年4月20日，片山は出発を控えた田口のもとへレーニンへの紹介状をメキシコから書き送った［РГАСПИ, 5/3/789/1］。「我々日本人の中で最も有望な同志である」田口を「私はあなたのもとへ送り出しつつあり，運蔵が<u>日本と極東における来たる社会革命にヨリ有効に仕えるよう</u>，あなたに彼を教育し，鼓舞することを頼む」。

従来，派遣目的としてコミンテルン第3回大会出席だけが強調されてきたが，下線部のように派遣は，後述する片山の理論的準備を経た，ヨリ遠大な計画のもとに練られていた。

　入露後田口は，在米同志へ書簡を送りつづけたが，途中の第二，三信が届かず，第四信（1921年7月16日付）が8月3日に届き，その三日後の佐田（猪俣の偽名）による長文の返事は，彼らの活動情況と計画を知るうえで最重要書簡である［РГАСПИ, 495/127/4/2-13］。すなわち，「コムインタルン〔コミンテルン〕は兄の帰米を肯じない。東洋に向つての在米日本人の活動の価値を重要視せぬ。東洋に向つては，米国からするよりもチタ上海からする方が遙かに合理的であり有効だからである。従てコムインタルンは兄に上海行を命ずるのみならず，吾々の内出来〔る〕丈けの多数が来てチタ上海の活動を援けんことを要求する。同時に，吾々の米国に於ける仕事は寧ろ消極的な活動を以て足れりとするのである」。

　コミンテルン本部の意向はいわゆる「東回り」の運動の強化であり，そのため田口は第四信でさらなる派遣を「○○〔片山〕氏を筆頭として少くとも五人は来るやうに」と呼びかけていた。その意向に猪俣は早々と賛意を表した。そこには「上から行けば訳なく動かし得る事を知つたが故」の「上から」の運動の重視という考えがあったからでもある。また以下のように，結成されたばかりの日本共産党暫定中央執行委員会への落胆もあったろう。「日本のパーテーは生れると同時に殆と活動不能に置かれてしまつた。のみならず，一ケ月程前にKY〔山川均〕から，従来のアドレスは一切危険に就き当分通信見合せよと二行程の手紙をよこした侭，音信を断つてしまつた」。

　その「東回り」の運動の強化に片山だけは異議を唱えた。「本国でのプロパガンダに関する限り，私はあなたがたに同意するのだが，アメリカからよりも上海やチタからの方が疑う余地もなくヨリ良い。しかし，かの地で指導者を補充することは，かなり難しかろう。それであなたがたのような人々を得るため，我々はアメリカにおいて探さなければならないし，彼らを本国での将来のプロパガンダ活動のために鍛えなければならない」［片山の運蔵・〔吉原〕太郎宛1921年8月21日付英文書簡，РГАСПИ, 521/1/17/95］。

しかし,吉原,田口による再三にわたる訪露の要請に応じなかった片山は,以下の「招請」に応じざるをえなくなる。1921年8-9月のИККИ小ビューロー会議およびロシア共産党(ボ)中央委員会政治局会議において,(海軍軍縮および太平洋・東アジアの権益をめぐる関係列強による)ワシントン会議に対抗して東方(極東)諸民族を結集する反帝国主義会議を11月11日にイルクーツクで開催することとなり,片山に対してその準備のため急遽モスクワへ来るよう,正式な招請がなされたのである。

このような運動の進展に先立って,片山による理論的準備があったことは重要である。

リュトヘルスは,在米片山経由で横浜の杉山のもとへ届けた1920年5月27日付長文書簡の中で,(アムステルダム・サブビューローが一方的にコミンテルン本部から解散指令を受けた直後であったからでもあろう)西洋の当面の運動への失望から,東洋の運動への期待を表明し,世界革命のために極東,とりわけ日本と中国での発展がきわめて重要とみなした。それに対して,1920年6月23日に片山は,リュトヘルスの「極東における見通しについて,私はあなたの意見に賛成だ」と返答した [РГАСПИ, 497/2/2/23-24]。

その片山の認識は,1921年1月に公表された「世界革命」を冠した論文「世界革命に関しての日本」[10]を経て,同年5月に書き上げられた論文「来たるべき世界革命における日本の立場」に結実した。その中で片山は,「日本の帝国主義は,極東における共産主義運動にとってもっとも重大なる脅威」となっており,「日本帝国主義に打ち勝つためには,日本のプロレタリアートに対する世界革命の軍隊からの支持が無条件的に必要であるということをとくに強調し」,「共産主義インタナショナルは,日本プロレタリアートの革命の問題に,中国および朝鮮プロレタリアートの側からの援助を実際的に近よせなければならない。……日本帝国主義の打倒とともに,極東における社会革命は必然なものとなるであろう」と訴えた[11]。

そのひと月前,モスクワに田口が携行したИККИ宛英文「アメリカ統一共産党支部,日本人共産主義団の報告」(4月20日付)は,日本共産党の組織化という実践に向けて踏み込んだ内容となっていた [РГАСПИ, 515/1/88/7-

9;（ロシア語訳）495/127/6/9-10 об.］。それによると，「宣伝文献を送ったり翻訳したり，また個人的な通信や代表派遣と同様に論文寄稿によって，我々は日本人指導者へ影響を及ぼすため全力を尽くしてきている」。最近半年間に起こった最重要な出来事は，①友愛会の左傾化と，②日本社会主義同盟の形成である。続いて起ころうとしているのが，③真の日本共産党の組織化である。「日本共産党は，その革命運動が他国の運動からもはや孤立しないようにコミンテルンの一支部を形成しなければならない」。

まさに時を同じくして，1921年4月24日，日本では日本共産党暫定中央執行委員会が結成され，「日本共産党宣言」および「日本共産党規約」が作成され，それらは近藤によってニューヨークの同志へも送られた。それを受けて5月29日に猪俣は，在墨片山へ次のように打電した。「本社〔ИККИ〕に日本の会社〔日本共産党〕が設立されたことを打電せよ」と［РГАСПИ, 495/18/65/198］。

他方，コミンテルン第3回大会開催直前にモスクワに到着した田口のもとへも「4月末に日本共産党が組織された」ことを知らせる書簡が届き，大会には最終日（7月12日）吉原によって次のように伝えられた。「同志諸君，私はまさに日本で組織されたばかりの共産党からの革命的挨拶を諸君に伝える。これらの決議が，規約，宣言とともに2, 3日前に受け取られた」[12]。

かかる理論的準備と実践を踏まえて，訪露した片山とその同志たちは，極東諸民族大会の準備過程で，「我々日本の同志たちが，どこまでまたどの程度に立ち入って，今日の日本における合法的活動のための政綱と宣言を定式化することができるか，を示すべきである。もちろん，その綱領は，日本共産党によって厳密に管理され，方向づけられ，運用されなければならない」と捉え，「日本のための綱領」作成を急務とした[13]。

その草稿「日本のための共産主義的綱領および戦術」は，日本国内からの派遣代表の到着を待たず，1922年1月3日に片山によって準備され，「日本共産党綱領」との題で露訳された[14]。最終的には，（イルクーツクからモスクワへ舞台を移して1922年1月21日から2月2日にかけて開催された）極東諸民族大会の日本部会最終日に綱領的文書「日本における共産主義者の任務」が

採択され，それは「日本代表団によって採択された政綱」という副題を付して大会文書集に掲載される。

　上述の片山の手になる「日本共産党綱領」が発見されたことにより，和田春樹らによって関連文書「日本共産党綱領のための資料」をも参照して，「政治制度の完全な民主化」の第一要求などを例に，両者には「明らかに親近性があり，この政綱の起草には片山の影響が大きいことが」明らかにされた［和田 (2000), 3-4］。

　ここまででまとめられるのは，極東諸民族大会への日本代表団派遣の取組全般についてもだが，日本共産党のための綱領作成過程においてもまた，片山を中心とした在米日本人社会主義団員の果たした役割は大きかったということである。

4　初期コミンテルンとシベリア・極東

　1919 年 8 月 5 日，共和国革命軍事評議会議長トロツキーは，以下のように全般的情況を政治・戦略的に概観した覚書をロシア共産党（ボ）中央委員会へ宛てて送った［Meijer (1964), 620-627］。

　ハンガリー・ソヴェト共和国の崩壊およびウクライナ，バルト海沿岸地域でのソヴェト共和国運動の失敗などは，一方の東方戦線での我々の成功と相俟って，我々の国際的な方向づけを著しく変える必要を生み出させている。すなわち，昨日まで中景にあったそのアジアへの肩入れ（азиатская ориентация）は，いまや前景へと押し出されている。西洋において短期間のうちに実現すると思われた革命的諸事件が失敗し，西洋での革命の準備期間はまだかなりの時間を要するかもしれなくなったからである。ウラルとシベリアにおけるわが軍事的成功はソヴェト革命の権威を，抑圧されたアジア全体を通して非常に高いレヴェルにまで高めたはずだ。この要因を活かして，ウラルとトルキスタンのどこかで革命的アカデミー，アジアの革命の政治・軍事的司令部を創ることに全力を注ぐことは必須である。それはすぐに第 3 インタナショナル執行委員会よりはるかにヨリ実効的だとわかるかもしれない。

この覚書は党中央委員会政治局で正式に検討されなかったけれども，その中の提案がレーニンの注意を引いた可能性がある。それゆえにであろう，トロツキーは翌月 20 日に再び党中央委員会へ書簡を送り，「東方において断乎として熱烈な政策へ転換すること」をトルキスタンを念頭に提案した［Политбюро...и Коминтерн (2004), 30-31; Meijer (1964), 672-675］。
　その少し前 8 月 30 日の ИККИ ビューロー会議でも，東方諸民族の中での活動の重要性と必要性が認められ，宣伝および煽動のためのビューローを東方に組織すべきとの提案が，東方部をもつ外務人民委員部の審議に回されることとなった［РГАСПИ, 495/1/1/51］。
　コミンテルンではなく СНК 外務人民委員部であるところに，コミンテルンの東アジア組織構造形成の立ち遅れが垣間見られるのだが，確かにトロツキーの覚書には東方，つまりアジアへの方向転換がよく説明されている。と同時に，トロツキーの軍事責任者としての重点の置き方に特徴がみられる。実際，アジアでの革命運動の展開は「政治・軍事的」戦略が優先されたし，少なくとも「世界革命」を標榜する初期コミンテルンの戦略はそれとの関係なしには展開しえなかった。
　とはいえ，東方への肩入れをすぐに実行に移しえないほど，ソヴェト・ロシア政権は繰り返し危機に見舞われた。ようやく，コルチャーク軍が壊滅した 1920 年初め，シベリアにおける国内戦の悪夢の一つが終わった。シベリア革命委員会[15]には全シベリアのソヴェト化（советизация），つまりソヴェト権力の樹立をめざす勢いがあった。当時シベリアにおけるすべてのソヴェト権力は，シベリア革命委員会議長であるとともにロシア共産党（ボ）党中央委員会附属シベリア・ビューローをも指導していたスミルノフ（И.Н. Смирнов）の手に集中し，彼を通じてソヴェトの極東政策は遂行されていたと言いうるほどであった。
　それに対してソヴェト・ロシア政権は，ポーランド軍のウクライナ侵攻の危機に直面して，極東での混乱を回避することに努めた。レーニンのスミルノフ宛 1919 年 12 月 15 日付電報によれば，「ものすごいエネルギーでもってしなければならない時，東方にあまり突進しすぎるのは犯罪であろう」とま

でみなされた［*Ленинский сборник*, T. 36 (1959), 85］。政権は，クラスノシチョーコフ（А.М. Краснощеков）らが提唱する民主主義的緩衝国家構想を支持し，現地共産主義者たちへその方向で当面の事態収拾を図らせようとする。そのため党中央委員会は，極東共和国領となるイルクーツク以東の指導のために（シベリア・ビューロー管轄下の州ビューローであった）極東ビューローを党中央委員会直属に格上げした。そのことが両ビューロー間の調整を困難にしていく。

シベリア干渉戦争下の緩衝国家構想とその実現をめぐるロシア共産党の中央と地方との関係，および地方同士の関係（とりわけその対立関係）が錯綜するただ中，「東回り」からの運動が展開していく。運動の大本にコミンテルン本部があるのは当然として，その背後に控えていた党中央委員会およびCHK 外務人民委員部からのそれぞれの働きかけが複雑に絡みあっていた。

その先陣を切ったのが，1919年末から翌20年2月までの間に設置された外務人民委員部シベリア・ミッションであり，それを担ったひとりがヴィレンスキー – シビリャコフ（В.Д. Виленский-Сибиряков）であった。彼が外務人民委員部の全権委員としてシベリア・極東へ派遣されるに至ったのは，当該地域の専門家として東アジア諸民族の中での共産主義的活動に関する構想を打ち出したからである。それはコミンテルンの東アジアにおける先駆的な組織，東アジア書記局の構想へと発展し，日本との接触開始のきっかけともなる。そのあたりの経過を，まずたどることにする。

1919年8月，ヴィレンスキーは党中央委員会政治局へ東アジア諸民族の中での共産主義的活動に関するテーゼを提出し，それは承認された。その実現のための指令を受けて，彼は外務人民委員部の極東問題担当の初代全権委員として極東へ向けて発つことになる。その指令は，以下の四つに限定されていた［*ВКП(б), Коминтерн...в Китае* (1994), 36-37］。

1) 極東における我々の全般的政策は，あらゆる可能な手段でもって日本，アメリカ，中国の利害衝突を促進する意味で，この衝突を計算に入れて立てられる。

2) 我々の中国，モンゴル，朝鮮の人民への関係は，広汎な大衆を外国資

本の圧迫から解放する意識的な運動の覚醒で終わらなければならない。
3) 実際に，我々は東アジアの人民の中での革命的運動を支援しようと努力しなければならない。さらに，日本，中国，朝鮮の革命的組織との強固な関係を確立すべきであり，同様に，機関紙，小冊子，ビラの出版でもって煽動活動を強化すべきである。
4) 朝鮮人と中国人のパルチザン形成へ積極的に支援に馳せ参じるのは不可欠だ。

拙著第二書では，これらのうち1) と3) を中心に便宜的にそれぞれに分けてヴィレンスキーの活動を追うかたちで考察を進めていった。

1920年9月1日，モスクワに帰還していたヴィレンスキーは「極東に留まっている自分の同僚たちの依頼で」ИККИへ「東アジア人民の中での国外活動に関する短い報告」を提出した。それに彼が添えた同日付書簡には，東アジアにおける活動のための組織案が以下のように示され，その承認が求められていた[16]。
1) モスクワ（ИККИとロシア共産党中央委員会）に，指導し指針を与える影響力は残る。
2) 東アジア（中国，朝鮮，日本）における直接的な実践活動のために（上海に）組織的中心，つまりコミンテルン東アジア書記局が存在し，それは中国，朝鮮，日本のセクション（各々会議もしくは大会の選出による3ないし5名）から成る。書記局全体会議が3名構成の事務局を選抜し，それに東アジアで活動しているロシア共産主義者会議の選出によるロシア人2名が加わる。
3) イルクーツクに，モスクワの指令の伝達と文献，活動家，資金の伝達のために中継所が設けられる。
4) 今日まで極東を受けもってきた別々の機関の活動は，コミンテルンもしくはロシア共産党中央委員会に附属する一つの中心において調整される。

そして後半には，東アジアの革命的諸民族の援助はもっぱら東アジア書記局を通じてなされるべきとみなして，「3) すべての党組織，主としてシベリ

ア・ビューローと極東ビューローによって，すべての活動家（東方諸語と英語に通じたオリエンタリスト－東方学者も）の職務を解き，彼らを東アジア書記局の指揮下に入らせること」など4項目が掲げられた。

この書簡に加えてさらに，ヴィレンスキーは覚書「上に挙げた目的をかなえるために不可欠な実践的諸側面」を添付しており，以下から始まる24項目から成る全文は先駆的研究者パク論文で紹介された［Пак (2001), 41-42］。「1. 日本へしかるべき革命諸組織との関係確立とそれらでの活動のためにいく人かの党同志を派遣すること。／2. 日本においていくつかの非合法および半合法の出版所を組織し，日本語での小冊子，檄文，宣伝ビラ，新聞を発行すること。／3. 日本人専門家と一緒に日本人労働者組織において書面および口頭によるアジテーションを行い，彼らの中に共産主義細胞を創ること。／……」

パクによる総括は，こうである。この〔東アジア〕書記局臨時ビューロー議長のポストで書かれた覚書のその後の運命は知られていない，がしかし確信をもって言えるのは，東アジア書記局とその臨時ビューロー議長の活動がイルクーツクで1921年初めに創設されることになる極東書記局（下記）の活動のためのしかるべき環境を用意したことである，と。それほどの先駆的な役割は確かに評価されるであろうが，もちろん，もう一つの側，つまりシベリア・ビューローと東方民族セクション（下記）からの働きかけや運動の各陣営間の相互関係および地方と中央との関係をも視野に入れて最終的な評価が下される必要があろう。

次に，シベリアおよび極東においてСНК外務人民委員部，ロシア共産党（ボ）中央委員会およびИККИの各下部ないし関連組織によって重層かつ複線的に展開されていた諸活動の一端をみていく。あらかじめ言っておけば，それは初期コミンテルンの東アジア組織構造の形成という流れに曲折を経ながら収束されていく過程であった。

実は，ロシア共産党，外務人民委員部，コミンテルンは，東方へ三つ巴の関係を築いていった。その関係は，樹立したばかりのソヴェト・ロシア政権の組織的未整備に加えて干渉および国内戦争の混乱のさなか，それぞれの方

針と実践から時と所によって共同し，あるいは対立・矛盾しあいながら複線的に模索された。ここでは，その実態を最も顕著に示しているであろう一例をみる。

1920年12月21日，党中央委員会シベリア・ビューロー附属東方民族セクション〔同年7月半ばイルクーツクに創設〕副議長ブロンシチェイン（М.Н. Бронштейн）と同中国部長アブラムソン（М.М. Абрамсон）がモスクワ滞在中にИККИへ「東方民族セクションの組織化と活動について」報告した[17]。以下が，その要点である。

東方民族セクションの活動における障害が二つあった。一つは，極東ビューローとの相互関係の不規則性であり，もう一つは，資金の欠乏である。次いで，さまざまな組織活動における統一，調整，および相互知悉の欠如である。最後に，コミンテルンとの直接的関係の欠如である。

ここに組織を一本化した「コミンテルンの一ビューローの創設」が強く求められたのであり，それは（途中の説明は割愛させてもらうが）翌月，1921年1月のИККИ極東書記局の創設でひとまず果たされる。

コミンテルンの東方政策はやがてはИККИ東方部に統括されていくのだが，その第一歩は，ロシア共産党附属で，付随的に外務人民委員部の下で，当初実現した諸構造の統合・一本化をめざしてそれらをコミンテルン管轄下に移すことであった。このように組織の一本化と活動の限定・集中化を図りながらスタートを切った極東書記局は，なお困難を抱えていく。

5　片山潜，在露日本人共産主義者と初期コミンテルン

「東回り」の日本への最初の働きかけは，1920年5月に「コミンテルン東アジア書記局」と命名され，ヴィレンスキーが臨時ビューロー議長を務めた臨時のセンターが上海に組織され，その中に中国，朝鮮，日本の各セクションが設けられ，そして日本セクションにおいて「共産主義細胞の創造に向けて手段を講ずる」などの活動案が練られたことに始まる［РГАСПИ, 17/84/70/22; 495/154/2/3］。

続く日本人との接触の試みは，韓国共産党中央委員会代表のロシア共産党（ボ）中央委員会極東ビューロー宛1920年10月22日付報告にある［РГАСПИ, 495/135/21/1-3］。すなわち，「最も緊密な関係と相互の情報交換の確立のため，と同時に，日本帝国主義へ反対する統一戦線創設のために，韓国共産党は同志リ－チュンシュク〔李春熟〕を日本社会党の首領，同志シャカイ〔堺〕のもとへ派遣した」。そして，堺とともに以下の三点の行動方針を作成した，とある。が，当該箇所の一部が破損していて正確を期しがたく（第一が共産主義的宣伝など，第二が日本のすべての工場都市におけるストライキについてであり），三番目だけを記しておくと，革命運動時に広汎な党宣伝の遂行のため在学している日本人と朝鮮人の統一同盟を組織することであった。
　この報告の半年後1921年4月28日に，同じく韓国共産党（旧社会党）代表リ－ハネン（李漢栄）が外務人民委員部へ以下の報告［Пак (2006), 211-213］をチタからしているが，額面どおりには受け取りにくい。「昨年9月，我々の党中央委員会は日本へ李春熟を派遣し，彼は日本社会党指導者ケリヘン〔堺利彦〕，タイサメン〔大杉栄〕およびサイチェンキュン〔山川均〕との面会を実現した。この面会で日本に社会主義ブロックを組織し，日本，朝鮮および中国社会主義諸党の統一ビューロー創設のために上海市へ一同志を派遣することが決定された。／この決定にもとづいて同志タイサメンが同年10月に上海市へ到着し，彼の到着後そこで朝鮮，中国および日本社会主義者の東方ビューローが創設された。その創設後，同志タイサメンは日本へ向けて逆に発ち，日本社会党中央委員会を組織した」。「今日まで我々の党中央委員会は彼ら〔日本社会主義者〕へ資金を供給した。その他，李春熟は東京で朝鮮人学生の中からプロパガンダ・煽動部を組織し，日本社会主義者との関係を確立した」。
　両報告によって，李春熟を派遣した組織自体の史料が初めて明らかとなった。以下の考察にとってとりわけ重要となるのは，名称は異なるものの「東方ビューロー」の構想が繰り返されていったことである。
　大杉が1920年10月上旬上海へ渡航したことは，大杉の『日本脱出記』などでよく知られている。同書によれば，上海でM〔いわゆる馬某で，李春熟

第 6 章　初期コミンテルンと在外日本人社会主義者

か?〕と再会した大杉は，L〔李東輝〕のところに案内され，翌日以降ロシア人のＴ〔タラソフの変名をもつヴォイチンスキー（Г.И. Войтинский; Тарасов）〕や，シナ人のＣ〔陳独秀〕や，朝鮮人のＲ〔呂運亨〕らと会議を重ねた。そこでは「いつも僕とＴとの議論で終った」。無政府主義者としての大杉は，「極東共産党同盟に加わることもできず，また国際共産党同盟の第3インタナショナルに加わることもできなかった」。

　この「極東共産党同盟」こそ，上記両報告の「統一同盟」および「東方ビューロー」と重なるところがある。さらに，ヴィレンスキーが「東アジア諸民族の中の革命運動を支援し，日本，中国，朝鮮の革命的組織と強固な関係を確立すること」をめざして1920年5月上海に組織した上記の「コミンテルン東アジア書記局」，しかもそれはヴォイチンスキーの上海到着を前提として初めて機能しえた組織の構想とつながっていたであろう。

　吉原が未だシベリアに到着しない間，朝鮮人と中国人の活動家が上海を拠点に日本社会主義者との最初の接触を試みていたことになる。

　1920年7月半ば，ロシア共産党（ボ）中央委員会の枠内で東方諸民族の代表を集める仕事の進展を背景に，シベリア・ビューロー附属東方民族セクションがイルクーツクに創設された。吉原太郎[18]が同セクションを ИККИ 管轄下で再編するという重要な任務を帯びて1920年10月初め，ИККИ から派遣されて来た。吉原のシベリアでの最初の活動は，同年11月7日に練られ，スミルノフと〔吉原〕太郎の署名のある，シベリア・ビューローによるコミンテルン独自の書記局および同附属日本セクションの組織化計画によって跡づけられる［РГАСПИ, 17/84/78/20-21 об.］。その計画によると，シベリア・ビューローのイニシャティヴで，コミンテルンは極東諸民族内での活動を直接指揮下に置き，ヴェルフネウディンスクに独自の書記局を組織することを決定している。

　同日本セクションは，吉原と日本への全技術的機関との間の伝達機構として役立たなければならず，技術的機関に1，2名の同志を置き，彼らを通じて日本セクションの指針を与え，彼らから間断のない情報を得ることとした。そして吉原の最初の任務は，日本語による文献印刷とそれを日本へ輸送

する技術的機関の整備とし，その文献を印刷・輸送する機関を組織後はじめて，吉原の日本への出発が考えられるとした。

1921年に入って，1月5日の党中央委員会決定および1月15日のИККИ決定により，東方民族セクションが解散・再組織化され，ИККИ極東書記局がイルクーツクに創設されることになった。その中の日本セクションを吉原と（彼とともにコミンテルン第3回大会に出席した）田口が共同して担っていき，吉原は乃木の偽名で，中国製の日本語印刷機の購入のため，さらに，朝鮮人共産主義者グループを通じてしかるべき日本の組織を極東諸民族大会へ引き込む活動を行う可能性も探るため，中国へ派遣される。

一方，その中国上海では，1921年5月上旬，日本からやって来た近藤が，朴鎮淳を「座長」とするコミンテルンの会合に参加した。そこには李東輝，金河球，金立も，黄介民，姚作賓もいた。韓・中・日の代表者で話し合われたのが，「韓国，中国，日本の共産団体の東洋総局」の組織化であったろう。

続いて同年秋，大杉，近藤に次ぐ第三の使者として，先の5月の近藤への資金提供の約束により高尾平兵衛が上海に赴き，朴の友人より5千円程度受け取って帰った。

同時期，10月初め頃，張太雷が上海から密かに来日した。張は「在上海露国過激派員S君の使命を帯びて」留学中の施存統を訪問し，施の仲介で堺，近藤と会い，極東諸民族大会への代表派遣を要請した。結果，6名にのぼる日本からの派遣代表が，当初開催が予定されていたイルクーツクへ向かって出発することになる。「S君」とはИККИ在外エイジェントでありマーリンの偽名を使ったスネーフリートのことである。

のちに1922年7月のИККИ会議でスネーフリートは報告した[19]。「我々が一中国人同志〔張太雷〕を東方諸民族大会の準備のために派遣することができ，また同志太郎が日本へ向けて発つためにイルクーツクから来たる時点まで，我々は日本の同志といかなる関係ももったことはなかった。……ひとたび日本人との接触が確立されたあと，我々は定期的に関係を維持してきている。日本の同志は隔週ごとに急使を上海へ派遣した」。

結局のところ，吉原らがめざした上海拠点づくりは十分に機能しなかっ

た。高尾が派遣されてきた時のことを吉原が記した片山宛書簡（1922年5月頃）によれば［РГАСПИ, 521/1/78/69-70］，朴鎮淳らによって自分たちがモスクワの「正派代表者」であると言われ，また「イルクツクノ東洋局〔極東書記局〕ハ露人ノ専断的行為ニヨリテノミ事務ハ処理セラレ」たゆえに「日支韓ノ同志ニヨリテ東洋共産党ヲ組織ナシテ上海ニ本部ヲ置キ彼ノ上海インターナショナル支部ノ手ヲ経ズシテ直ニモスクワ」と連絡をとる考えがあり，いずれが正当な連絡機関であるかの選択に迷ったとある。

　これによって，朝鮮人「イルクーツク派」と「上海派」との対立，その背後の（いずれも党中央委員会直属の）シベリア・ビューローと極東ビューローとの対立の余波を，日本人吉原らも大いに受けたことがわかる。「イルクーツク派」を支援するシベリア・ビューローとの共同からシベリアでの活動を始めた吉原にとって，朴ら「上海派」との共同には円滑に進まない面があったろう。ここでも，少し前の「極東共産党同盟」，「東洋総局」に通ずる試みが継続されていたけれども，吉原は「東洋共産党」計画へ積極的に関与できなかった（次節へ続く）。

6　越境するネットワーク

　犬丸義一の『第一次共産党史　増補　日本共産党の創立』(1993) は，1921年春にコミンテルンとの関係で日本共産党が組織されていくという時代制約性があったと総括しているが，その「時代制約性」こそ「インタナショナル」の文脈で私は重視する。第一次世界大戦勃発を経てロシア10月革命を起爆剤とした国際的な社会主義運動の昂揚こそが各国共産主義諸党創設の歴史的背景であったのであり，それなくしての「自力」創設はありえなかったであろう，たとえその評価が分かれようとも。

　ホブズボームが指摘したように，共産主義はどこでも二つの起源，つまりナショナルな経験とロシア革命をもっていた。ファン・デァ・リンデンもまた，『トランスナショナルな労働史』の中で，1918年半ばから1923年までの5年半が国際共産主義運動の「創設期」であり，その中でも1921年半ば

までの前半期にほとんどすべての重要な共産党が「誕生」したことは偶然とは言えず，そのタイミングを逃さなかった要因に第一次世界大戦とロシア10月革命があった，と捉えている［van der Linden (2003), 85, 87］。

　日本共産党創立にとっても，その暫定中央執行委員会（準備委員会ではない！）設立前夜からのインタナショナルな運動の展開を軽視して「国内」にのみ軸足をおいて捉えるのでは不十分であろう。運動の当事者たちは，在米・在墨の片山らであれ，在露の吉原，田口であれ，そして日本国内の近藤らであれ，日本共産党暫定中央執行委員会設立を日本共産党「創立」と受けとめたのである，まもなくそれがコミンテルン中央の審査に耐えられなくなるとしても。

　以上により，創設されたばかりのコミンテルンとその下部ないし関連組織による日本社会主義運動との接触，さらには日本共産党創設，極東諸民族大会代表派遣などの試みを，モスクワを起点に「西回り」と「東回り」から「点と線」ながら全体として結んだことになる。

　「西回り」と「東回り」からの運動の大本の側に焦点を定めた考察によって，とくにコミンテルン本部側の深刻な問題点が指摘されることになった。既述のように，在外ビューローがИККИによって一方的に解散させられ，個人的なエイジェントに取って代わられることによってИККИの意向がヨリ直接的に反映されることになった。そのことはまた，片山潜が議長を務めたパンアメリカン・エイジェンシーがИККИの一存で容易に解散させられる性格の機関であったことを意味した。その結果，コミンテルンが指揮する在外ビューローやエイジェンシーのような越境する在外活動の困難が予想されることになった。

　それはまた，これから日本共産党がコミンテルン在外ビューローないしエイジェントとどのように関わっていくのか，をみていくうえでの一準拠枠を提供したとも言えよう。

　かかる大本の側からみた困難さの中で，ヨリ末端の側からみると，一方では，在米日本人社会主義団の運動とか，訪露した吉原，田口の活動とか，従来断片的にしか捉えられてこなかった彼らの運動が，モスクワから「西回り」

第6章 初期コミンテルンと在外日本人社会主義者

と「東回り」とによる日本へ向けての社会主義運動の試みの中に初めて一体として（ホワイト流に言えば，一体化した全体として）捉えられた。

そのイメージを端的に示す一例を，実現には至らなかったけれども挙げておこう。それは在ニューヨーク佐田（猪俣）の在露田口宛1921年8月25日付書簡および在ニューヨーク佐々木（鈴木茂三郎）の在イルクーツク吉原宛同年8月14日付書簡の内務省警保局報告によってしか知られていないけれども，実は，在米猪俣の帰国と田口のシベリア経由での帰国をともに1921年10月末に合わせようとの計画があった。鈴木らが極東諸民族大会出席のためニューヨークを起点に東回りでモスクワに赴くのとは逆の西回りで日本に戻る猪俣はまた，シベリアでの活動との共同を一任され，さらに吉原の日本入りを危険視して猪俣自身が中国へ渡る計画さえも立てられていた[20]。

かかる一体化の結果，極東諸民族大会への日本代表団の国内からと国外からとの派遣が実現するのだが，同大会での日本共産党のための綱領作成過程においてもまた，片山を中心とした在米日本人社会主義者が果たした役割は大きかった。

他方，日本側から大杉，近藤，高尾がそれぞれ渡航した上海で接触した朝鮮人，中国人，ロシア人には直接ないし間接的な組織的つながりがあり，そこに通底するのが（「コミンテルン東アジア書記局」を一先駆とする）「極東共産党同盟」，「東洋総局」，「東洋共産党」といったネットワーク構想であった。そしてそれらの背後でモスクワのCHK外務人民委員部，ロシア共産党（ボ）中央委員会およびИККИによってさまざまなルートを経て複線的にシベリア・極東全体にわたって運動が試みられ，それが初期コミンテルンの東アジア組織構造の形成へと収束しつつあった。

まさしく越境するネットワークが築かれようとしていた。それこそがインタナショナル（国際社会主義）の一つの実体であったと言えよう。

1）コミンテルン創立大会では組織問題は本格的に討議されず，ИККИには「最重要諸国の共産主義諸党から代表各1名が入る」と大まかに決められ，ロシア国外からの委員が到着するまでの間，実質的に機能したのはИККИによって選出された「5名から成るビューロー」であった。Hedeler/Vatlin (2008), 214-215; Первый конгресс

Коминтерн (1933), 218-219. さらに、1919年7月18日のИККИビューロー会議は、ИККИのメンバーから小ビューロー（Малое бюро ИККИ）を分割するとのロシア共産党（ボ）中央委員会の決定を考慮に入れることとなり、小ビューローはやがて指導的な役割を果たすことになる（1921年9月14日に小ビューローは幹部会〔Президиум〕と改称する）。РГАСПИ, 495/1/1/45; *Политбюро...и Коминтерн* (2004), 29-30. とはいうものの、大会間の最高機関となるИККИは未だ整備されず、ИККИと小ビューローとの関係は明記されず、また両者の構成は流動的であった。

2）А.С. Кан, "Северное бюро, или Скандинавская комиссия Коминтерна 1919-1921（из ранней истории Коминтерна）," *Клио. Журнал для ученых*, No. 4 (39), 2007, 94.

3）Kan (2004), 54-55; A. Kan, "Der bolschewistische "Revolutionsexport" im Jahre 1920 und die schwedischen Linkssozialisten," *Jahrbuch für Historische Kommunismusforschung 1994* (Berlin, 1994), 99.

4）РГАСПИ, 495/1/1/80. アジベーコフらは、印刷物やИККИの報告ではИККИオランダ・ビューローかアムステルダム・ビューローとなっていると記しているが〔Адибеков/Шахназарова/Шириня (1997), 12〕、必ずしもそうとは言えない。とくにオランダ人当事者たちはサブビューローないし補助ビューローと記しており、本書の表記は引用を除いてサブビューローで統一しておく。そこには「不可欠な権威を得るところの国際的な共産主義大会が開催され」、「決定的なビューロー」が任命されるまでの暫定的な役割が意識されていたからであり〔山内『リュトヘルス』(1996), 36-37〕、他の組織のようにビューローを「僭称」することはなかった。

5）フレイナはやがて共産主義運動から離脱し、ルイス・コーリィの名で社会主義評論家として活躍することになるのだが、以下に紹介する彼の30年後の証言は、焦点が少しぼやけているように私には思える。つまり、「はっきりとはわからないが、しかしパンアメリカン・ビューローのアイデアは私によって提案されたかもしれない」。3名の指名理由については、自分はその場にいて、理論家としての評判をとっていたからであり、ヤンソンについてははっきりとはわからないが、CPAに属していた自分とバランスをとるためたぶんUCPAから選んだのであろう、そして片山については早くも1900年代から国際的な名士であり、自分がニューヨークで彼と知り合った時料理人として働いていたが、彼の国際的な名声を反映しての指名であろう、と。Report of the Federal Bureau Investigation's of Lewis Corey, 1949-1950, Lewis Corey Papers, Box 2, #5, typed pp. 72-73, Rare Book & Manuscript Library, Columbia University, New York.

6）エイジェンシーの最終的評価をめざすにあたり難題なのは、エイジェンシー内外の対立、とりわけ片山潜とヤンソン（カナダではスコット〔Ch. Scott〕の偽名で活動した）の内部対立をどうみるかである。どちらの言い分にヨリ分があるのかを究めるには、1921年5月23日のカナダ共産党創設、さらには1922年2月17-20日のカナダ労働者党創設に対してエイジェンシーの中で唯一担当したヤンソンの役割をきちんと捉えなければならなかった。

第6章 初期コミンテルンと在外日本人社会主義者

1990年代に入ってオタワのカナダ国立図書・文書館（LAC）がルガスピのコミンテルン・アルヒーフから関係史料を購入し，制限付きの利用が可能となった。カナダに関わる主要なものは，フォント495（ИККИ）の中のオーピシ98（カナダ共産党）および72（英－米地域書記局）である。確かに従来から利用されてきた官憲側報告書類の一部，とりわけカナダ共産党フォンド（Communist Party of Canada fonds, R3137-0-5-E［former No. MG28, IV4］, LAC）史料に加えてこれら新史料にもとづく研究は出つつある。がしかし，エイジェンシーに焦点を絞って考察する意識はカナダ史家には弱く，ましてやヤンソン（スコット）の活動を片山を議長とするエイジェンシーの一員としてのそれと捉える意識はほとんどないと言ってよい。私の研究はそのエイジェンシーからのアプローチを中心としたものであり，その研究成果が山内「カナダ共産党創設」（2015）である。

7）РГАСПИ, 495/72/3/84-87. アングロ－アメリカン－コロニアル・セクションは，正式には1922年3月30日に第1回会議を開いて設置された。РГАСПИ, 495/72/2/1-3. これまで英語を話す諸国に影響を及ぼす問題がそれほど多くの注意を払われてこなかったゆえに，単なる一ビューローではなく，一セクションが確立されなければならないというのが設置理由であった。主な任務は，当該国の時事問題，とくに一中央集権化した統一体としてのイギリス帝国および一帝国主義国家としての合州国に関わる全出来事をしっかり追うことであり，英－米－植民地の世界における重要な出来事に関する情報は，即座にИККИ幹部会メンバーへ転送されることになった。そして早くも4月10日の第3回会議において，組織名が（諸党内の名称として使われすぎている）「セクション」から「グループ」へと変更されることになった。РГАСПИ, 495/72/2/41-44.

8）1920年10月半ば～1921年1月18日〔90日間〕と1921年4月1日～6月5日。РГАСПИ, 495/18/66/71-73.

9）同書簡の中で片山は，1921年1月8日に任務に就いて以来のエイジェンシーの全体情況を再検討したのだが，末尾で次のように記していた。メキシコは，私が過去6カ月経験したように，非常に不便な場所である。南北アメリカ間の商業関係がよく確立されているために，中心としてはニューヨークが良いであろう。がしかし，南アメリカのプロレタリアートは，両大陸間に今日存在する或る偏見ゆえに，アメリカ人の話に喜んで耳を傾けない。〔他方〕USAの同志はラテンアメリカの労働者を見下すことに慣れている。個人的に私は，エイジェンシーの中心地の〔メキシコ〕選定は結局のところ賢明だと思う。メキシコは中米はもちろんのことラテンアメリカにおける共産主義運動のまさにその鍵である，と。РГАСПИ, 495/18/66/122-124.

10）S. K[atayama]., "Japan in Relation to the World Revolution," *The Communist. Official Organ of the Communist Party of America* (Chicago), Vol. 2, No. 16, 5.I.1921, 6-7.

11）1921年8月21日にニューヨークの同志たちへ宛てた書簡の中で片山は，既述の同年4月20日付レーニンへの田口紹介状に触れたあと次のように記した。「私の評論『来たるべき世界革命における日本の立場』の全体の教義と思想は，その点について

233

であった。かの地の同志たちがその問題を重大に受け取り、彼らの注意を極東へ向けることは非常にうれしい」〔РГАСПИ, 521/1/17/93-94〕。続く9月4日付本多（猪俣）宛書簡でも、片山は次のように言及した。「同評論は同志T.〔田口〕のために書いた評論であった。のちに私は同志T.の利用のためにそれを練り上げすぎたと考えた。それでそれをパンクハースト〔Sylvia Pankhurst〕へ送った」、同「論文が幸いにも、極東〔書記〕局によって追求されている政策の同じ路線と通じていたと考える」と〔РГАСПИ, 495/18/66/97〕。実際、同論文はロンドンのパンクハーストが主宰する『ワーカーズ・ドレッドノート』およびアムステルダムの『ニーウェ・テイト』に載った、しかも、コミンテルン第3回大会用報告だと明記されて。"Japan's Position in the Coming World's Social Revolution. A Report sent by the well-known Japanese Communist SEN KATAYAMA to the Comintern Third Congress in Moscow," *Workers' Dreadnought* (London), Vol. 8, No. 22, 13.VIII.1921, 3; No. 23, 20.VIII.1920, 3; "De positie van Japan bij de komende sociale wereldrevolutie. Verslag van Sen Katayama aan het Derde Congres van de Commintern te Moscou," *De Nieuwe Tijd*, Jrg. 26, No. 18-19, 5.X.1921, 587-598.

　さらに、それは遅れてコミンテルン機関誌（おそらく1921年10月か11月）に題を単に「日本と来たるべき社会革命」へと変えられて載った。С. Катаяма, "Япония и грядущая социальная революция," *Коммунистический Интернационал* (Петроград), No. 18, n.d.[1921], 4711-4722; 片山潜生誕百年記念会編『片山潜著作集』第2巻（河出書房, 1960), 368-382. 同論文は1921年6-7月のコミンテルン第3回大会に間に合わなかった可能性が高いが、しかし題名が変えられ、副題（上記）が削られた背後には、コミンテルンが同大会で「大衆の中へ！」のスローガンの下に戦術転換を遂げはじめたことがあったのではないかと推測される。

12) РГАСПИ, 490/1/138/38-42; cf. 490/1/17/19 об.; 2/1/19748/1; 村田編訳 (1986), 18.
13) Program of the Far Eastern Conference, 28.XII.1921, in: РГАСПИ, 495/127/12/108-119; cf. 加藤「1922年9月の日本共産党綱領」(1998), 52-53; 加藤「第一次共産党のモスクワ報告書」(1999), 37-38.
14) Russian version in: РГАСПИ, 495/127/29/1-11; The earlier version in English, "Communist Programme and Tactics for Japan," prepared by Katayama in: РГАСПИ, 521/1/34/2-11; *ВКП (б), Коминтерн и Япония* (2001), 262-269. その分析は、山内『初期コミンテルン』(2009), 173-174.
15) 1919年8月27日のВЦИК決定により形成され、「シベリアにおける革命的秩序の維持およびシベリアの全行政‐経済的指導機関の指導とその統一を委ねられた」「シベリアにおけるРСФСР中央権力の最高機関」。*Сибирский революционный комитет (Сибревком). Август 1919-декабрь 1925. Сборник документов и материалов* (Новосибирск, 1959), 28-29, 53-54.
16) РГАСПИ, 5/2/194/20; 17/84/70/20; 495/154/2/1; *ВКП(б), Коминтерн...в Китае* (1994), 35-36.
17) *ВКП(б), Коминтерн...в Китае* (1994), 48-55; *ВКП(б), Коминтерн и Корея* (2007),

第 6 章　初期コミンテルンと在外日本人社会主義者

93-98. すでに 1920 年 11 月 22 日，両名にガポン（Ф.И. Гапон）が加わって外務人民委員部，党中央委員会および ИККИ へ宛て同種だが未だ整備されきれていない長文電報が発されていた。РГАСПИ, 495/154/116/48-49 об.

18）吉原は在米日本人社会主義団が結成される前，（近藤の日本派遣よりひと月早い）1919 年 4 月 5 日に「石油船に海員として乗込み」離米し，一足早く訪露し，コミンテルン第 2 回大会に続く 1920 年 9 月 1-8 日にバクーで開かれた東洋諸民族大会に出席し，議長団の名誉団員のひとりに選ばれた［*1-ый съезд народов Востока* (1920), 29］。モスクワに戻った彼は，同月 27 日の ИККИ 会議に朴鎮淳と劉紹周とともに参加し，極東における活動の問題を討議した。ここから（詳述しないが）吉原のシベリア派遣へとつながっていく。

　なお，吉原（源）太郎の生没年は，近年刊行されたロシア史料集ではいずれも「？」が付いており，ようやく翻訳が出た『資料集　コミンテルンと日本共産党』(2014) においても「生没年不明」のままである。日本の研究者こそ解明に努めるべきであり，少なくとも彼の生年については以下のような史料がある。「在外危険思想抱持者ニ関スル件／広島県御調郡向島西村／……／吉原源太郎／明治廿三〔1890〕年十月生」。内務省警保局長の外務省通商局長宛 1920 年 7 月 14 日付文書，外交史料館，4.3.2.1-1 (12)．

　さらに言えば，コミンテルン・アルヒーフの中に吉原自身が回答したアンケート用紙が保存されていることを編者たちは気づかなかったようだ。それには「1890 年 10 月 10 日」生まれとある。ついでに言えば，それは以下のように疑義のありすぎる回答であった。教育欄に「カレッジ」とあり，「シベリア」の国境を越えてロシアに来たとあるが，続く到着時は空欄で，上記 1919 年 4 月の離米が隠されている。あとの欄で，誰があなたを送り出したかとの回答に「1919 年」のこととして「このグループの中に S. カタヤマもいた！」と矛盾する記述がある。さらに，「私は USA で 6 年間 IWW のメンバーであり，そのユニオンの組織者および派遣代表であった」とあり，末尾で以上の表明を証明する文書類の提示が求められる欄に「IWW 会員証と信任状〔複数形〕」とあるが，派遣代表とか信任状とかは疑わしい。РГАСПИ, 495/261/5743/2.

19）Archief H. Sneevliet, Inv. nr. 225; Saich (1991), Vol. 1, 295; cf. 山内「リュトヘルス（VII）」(1993), 11-12.

20）荻野編『特高警察関係資料集成』第 1 巻 (1991), 61, 62; 湯地幸平内務省警保局長の松平恒雄外務省欧米局長宛 1921 年 10 月 12 日付文書，外交史料館，4.3.2.1-1 (13).

終　章

　終章を迎えて，二つの主要テーマを織りあわせながら追究してきた本研究を，便宜的にテーマごとに分けておおよそまとめておく。とともに，それぞれ残された課題を，希望的観測も含ませてもらい，記しておく。

　第一テーマ（ツィンメルヴァルト運動からコミンテルン創設直後までの国際社会主義運動の再編過程を，複数のオルターナティヴ〔選択肢〕をもっていた過程として包括的に解明すること）については，確かに第3インタナショナル創設へ向けての国際社会主義運動の再編過程が「下から」のインタナショナル史というアプローチによって複数のオルターナティヴの可能性をもっていたことが解明された。それを（第3インタナショナル創設へ向けて選択肢がヨリ具体性を帯びてくる）1918年後半から1919年前半にかけての期間を中心に以下，6項目に分けてみていこう。あらかじめその区分けについて付記しておけば，前半の3項目はISKおよびドイツ・スイスのツィンメルヴァルト派を中心とした，そして後半の3項目は革命ロシアのボリシェヴィキ，インタナショナリストおよびその西部周辺地域の社会主義者を中心とした，それぞれの模索過程における可能性についてである。

1) ツィンメルヴァルト運動が徐々に自立し左傾化して，「ツィンメルヴァルト‐インタナショナル」とみなされていったことは，改めて触れない。ツィンメルヴァルト運動のISKは，ロシア2月革命を機に本拠地をベルンからストックホルムへ移し，ロシア10月革命後はますます自らの運動の発展可能性を革命支援の中にみていき，国内戦および干渉戦争下にある革命ロシアの苦境の中，ISK機関紙によるプロパガンダも欧米へ影響力をほとんど及ぼせず，財政的にも機関紙発行ができないほ

237

どになっていた。そのツィンメルヴァルト運動の建て直しという打開策を講じるためにISK書記バラバノフは，1918年秋，ツィンメルヴァルト運動の発祥の地であるスイスへ，ソヴェト・ロシア，ドイツを経由して赴いた。それはスイス社会民主党員の一部から出てきた（第4回）ツィンメルヴァルト会議招集の試みに呼応したものであったのだが，（かつてISK中心人物であった）グリムら多数の指導者によって機が熟していないとの理由で拒否された。時あたかも発生したゼネラル・ストライキのただ中，バラバノフはソヴェト・ロシア使節団とともにスイス政府によって追放された。ドイツ革命と時を同じくして起こったスイスのゼネストにツィンメルヴァルト運動は沈黙せざるをえず，ここに運動の一つの結論が出された（けれども，ISKメンバーの活動はなお続く）。

2) ツィンメルヴァルト運動の建て直しの試みが挫折したあと，それと連続こそしなかったけれども，わずか2，3カ月後の1919年初め，スイス社会民主党などが改めて（第4回）ツィンメルヴァルト会議招集に熱意を示すようになった。その背景には，1918年11月11日の休戦後再燃した第2インタナショナルの再建問題，とりわけ1919年1-2月のロザンヌ（すぐあとベルンに変更した）会議招集・開催という情況の変化があったからである。スイス社会民主党やUSPDは，かつてストックホルム会議参加をめぐり第3回ツィンメルヴァルト会議を開催してツィンメルヴァルト派のそれへの参加・不参加を決めようとしたように，今回も第4回会議を開催してロザンヌ（ベルン）会議への自派の態度を決めようとした。コミンテルン創設後も，それに与さず，かといって第2インタナショナルの復活にも荷担しない「中央派」にとって，ツィンメルヴァルト運動は拠って立つ有力な根拠となりえた。その運動は結局，「第2半」インタナショナルという組織を一時的に創り，最終的には両翼のインタナショナルへ分裂して再統合されていくのだが，その運動は少なくとも始まりの時点で以下の二つの歴史的背景を確かにもっていた。

一つは，ウィーラーが「草の根のインタナショナリズム」という視点から精力的に掘り起こしたUSPD内の革命的社会主義インタナショナ

終　章

リズムであった。それのドイツ国内におけるウィーラーによる実証は高く評価されるが，しかしその運動は，国外のスイス社会民主党など「中央派」との共同にまではすぐには発展しなかったし，コミンテルン側からの実質的な歩み寄りを得る努力にも欠けていた。

　もう一つは，コミンテルン創設時のISK「清算」の手続に問題があり，それが「中央派」に批判されるに値するものであったことである。ドイツ革命やスイス・ゼネストの好機を逸したこの期に及んでの「中央派」による主張と運動が，果たして有効かどうかの問題はあるにしても，そこにはそれなりの根拠があった。すなわち，レーデブーアは1919年11月30日～12月6日のライプツィヒでのUSPD臨時大会で次のように主張した。コミンテルン創立大会においてボリシェヴィキにはツィンメルヴァルト全体が清算されたと表明する権利はなかったし，そもそも彼らによって1919年1月に発された「共産主義インタナショナル第1回大会のために」の中でUSPDは非革命的政党とみなされ招待されなかったけれども，ツィンメルヴァルトの基盤の上に立つすべての党が招待されなければならなかった，と[1]。

　よく取り上げられる，急を告げつつあった第2インタナショナル復活の動きに対抗するためのコミンテルン創設であったというボリシェヴィキ側の戦略的理由については，ここでは触れないが，そこにはまた「中央派」，つまり「ツィンメルヴァルト右派」による「ツィンメルヴァルト」の旗の持ち出し工作へ先手を打つ意識があった。しかし，コミンテルン創立大会でのツィンメルヴァルト「清算」には確かに手続上問題があった。その時バラバノフは（決して歯切れが良いようにはみえないが）コミンテルン創設を支持したけれども，以下にその結びだけを訳出する「モスクワでの共産主義インタナショナルに提出されたツィンメルヴァルト参加者の声明」には加わらなかった。

　「ツィンメルヴァルトの以下に署名した参加者は，ツィンメルヴァルトの組織が清算されたとみなし，ツィンメルヴァルト会議の事務局はその全文書を第3インタナショナル執行委員会へ譲渡するよう要請するこ

とを表明する。／Ch. ラコフスキ／N. レーニン／G. ジノヴィエフ／L. トロツキー／Fr. プラッテン」

それを受けて,「創立大会はツィンメルヴァルト連合が清算されたものとみなすことを決議する」のだが, これら5名の署名者はツィンメルヴァルト運動を中心的に担った面々とはとても言えない。かつて「ストックホルムからの平和宣言」公表に手続上の問題から唯一異議を唱えたラコフスキに至っては, その時彼は大抜擢されてウクライナ政府首班となっていたのだが, 第3インタナショナル即時創設を訴える発言までもした[2]。

確かに, USPDの運動の中でしばしば「ツィンメルヴァルト」は語られていた。例えば, 1918年夏段階で, にわかにUSPDは平和運動で急進化し, インタナショナル問題においてももはや第2インタナショナルの復興ではなく, ツィンメルヴァルトを完全に新しいインタナショナルの結晶点(Kristallisationspunkt)とみなしたり, ツィンメルヴァルトとキーンタールは新インタナショナルへの道であると主張する動きがあった[Wheeler (1975), 41]。「第4回」ツィンメルヴァルト会議開催の考えは, コミンテルン創設後も燻りつづけた。果たしてUSPDとコミンテルンとの共同の可能性が「隠された文脈」としてもなお残っていたかどうか,「第2半」インタナショナルに帰結する以外に道はなかったのかどうか, を実証的に探る必要があるのではないか, と私は考えている。

3) 実は, ウィーラーの主張はカービィに引き継がれた。近年のツィンメルヴァルト運動研究で着目されるそのカービィの研究[Kirby (1998)]を, 次に取り上げよう。

冒頭, カービィは, ツィンメルヴァルト運動が信用を失墜させた第2インタナショナルから第3インタナショナル(コミンテルン)への移行の導入的な役割を果たしたとの従来からの評価を取り上げ, 次のように批判した。それは分裂促進の功績を実際以上にツィンメルヴァルト運動に与えすぎて, 運動への参加者の討論や通信の中に反映された態度や活動の他の重要な変化を無視か見落とすかしている, と。つまり, ツィン

メルヴァルト運動をそれ自体可能性のある（potential）運動としてみていかなければならないと主張して，考察を始めている。

　カービィが提起した問題は，以下の二つである。①コミンテルンの創設者たちがレーニン主義の体液をきちんと抜き取ったあと彼らによって葬られたツィンメルヴァルトの死骸を墓から救出することにいかなる目的があるのか？　②ヨリ戦闘的なインタナショナルをつくり直す試みがいつか永続的な結果をもたらすというツィンメルヴァルト派の選択肢は実際にあったのか？　後者の問いこそ，本書で取り上げてきたウィーラーの主張と深く関わる。

　カービィは，ツィンメルヴァルト運動の転換点をロシア2月革命勃発にみ，（私も考察してきたように）ストックホルム会議招集に弾みをつけたペトログラート・ソヴェトの平和のイニシャティヴとその後退，および第3回ツィンメルヴァルト会議での国際的大衆ストライキ決議を重視する。ただし後者に関しては，いかに組織されるべきかについての指示がなかったことをカービィは問題視しているが，のちのコミンテルンならいざ知らず，ツィンメルヴァルト運動は指示を下すような運動では本来なかったし，それこそ主体的に受け取る側の問題であったろう。なぜならば，かつてキーンタール会議で，新インタナショナルは創造されるのではなく発生しなければならず，窮極的にはプロレタリアート大衆運動の中から生まれる，と主張していたドゥンカーが，第3回ツィンメルヴァルト会議でインタナツィオナーレ派の声明（「永続的平和の唯一の保証はヨーロッパ労働階級による政治権力の獲得である」）を提出したあとに国際的大衆ストライキは決議されたのだから。

　カービィは，コミンテルン創設後のツィンメルヴァルト運動の「象徴的な価値」について以下のように言う。1917-19年に平和のために力強い社会主義の立場を第2インタナショナルが提示できなかったことで幻想から覚めた人々にとって，ツィンメルヴァルトはその運動がモスクワで公式に葬られることを宣せられたあとでさえ重要な象徴的な価値を獲得したことを指摘する多くのことがある，と。その例として挙げられる

のは，USPD，スイス社会民主党，イタリア社会党の，すでにウィーラーによって取り上げられた「ツィンメルヴァルトとキーンタールを基礎とした」動きである。

　カービィのまとめの前半は，こうである。「ツィンメルヴァルトの精神へのすべての訴えと真に革命的インタナショナルの創設の必要性は，説得力に欠けるというよりもむしろ必然的にまっとうであろう」。「ツィンメルヴァルトは『資本主義は戦争を，社会主義は平和を意味する』という左翼の『治癒力のある』伝統の中にしっかりと据えられた」と。

　ここまでは，ツィンメルヴァルトはカービィが問題提起した可能性のある運動であるとの評価として，私も異存はない。しかし，問題だと思うのは，まとめの後半である。つまり，1919-21年に起こったことは，二つの非常に異なる急進主義的伝統の衝突であり，「一方は本質的に陰謀を秘め，暴動を煽動するものであり，他方は……大衆的 - 反中央集権的な革命的自然発生性に深い信念をもったものである」と。そして「21カ条」を例に挙げて前者を非難するあまり，後者を「ほとんど古い戦前の第2インタナショナルの精神の中」に位置づけたり，「何らかのヨーロッパ的正統性」と結びつけたりしており，結語はこうであった。「コミンテルンの創設者たちは，ツィンメルヴァルト派の伝統の後継者であるどころか，そのハイジャックの犯人であった」と。

　以上の論旨は，明らかにウィーラーの主張に通じている。というよりはむしろ，ウィーラーがUSPDで論じたインタナショナル再建の試みを，カービィはツィンメルヴァルト運動による試みに置き換えて論じている（しかも，わずか16ページの論文で独自の実証をほとんど果たさないまま）。また，ウィーラーがUSPDの革命的社会主義インタナショナリズムの挫折は，ひとえにコミンテルン側に問題があったと捉えたように，カービィもまたツィンメルヴァルト運動はコミンテルンに「ハイジャック」された，と結論を急ぎすぎている。

　両者は単純に置き換えられるものではない。その理由を，いくつか挙げよう。

終　章

① 第3章で論じたように，ISKとUSPDとの間には必ずしも意見の一致があったわけではない。バラバノフの回想にあったように，彼女は1918年秋スイスへ赴く途中，ベルリンでUSPD党員とも会って「当面の方向づけについて」話し合ったが，後者は関心を寄せなかった。

② ウィーラーが指摘したように，USPDはインタナショナル問題をドイツ国内問題として論じることに力を注ぎ，国外の中央派との連携に欠けていたのであり，ドイツ，スイス，イタリアの各党を一括して論ずるには改めての実証が必要であろう。

③ カービィが言う「ツィンメルヴァルト派」とは，畢竟②で言及した党員にすぎず，実は彼らは（カービィがツィンメルヴァルト運動の評価点として重視した）ストックホルム会議批判および国際的大衆ストライキ決議にほとんど関与しなかった。すなわち，第3回ツィンメルヴァルト会議においてイタリア社会党代表は（バラバノフを除き）出席せず，スイス社会民主党のノブスは後者の決議作成のきっかけとなる大衆行動ないし大衆ストライキの声明を作成する委員会設置を提案したが，そのあとの議論に積極的に関わらなかった。同最終決議案はレーデブーア，ラデク，バラバノフに委ねられたという点で，レーデブーアの貢献だけは認められる。がしかし，彼はハーゼとともにストックホルム会議への態度表明を回避した。ハーゼに至っては，その利用価値を考えて同会議への参加すら表明し，同決議案に対しても（おそらく行いえないであろうことに何かを約束することの危惧の念を抱いて）唯一異議を唱えた［山内「第3回ツィンメルヴァルト会議（上）」(1979), 8;「同（下）」(1979), 23］。二つの案件で評価されるべき対象はISKが中心であり，そのグリム離脱後のISKが取り上げられないのはきわめて問題だ。

④ ロシア10月革命後のソヴェト・ロシアおよびその周辺国・地域での「第3インタナショナルへの道」の模索（第5章）にもまた，ツィンメルヴァルトの理念と運動に呼応する側面があった。その方面の研究も，論文のタイトルにある「第3インタナショナルの起源〔複数形〕」

を論ずるならば避けて通れないのではないか。かつてセンがツィンメルヴァルト運動史料集が刊行されたのを機に研究の問題点として指摘した「偏西史観」(第2章第5節)を,ここで私は思い起こす。ウィーラーの研究に依拠するだけでなく,カービィは「東方」へも目を向けてもらいたい。北欧語ばかりかロシア語にも通じているのだから。

4) その「東方」へ目を転じれば,ボリシェヴィキのツィンメルヴァルト運動との関係は,レーニン率いるごく少数の「ツィンメルヴァルト左派」表明から始まった。彼らの新インタナショナル論は,「インタナツィオナーレ」派の論と共鳴しあいながら,ツィンメルヴァルト運動の自立,左傾化を促進するのに貢献した。その背景には,欧米レフトウィングにおける再編過程の中で形成された「国際化したボリシェヴィズム」というレフトウィング内の共同を促進する思想形成があった。ロシア2月革命後,ストックホルムへ移ったISKとの交渉は,当地に留まったラデクら党中央委員会在外代表部が一手に担い,彼らはレーニンの意向(即時離脱論,「革命的社会民主主義者」会議の開催)には応えられず,ストックホルム会議批判などでISKとの共同歩調をますますとることになった。それはISKを当時唯一の現実的可能性をもった「インタナショナルの中心」と彼らがみていたからである。

ロシア10月革命勃発の報道が当地に伝わるや,ISKは在外代表部との共同へ一気に歩を進めた。その流れの中で新政権は,1917年12月から翌年2月にかけて新インタナショナル創設をめざして最初に,ツィンメルヴァルト運動を継承・発展させる方向での国際社会主義左派会議の開催を試みた。しかし,それが国外派遣団の行く手を氷と敵軍に阻まれて挫折したあと,政権はドイツ軍の反攻と干渉戦争への対応に追われた。その間,ストックホルムのISKは欧米に向けての革命報道およびプロパガンダのほとんど唯一の機関であった。1918年12月以降,ロシア共産党はもとより政府(外務人民委員部),ソヴェト機関(ペトログラート・ソヴェト)をも動員して第3インタナショナル創設への本格的な準備がようやく始まった。

終　章

　コミンテルン創設後もしばらくの間，ツィンメルヴァルトの理念・精神に沿った動きが散見する。それはISKメンバー4名がコミンテルンに参加したことにもよるのだが，彼らのその後を略記しておこう。バラバノフは，自らの「名がツィンメルヴァルトと同意語であった」がゆえにその継承性を強調するかのように，ИККИ書記に選ばれた。にもかかわらず彼女は，早い段階からジノヴィエフが指導するコミンテルンの運営に不信を募らせ，そこから事実上離脱し，1921年末にロシアを去ることになった。スウェーデンの3名については，コミンテルン在外ビューローの一つ，スカンディナヴィア委員会において，ИККИからのアムステルダム・サブビューローの解散決定およびそれに続く在外ビューロー全体の廃止決定に対して，一方的に従うのではなく独自に対処しようとしていた。1921年3月にスウェーデン社会民主左党がスウェーデン共産党に改称されたあと，まず長老格のカーレソーンが1923年党内論争後，政界から引退した。続いて，スウェーデン共産党議長で，1922年12月からИККИメンバーにもなっていたヘグルンドは，1924年8月に党から追放されたあと直ちに自らの共産党を創設したが維持できず，1926年早々にスウェーデン社会民主労働党に復党した［cf. Björlin (2008), 307-309］。残るネルマンは，ヘグルンドの党離脱時には行動をともにせず，指導部外にとどまったが，1929年にチルブムとともに共産党から追放され，新たな共産党（1934年に社会党に改称）を創った。が，彼もまた1939年に社会民主労働党に復党した。

　ツィンメルヴァルト運動の執行メンバー4名全員が，相対的に早い時期にコミンテルンから離脱していったことは，いかにツィンメルヴァルトの理念と実践がコミンテルンの中で活かされなかったか，を象徴しているように私には思える。なぜ活かされなかったのか，の追究が最終的な課題として残されているように思う。

5）　スヴァーテクが初めて実証したように，コミンテルン創設前史からの制度的および人的連続性が重要であった。制度的な形態でも，人員でも，重要な先駆があったし，それらのいくつかは，コミンテルン第2回大会

まで活動することをやめなかった。例えば，ЦФИГ はコミンテルンに一つの自律的な組織として加わり，1920 年春まで存在した。在露外国人共産主義者ないし社会民主主義者，いわゆるインタナショナリストは，ИККИ の新部局のスタッフとなり，「インタナショナル」の精神においてばかりか実際の組織においても重要な先駆となった。

　ここで連続性と言っても，必ずしも中央集権化へ向かう単線的な連続ではないことは注意を要しよう。例えば，インタナショナリストの組織化に関して二つの考えが交錯していた。つまり，一つはロシア共産党（ボ）の枠内で民族別セクションをもった外国人連盟を創設するという考えで，もう一つは民族別セクションの創設に反対し，ソヴェトと似た大衆組織を創ることによって戦時捕虜を統合するという考えであった。結局，前者の考えにより党主導で ЦФИГ に集約されていくのだが，一時はソヴェト型の大衆性をもった広汎な結集が図られようとしていた。

　それにまた，ЦФИГ は中央集権化され，ほとんど準軍事的組織の形態をとったのだが，それは国内戦および干渉戦争への臨戦態勢によるものであり，そうさせた事の一端は干渉戦争をしかけた協商国（連合国）側にある。

6）とくに近年改めてホワイトが再解釈したのが，ロシアおよび周辺地域での社会主義ソヴェト共和国樹立およびコミンテルン創設の一先駆が，ブレスト－リトフスク条約締結後のドイツ軍占領地域で共同して革命運動をめざすために組織された占領地域共産主義諸組織中央ビューロー（「小インタナショナル」）にたどれることである。「小インタナショナル」は「世界革命」を目前にしての態勢を整えつつあり，めざすスローガンは各地域でのソヴェト政権の樹立であり，それらによる「世界共和国」の実現であった。「小インタナショナル」は「第 3 インタナショナルの家族へ加えられ」，「西欧での社会革命が燃え出す時」その役目を終えるとみなされていた。

　とりわけ自らの社会主義ソヴェト共和国政権を樹立したラトヴィヤ社会主義者には，新インタナショナル創設について独自の構想があった。

終 章

つまり，政府首班であり法学士でもあったストゥーチカが記した「社会主義諸ソヴェトの全世界共産主義インタナショナル万歳！」の用語から明らかなのは，共産主義インタナショナルについて少なくとも諸党集団だけではなく社会主義諸ソヴェト共和国連盟として彼らは考えていたことであり，そこにはブルジョワ国家概念を止揚しようとする発想があった。

　以上のような選択肢があり，すでにその可能性がなくなったものもあり，まだその帰趨が見極められないものもある中で，1919年3月にコミンテルンは創設されたのである。それらの可能性はコミンテルン創設という制度の実現によって直ちに一区切りがつけられたわけではなく，創設直後の見極めという課題が残されている。

　その重要な課題にはまた，コミンテルンは第1回大会から第2回大会までの間に実質的に創設されたというハルスのテーゼも関わってくる［Hulse (1964), v-vi, 8-9］。全般的に，創設後に何よりもまずИККИが実際どのような「生みの苦しみ」を経験したのかをたどる必要がある。具体的には，すでに入手済みの執行委員会議事録に載っている実に多様な議題とそれらの結果を丁寧に追っていくことから始めなければならない［РГАСПИ, 495/1/1, 495/1/6, etc.］。が，あまりに雑多な事項が多く，世界的レヴェルでそれを成し遂げた研究は未だ出ていない。

　序章で述べたように，私はその残された課題に取り組む前に，続く時期の初期コミンテルンが複数の在外ビューローを介していわゆる世界革命の観点から世界各地に活動の拠点づくりをめざした，その帰趨をほぼ見極めることができた。それについては，リュトヘルスにも関わるので，以下に続く第二テーマのまとめと残された課題の中で取り上げることにする。

　第二テーマ（インタナショナル史のケース・スタディとして，リュトヘルスにスポットライトをあてたインタナショナルな「関係史」を追究すること）については，まず第4章において，リュトヘルスのインタナショナルな「関係史」

の前半部が追究され，とりわけ以下が解明された。すなわち，ツィンメルヴァルト運動のアメリカ合州国への先駆的な紹介者として果たした役割，片山潜と盟友関係を築くことによって片山のアメリカ・レフトウィング運動への参加を実現させたこと，左翼機関紙類への投稿や社会主義宣伝同盟との接触を機に自らも積極的にレフトウィング運動の一端を担ったことなどが。

続いて第5章第5節において，リュトヘルスがアメリカから日本を経由し，シベリアを横断してモスクワへたどり着いたあと，コミンテルン創設直前までの活動が追究され，以下が解明された。すなわち，インタナショナリストとして（ЦФИГ の傘下に入ることになる）在露英語を話す共産主義者グループの書記となっての活動，ラトヴィヤ社会主義ソヴェト共和国成立直後にリーガへ赴き，技術顧問兼共産主義者としての活動が。

以上の活動の延長線上に，リュトヘルスはコミンテルン創立大会へ出席することになるのだが，それは以下改めて記すところのインタナショナルな諸関係が取りもたれた中でのことだった。すなわち，アメリカ・レフトウィングからの使命を帯びた代表派遣（その代表権は行使されなかった），日本社会主義者から託されたメイデー決議および書簡「ロシアの同志へ」の伝達（リュトヘルスも一部関与したメイデー決議の転訳載の問題も含めて［山内「リュトヘルス（VIII）」(1995), 27-28］），在露英語を話す共産主義者グループ書記としての活動および同グループの一代表として出席した1918年12月ペトログラートでの国際会議における第3インタナショナル創設不可欠性の表明，そのあとラトヴィヤ社会主義共和国建設へ参加したその最中のソヴェト・ロシア政府によるリーガからモスクワへの呼び戻し，そして実現はしなかったけれども母国オランダ共産党から代表委任状を得る試みがあった。新たに加えると，新インタナショナル創設のための大会招請状がアメリカ・レフトウィングに届いたのは遅れて1919年3月であったのだが，その時アメリカ社会党ニューヨーク・レフトウィング・セクションはリュトヘルスへ代表信任状を送ったという［РГАСПИ, 515/1/9/6-13］。まさしくインタナショナリズムの体現者としてのリュトヘルス像をコミンテルン創立大会の舞台で私は描き切ってみたい。

終　章

　最後に第6章において，第二テーマを追究しながら，第一テーマの再編過程がコミンテルン創設後に一つの収束（しいて言えば，ボリシェヴィキ化，ひいてはスターリニズム化）を予測させる時点までが考察された。すなわち，今後コミンテルンが指揮する越境する在外活動は，活動の進展の可能性は皆無でないながらも結果的に，政治的にも財政的にもコミンテルン本部によって生殺与奪権を握られる傾向が高まっていくことが予測される。
　第二テーマの追究に関しては，まさしくリュトヘルスと片山の盟友関係がきっかけとなって，コミンテルンと日本社会主義運動との接触，さらには日本共産党創設，極東諸民族大会代表派遣などの試みがモスクワを起点にいわば「西回り」と「東回り」で模索されことを，私は初めて包括的に解明できた。それは越境するネットワークという全地球的なスケールにまで及ぶ考察となった。

　最後に，初期コミンテルンの二つのコミンテルン在外ビューロー，つまり（リュトヘルスが書記を務めた）アムステルダム・サブビューローと（片山が議長を務めた）パンアメリカン・エイジェンシーの各研究，および拙著第二書のタイトルとなった「初期コミンテルンと在外日本人社会主義者」の研究に関する今後の展望について，ヨリ具体的に述べておくことにする。
　アムステルダム・サブビューローについては，その後収集したオランダ語を中心とした厖大な史料の分析も加えて，以下をめざす。
　①　活動資金にまつわる問題，つまり，どれほどの額をコミンテルン本部から提供されたか，どのように費消されたか，そして，いかなる金銭トラブル問題を引き起こしたか，についてこれまで部分的に分析を進めてきたが，その包括的な解明を。
　②　とりわけ労働組合と議会主義の問題[3)]でサブビューローとコミンテルン本部との間で深刻な政治的立場の対立が生じ，それがサブビューローの解散の主要因となったのだが，拙著第二書では踏み込めなかったその対立について実証的な分析を踏まえた「決着」を。従来，後者のレーニンによって前者が「『左翼主義』小児病」と断定され，「決着」がつい

たかのようにみられてきたが，前者の後者への批判の中には，コミンテルンがボリシェヴィキ化（ホルテルの小冊子に由来する用語で言えば，モスクワ・インタナショナル化［Gorter (1921)］），ひいてはスターリニズム化する兆しをいち早く察知し，警鐘を鳴らした面があった。果たしてその批判に妥当性があったかどうか，の「決着」をめざす。

③　すでに暫定的な総括を以下のように私は下しているのだが，その最終確認を。つまり，サブビューロー（およびそれとの継承関係を一部もつパンアメリカン・エイジェンシーもだが）のコミンテルン本部による解散は，初期コミンテルンの国際的活動の困難さの一帰結であったこと，しかもコミンテルン本部が早々と一方的に解散指令を出したところに，コミンテルンが（このあと繰り返すことにもなる）指導する越境する在外活動に問題があったことである。

もう一つのパンアメリカン・エイジェンシーについては，2012〜2014年度に「総合的研究」を私はめざすことになり，研究成果中間報告書として史料集の増補改訂版を英文にてまとめることができた［Yamanouchi, *Comprehensive Research* (2014)］。前回 2004〜2006 年度の「基礎的研究」成果報告書に収録した史料 35 点を全面的に校訂し直し，注も大幅に増やした。加えて増補したのは，これまで着手できていなかったエイジェンシーのカナダでの活動の実態解明および活動全体にわたる資金の総合的分析の二領域に関する 14 点の史料である。最終年度の終わり（2015 年 3 月）にカナダ共産党創設へのエイジェンシーの関与の実態解明およびその評価に絞っての論文を公表したばかりである（第 6 章第 2 節参照）。最終的には，エイジェンシーの評価に深く関わるその活動全体にわたる資金の総合的分析をも加えて同年中に研究成果（最終）報告書『コミンテルン・パンアメリカン・エイジェンシーの総合的研究』をまとめる予定である。

「初期コミンテルンと在外日本人社会主義者」の研究については，1922 年初めの極東諸民族大会の途中までで拙著は終わっており，それ以降の追究が専門研究者から強く要望されている課題である。すでにかなりの史料を集めてはいるが，なおモスクワでの史料調査が残されており，それに割く時間と

終　章

労力の大きさを考えれば，二の足を踏んでいるのが現状である。

　本研究に関連して，最近公刊された小野容照の『朝鮮独立運動と東アジア——1910-1925』(2013) の中で，次のように記されている。「西洋起源のマルクス主義の世界・アジア各国への伝播と，世界革命を目指すコミンテルンの創設を背景として展開された日本や中国の共産主義運動について研究したものとして，山内昭人『初期コミンテルンと在外日本人社会主義者』および石川禎浩『中国共産党成立史』〔2001〕が挙げられる。両者は，日本と中国へのマルクス主義およびボリシェヴィズムの伝播，コミンテルンの国境を越えたネットワークと，それを介して日本，中国の共産党が成立する過程の解明を通して，日本や中国の共産党史を国際的文脈に位置づけている。／そして最後に，戦前台湾の民族運動史の分野でも，東アジア交流史の観点からの研究が出はじめている。……／これら一連の研究により，日本，中国，台湾，そして朝鮮の個々の運動や思想の単なる集合体ではない，互いに交叉し，影響を与えあうことで相関的に展開する東アジアの社会運動・思想の姿が明らかになってきている」。

　私がめざしてきたインタナショナル史研究に，まさしく若い石川，小野両氏が呼応してくれたのであり，さらに刊行されたばかりの黒川伊織『帝国に抗する社会運動——第一次日本共産党の思想と運動——』(2014) もまた，私が捉えた「西回り」と「東回り」の越境するネットワークなどから大いにヒントを得ている。私は「アメリカ・レフトウィング内の片山潜」から1921年4月の日本共産党暫定「創立」直後までの日本社会主義史を当時のインタナショナル（国際社会主義）の文脈で捉えようとしてきた。それは半世紀前の小山弘健らの『片山潜』第二部〔岸本／渡辺／小山 (1960)〕を嚆矢とした先駆的な研究よりもヨリ本格的かつ網羅的な実証を果たしえたと考えており，さらに実証的にインタナショナルの文脈を踏まえた後続の研究に期待したい。

　そのことに関連して黒川の研究に触れておきたい。黒川は，拙著第二書の叙述が極東諸民族大会開催までに限定されているため第一次日本共産党の具体的な活動について立ち入った検討がなされておらず，その課題に自著で取

り組んでいる，と記している。がしかし，黒川が依拠したルガスピの史料は，市販され日本のいくつかの図書館も所蔵することになった日本共産党ファイルと公刊された各種史料集からのものがほとんどであり，私からみれば，ルガスピの片山潜ファイル，ИККИ東方書記局ファイルなど他の史料群を利用しての研究の余地がなお残されていると言わざるをえない［cf. 山内『初期コミンテルン』(2009), 181-182］。黒川に限らず後続の研究者には，そのことを知悉のうえ今後の研究を進めてもらいたい。

また，富田武は拙著第二書を以下のように論評した。「コミンテルン（共産主義インターナショナル）研究はロシアでも，欧米でも，日本でも歴史家にほとんど忘れられている。国境を越えて活動した国際主義者としてレーニン，トロツキーらは知られているが，北米とアジアにまで及んだリュトヘルスと片山潜に山内は着目し，コミンテルンがヨーロッパ中心ではなく，世界の革命運動センターとして成立しえたことをこの著作で実証した。『越境するネットワーク』というサブタイトルには，中央集権化＝ボリシェヴィキ化される以前の初期コミンテルンにおける各国共産主義者のモスクワから相対的に自立した活動，『東洋共産党』のような独自の連携構想が継続されていたならば…という，一種の歴史のオルターナティヴ論を読み取ることができる」［富田(2010), 94-95］。

それは過分な論評だが，私の言わんとすることと微妙にずれる面がないわけではない。この「東回り」のネットワークについて私が先駆的になしえたのは，情況証拠的実証を含むものであって，ヨリ確固たる実証をこそ東アジア現代史研究者に託したい。

1) Unabhängige Sozialdemokratische Partei Deutschlands, *Protokoll über die Verhandlungen des außerordentlichen Parteitages in Leipzig vom 30. November bis 6. Dezember 1919* (Berlin, n.d.), 356. ただし，このレーデブーアの主張に対して以下のような有力な反論がシュテッカーによってなされたことは，留意されるべきである。第3回ツィンメルヴァルト会議において，ストックホルム会議のような会議が新たに招集された場合，それに出席するかどうかはツィンメルヴァルト派間の了解が必要であると申し合わせていた（第3章第5節参照）。にもかかわらず，我々のUSPDはその了解なしにベルン会議への出席を決定したのである，と。Ibid., 337. 要するに，「非革命的政党」とみ

なされ招待されなかったのには，それなりの理由があったということである。
2）Hedeler/Vatlin（2008），153-154, 157-158, 162-163; Первый конгресс Коминтерн (1933), 123-124, 127-128, 132-133.
3）レーニンの表現を使えば，「革命家は反動的な労働組合のなかで活動すべきであるか？」および「ブルジョア議会に参加すべきか？」［『レーニン全集』31巻（大月書店，1959), 32-53］の両方の問題とも，KPDの党内闘争において当時重要な争点であり，1920年4月初めにKPDから離脱した左派はドイツ共産主義労働者党（KAPD）を創設した。アムステルダム・サブビューローは，来たる国際大会がこの問題について最終的な決定を下すまでは，KAPDはコミンテルンのメンバーとみなされるべきである，との立場をとり，それがまたレーニンとの対立の溝を深めた。

補　章

在米ロシア人移民労働運動史研究

はじめに

　これまで私は社会主義者を社会運動の中で研究してきたが，労働者自身を直接研究対象にすることはなかった。けれども，2009 ～ 2011 年度科学研究費補助金による共同研究をきっかけに，私がフィールドとしている時代の在米ロシア人移民労働者の社会運動を初めて研究することになった。とは言っても，私の場合はどっぷり労働者の世界につかった「下から」の社会史研究とはならず，社会運動に力点が置かれているため従来の研究と接するか一部重なる領域が主たる研究とならざるをえない。

　実は期せずして，ロシア本国ではペレストロイカおよびソ連解体後に在米ロシア人移民史研究が本格化したと言ってよく，ニトブルクが独創的ではないものの精力的に多数の論文を発表したのち 2005 年に集大成の『アメリカにおけるロシア人』を刊行した［Нитобург (2005)］。関連する博士論文なども目下続いているようで，ルチュキンの「20 世紀前半期アメリカ合州国におけるロシア人ディアスポラ」［Ручкин (2007)］はニューヨーク公共図書館稿本・文書部史料をも利用したレヴェルの高い学位請求論文である。けれども，両者とも（私が史料の宝庫だとみて活用している）アメリカ・レフトウィング系の，のちに共産党機関紙となる『НМ』を利用しておらず，そのことは旧ソ連時代の研究への反動なのか，彼らにはレフトウィング系の移民労働運動への関心が弱い点で，旧ソ連時代とは逆の意味で，一方の側に偏した面があることは否めない。

最近のオーアの博士論文［Orr (2010)］もまた，レッド・スケア（Red Scare）時代のシカゴを舞台に在米ロシア人移民を従来に比して深く掘り起こしてはいるが，著者の関心事は彼らの社会運動へ向かうよりはむしろ彼らを支援するアメリカ知識人にあり，第一次史料も英訳史料がほとんどで，レフトウィング系の機関誌類の調査は不十分すぎる。
　在米ロシア人移民労働者が自らの社会運動の成果を得るために，その旗振り役を務めていた，かつ国外追放者を多く出すことにもなる CPA およびロシア人労働者同盟（URW）と関わったことは自然な成りゆきであり，私の移民労働運動史研究は『HM』をはじめ CPA，URW 関係機関紙類を活用してその関係解明をめざす先駆的な研究となっているであろう。
　アメリカ移民労働運動史は，従来ナショナル・ヒストリーに組み込まれてきたが，ヨーロッパ史をも含めたトランスナショナル・ヒストリーとして再解釈する新たな研究が胎動しつつある。私は社会主義者のインタナショナルな活動を一貫して追究してきている。拙著第一書においては，亡命社会主義者たちの間で国境を越えるネットワークが築かれ，アメリカ・レフトウィングによる社会運動が昂揚した要因はこのネットワークにあったと指摘し，また，この運動は単一のエスニック集団に還元できないきわめて多様な人々によるものであり，ヨーロッパ・ロシアとの深い結びつきをもつ「インタナショナリズム」を言わば体現していたという点も明らかにした。
　その結果，彼らは，近年の研究に依拠して言えば，一面では「トランスマイグランツ」(transmigrants) であり，反戦インタナショナリズムを梃子にトランスナショナル・アイデンティティを形成しつつあったのではないかとの着想を得た。他方，アメリカ移民史・労働運動史が未だ国民国家の枠組みにのみ依拠し，これを克服するうえで，ヨーロッパに関する知見や枠組みが有効であろうこともわかった。そのような理解に立って，私は初めてアメリカ移民労働運動史研究に着手することになった。
　実際，在米ロシア人移民労働運動史研究に着手してすぐに判明したのは，その困難さである。主な理由として，以下が挙げられる。
　1）ロシア人移民史研究自体が困難であり，ロシア人移民はアメリカ政府

補　章　在米ロシア人移民労働運動史研究

関係機関による移民統計上の不備もあり，ロシア人としての認知が困難であり，その上にユダヤ人の占める比率が高かった。そのことは，ロシア人アイデンティティ形成の障害となり，関連史料の保存にとっても不利となった。

2) 1917年のロシア革命勃発の影響は決定的であり，ロシア10月革命後の干渉戦争下の情況では，在米ロシア人移民がその親ソとか反ソとかの政治的対立の影響をもろに受け，さらにいわゆるレッド・スケア時代のアメリカ政府当局による弾圧の主たる対象にもなった。かかる対立情況はまた，史料においても反映し，史料の散逸による困難な収集といずれかのバイアスのかかった史料の慎重な解読を強いることになった。

　ともかく在米ロシア人移民史の全般的把握から始め，少しでもロシア人移民労働運動の世界へ入っていくことに努め，そしてロシア2月革命勃発を機に起こった在米ロシア人コロニー統一の試み，つまり在米ロシア人移民の歴史において初めて団結の始まりとなった運動の顚末までを追究することにした。その研究成果を第1節では，ロシア2月革命後の運動に限定して摘記する。そして第2節では，ロシア10月革命によって成立したレーニン政権（とりわけ在米ソヴェト・ロシア政府「非公式」代表マルテンス）と在米ロシア人移民労働者との関係に焦点を合わせ，その関係から後者が再び「労働者移民」となって今度は母国の社会主義的建設へ向かっていく流れを追っていくことにする。

1　在米ロシア人コロニー統一の試みとロシア人全コロニー大会

　1917年3月16日，ロシア2月革命勃発の第一報は『HM』など在米ロシア語新聞で報じられた。革命報道以前，在米ロシア人移民にとってアメリカにおけるツァーリ政府機関との関係は最も疎遠なものであったが，しかし革命後事態は急変した。ロシア人移民はロシア（総）領事館をアメリカにおけるロシア人警察部門とみることをやめ，帰国のためのヴィザ（場合によっては政治亡命ゆえにパスポート自体）取得のためにそこへ殺到することに

なった。

　そのきっかけを与えたのは，1917年3月19日に採択されたロシア臨時政府による政治的監禁者・亡命者の恩赦に関する法律であった。それは合州国およびカナダのすべての総領事へ伝えられ，政治亡命者の帰還への協力（時には金銭的援助までも）が命じられた[1]。これによりニューヨークを中心に総領事館のある各都市でロシアへの政治亡命者の送り出しに関する委員会設立の動きが加速する。

　それも束の間，1917年6月に到着した駐米新ロシア大使バフメチェフ（Б.А. Бахметев）は，ロシア軍の7月攻勢敗北の翌月，唐突に政治亡命者帰国制限を意図する規則を発表した［Окунцов (1967), 394］。それは在米ロシア人移民に憤慨と不満を引き起こした。そればかりではなく，この時期，彼らにとってもう一つの問題が立ちはだかっていた。すなわち，アメリカ参戦の翌月，1917年5月に選抜徴兵法が議会を通り，ロシア人市民に対しても不法なかたちでアメリカ軍徴募が行われはじめた。ロシアの法律によれば，ロシア国民はロシア政府の特別な許可なしには他国へ帰化することはできないとのことであり，なおさらアメリカで兵役を勤め上げることへの反撥があった。にもかかわらず，バフメチェフは不法な軍徴募を防ぐための手段を何ら講じようとはしなかった。

　かかるロシア革命勃発後の情況が，在米ロシア人移民・政治的亡命者のための諸組織統一の必要性を彼らに痛感させた。彼らは帰国準備および革命政権支援のため，ロシア人市民のアメリカ軍徴募の動きへの対処のため，そしてバフメチェフ新ロシア大使との関係をどのように結ぶかの検討などのため，アメリカ国内での組織統一，つまり在米ロシア人コロニー統一を求める運動を急速に展開していった。

　その試みは当初，①（口火を切ったクリーヴランド社会主義・労働者組織と合同した）ニューヨークのアメリカ社会党ロシア人部，② URWの指導部を占めたアナーキスト・グループ，③バフメチェフを支持する市民グループの間で試行錯誤された。三者によって統一組織委員会が設立されたが，すぐに③は独自に統一ロシア人組織中央委員会を設立した。

出発支援および選抜徴兵に対するロシア大使の対処の生ぬるさを批判する①と②は，③の参加を断り，1918年2月1-4日に第1回在米全ロシア人コロニー大会をニューヨークで開催することになった。それは「在米ロシア人移民の歴史において初めて」のものであった[2]。大会では七つの議案が採択されるのだが，以下三つ挙げるうちの一番目からして彼らの姿勢は毅然としていた［Correspondence of MID, 10058-91-f/w］。

1) ロシア政府の合州国に対するすべての代表は，合州国におけるロシア労働者から選ばれ，彼らは労働者だけの要求を満たし，合州国や他の政府のいかなる影響からも独立しているべきである。
2) 合州国に住み，ロシアへ戻ることを願うロシア人は，煩わされず負担なしにそうすることを許されるべきである。
3) 合州国に住み，市民権証書を持たないロシア国籍保持者は軍務に入ることを強いられず，今軍務にあるところの人々は即刻解放されるべきである。

さらにロシア人労働者コロニー組織形態についても，在米ロシア人全コロニー大会で以下の計画が採択された［*HM*, No. 1232, 12.II.1918, 3］。

1) 地域でロシア人住民とともに労働者代表ソヴェトが創設される。
2) 諸ソヴェトは合州国およびカナダ・ロシア人労働者コロニー代表ソヴェト連盟〔すぐあとの表記では，ロシア人コロニー労働者代表ソヴェト連盟〕に合同する。
4) 連盟の最高機関であるのはソヴェト大会である。
5) そこで選ばれた委員会がソヴェト執行機関であり，連盟執行機関であるのはソヴェト大会で選ばれた委員会である。
6) この組織計画の実現およびそれにもとづいてソヴェトが創設されるであろうところの原理原則の詳しい仕上げは，第1回在米ロシア人全コロニー大会で選出された執行委員会に委任される。

かくして大会はまがりなりにも「ロシア人コロニーを統一し」，「これは合州国とカナダのあらゆる方面に分離され，分散させられているロシア人組織の団結の始まりであ」った[3]。

この在米ロシア人移民の歴史において初めて団結の始まりである全ロシア人コロニー大会および労働者代表ソヴェト創設の試みの中に,「国境を越えて成立する多様な関係性のネットワークの中で自らの生活や理念の『集合性』を時には創造しうる主体的・能動的存在」〔van der Linden (2003)〕の可能性がみられる。

　しかし今度は,第1回大会で主導権を握った①社会党ロシア人部と,② URW アナーキスト・グループとが,同ソヴェト創設の試みの中で対立した。ニューヨークで率先して創設された同ソヴェトは,今度は②に主導されることになり,1919年1月6-9日に同グループによって第2回合州国およびカナダ・ロシア人全コロニー代表者大会がニューヨークで開催されることになった。

　この対立は,今ロシアで起こっている「勢力範囲を決めるプロセス」(процесс размежевания)の反映であった。そのことを以下のグールヴィチの『HM』掲載論文がよく説明している[4]。ニューヨークの労働者コロニーで起こっている分裂は,今ロシアで起こっている勢力範囲を決める類似のプロセスの反映にすぎない。このプロセスは一方にボリシェヴィキが,他方に「動揺している」分子がいる。〔第1回〕大会はロシア人コロニーに最小限で妥協的な政綱を与えた,がしかし,勢力範囲を決めるプロセスは止まることができず,止まらなかった。ロシアで始まったこのプロセスは,在米ロシア人労働者コロニーの中でどんどん進行した。ニューヨークでは二つのソヴェトが形成され,それがこのプロセスの始まりである。このプロセスは,ロシア労働者コロニーの頑丈な政治的成長,階級的自覚と自決の成長の指標にすぎないからである,と。

　要するに,ロシア10月革命による社会主義陣営内の政権交代で,新政権を支持するか,前臨時政権を支持するか,あるいは(とくにブレスト-リトフスク講和条約交渉・締結・批准以来,新政権との対立を露わにしつつあった)ロシア・アナーキスト陣営をどうみるかなど,ロシア国内の対立が,在米ロシア人労働者運動に直に影響を及ぼしたのである。

　ほぼ同時期に発された第1回ロシア人全コロニー大会〔で選出された執行〕

委員会による日付のない文書に,「革命的ロシアは危機に瀕している。……国際プロレタリアートの支援だけがロシア社会主義共和国を救うことができる。……アメリカに存在するあらゆるロシア人革命的組織をして力強い方法で抗議を表明させよ」[Correspondence of MID, 10058-248] とあったように,在米ロシア人労働者にとってロシア革命の帰趨は他人事ではなかった。

第2回大会をボイコットした①はアメリカ共産主義政党創設へ注力していき,他方,②は大会で新執行委員会を選出したが,その中でも対立が生じ,2年2カ月の間をあけて(再組織化されたURWを財政的に継承した)合州国およびカナダ・アナーキスト-共産主義諸グループ連盟とは敵対するグループだけが強引に第3回全ロシア人コロニー大会を1921年3月6-9日にニューヨークで開催した。

しかし,そこでの決定事項は政治的対立・分裂や政府による弾圧下で掛け声倒れに終わり,これ以後,在米ロシア人コロニーの統一運動は終熄していったものとみられる。

1921年1月中旬のロシア語新聞4紙のデイヴィスによる貴重な紙面分析で明らかにされたように [Davis (1922), 126-142; その詳細な紹介は,山内「在米ロシア人移民労運動史研究」(2012), 12-15],1921年初めの段階では在米ロシア人移民のソヴェト・ロシア政権への支持ないし中立的関心の高さは依然保たれていた。一般読者以上にロシア人移民労働者にとって,ロシア革命の帰趨は他人事ではなく,重大な関心事であった。良くも悪しくも革命ロシアでの対立関係が彼らの運動に大きな影響を及ぼさざるをえなかった。在米ロシア人コロニー統一の試み自体がその対立関係の波をもろにかぶり,アメリカ政府による弾圧下で四分五裂していった。

結局のところ,在米ロシア人コロニーの統一をめざしたロシア人移民労働者の中に(ロシア革命を機にその可能性が高まった)トランスナショナル・アイデンティティの形成をみるには,(これまた革命が引き金となって生じた)多くの内的・外的阻害要因がありすぎたと言えよう。けれども,かかる運動の中で,かつて「工場街の煙の中へと消えた」[Magosci (1996), 66] 民族的アイデンティティが,主体的・能動的なアイデンティティとして一時期であれ

復活しつつあったと言えるのではないか。

2 在米ロシア人労働者と在米ソヴェト・ロシア政府代表

　ロシア10月革命後のソヴェト・ロシア政権は、いかにして資本主義先進国と対峙していったか？　それは同政権にとって「革命」と「生き残り」、あるいは「革命」と「外交」を賭けた喫緊の課題であった。「革命」のために1919年3月、モスクワでコミンテルンが創設された。その一方で「外交」のために1919年早々、ソヴェト・ロシア政府はアメリカ合州国に対してその実質的な第一歩を踏み出した。すなわち、同年1月2日付でCHK外務人民委員部（チチェーリンほか官房書記1名署名）は、現地在住のロシア市民マルテンスを「アメリカ合州国における外務人民委員部代表」に任命した。信任状は1919年3月18日付でマルテンスおよび書記となったヌオルテヴァによってアメリカ国務省へ送られた。その際、一緒に両者の署名のある覚書が添えられ、「ロシア政府は合州国との通商が開始される場合、当初の購入代金を賄うため直ちに欧米の銀行に総額2億ドルものゴールドを備える用意がある」ことまでが表明されていた[5]。

　これに対して合州国政府は、マルテンスへソヴェト・ロシア政府代表としての承認を一切与えず、またニューヨークにマルテンスが設置したロシア・ソヴェト政府ビューロー（以下、ソヴェト・ビューローと略記）事務所に対して、早くも1919年6月12日にニューヨーク州保安隊が強制捜査に入り、大量の記録・文書類を押収した。それは令状なしの不法なものであった。同年11月15日〜12月12日のニューヨーク州上・下両院合同議会委員会（いわゆるラスク委員会）、そして1920年1月12日〜3月29日のアメリカ上院外務委員会小委員会での両査問を抱えながら、マルテンスは困難な活動を模索していく。

　本節においては、在米ソヴェト・ロシア政府（非承認）代表マルテンスらによる在米ロシア人労働者との関係、とりわけ彼らの産業労働者としてのロシアへの再入国運動に関して考察する。

補　章　在米ロシア人移民労働運動史研究

　マルテンスの在米ロシア人移民との関係について最初に取り上げるのは，1919 年 11 月 15 日に彼がランシング（R. Lansing）国務長官へ宛てた抗議の書簡である［*Soviet Russia*, Vol. 1, No. 25, 22.XI.1919, 14-15］。すなわち，〔CPA, URW メンバーらへの強制捜査・逮捕が続く中〕多くの在米ロシア市民が連邦および州の役人によって，同様にいかなる権限もなしに行動する暴力的な暴徒によって，不当な迫害と残酷な扱いにさらされている。それに対してソヴェト・ロシア政府は，国内のアメリカ市民に，たとえアメリカ市民側にソヴェト・ロシア政府への明白な敵意が全く疑問の余地なく証明される場合でさえ，公民的で配慮した待遇を与えてきている。ここ 2，3 日の間に多くのロシア市民がニューヨーク市や他所で逮捕されたり，非常に残忍な身体への暴力を被ったりしている。私のビューローは母国に戻りたいロシア市民から数千もの申請書を受け取っている。にもかかわらずソヴェト共和国市民は，それなしには輸送手段を確保することのできない，その必要書類を受け取ることを実際に不可能にしているアメリカ当局によって，離米を妨げられている。アメリカ政府へ速やかな出発許可を要請する，と。

　上記外務委員会小委員会での査問の中で，マルテンスは次のように証言している。私は帰国しようと考えているロシア人のために一技術学校の開校を企てたが，この計画は決して完成されなかった。また，「ソヴェト・ロシアを援助したいと望む人々の技術〔援助〕会議を招集すること」を提案したが，こちらの方はこの目的のために 2 万もの人々が登録した，と［*Russian Propaganda* (1920), 344］。

　後者の招集に関して，ソヴェト・ビューローの活動開始早々，1919 年 5 月 10 日にマルテンスはロシア語と英語で出した回状「在米ロシア・ソヴェト共和国市民へ」の中で，障害を克服し，再建を目下めざしているロシアの社会主義の可能性は，ソヴェトの力が資本主義のすべての技術的・組織的経験を自分自身の目的のために使うことのできる成功の度合いによって決定される，と記した[6]。

　そして在米ロシア市民の中に自らがアメリカで得た知識と技能によって母国を支援したいとの大いなる願望があることを確信し，以下の問題を審議

263

し，解決するため諸組織および専門家の代表から成る会議を1919年7月4-6日にニューヨークで開催することが通知された。その問題とは，1）ソヴェト・ロシアに自らの技術力を提供する用意のあるロシア人移住者の全体数の解明；……3）いかなる組織がそのような専門家の準備を手がけるか；……5）この仕事を統一するセンターの創設；6）彼らの準備とロシアへの移動のためにソヴェト政府の援助はいかなる規模で必要か，であった。最後に，全組織・個人に会議へ提出することを必要とみなす報告，意見，提案をソヴェト・ビューローの技術部へ遅くとも6月15日までに送ることが求められた。

その会議招集はロシア人（社会主義）連盟の反撥を招いた。すでに1918年10月初め自らの組織の政治的特徴をボリシェヴィキ化することを決定していた同連盟は，ソヴェト・ロシア政府の在米代表としてのマルテンスの活動は在米のボリシェヴィキ組織，つまり同連盟の「完全な監督・監視の下に置かれなければならない」と考えていたからである。結局，会議は実現しなかったものの，1919年夏ニューヨークで上記センターとして対ソヴェト・ロシア技術援助協会（The Society for Technical Aid to Soviet Russia）が組織された。そして同種の協会がボストン，デトロイト，フィラデルフィア，シカゴ，サンフランシスコなどで，さらにソヴェト・ビューローの指示下でモントリオールでも組織されていった。連邦および州当局の迫害にもかかわらず，1921年半ば時点で加盟者は計2,500人にのぼり，1921年7月2-4日にニューヨークの協会のイニシャティヴで第1回全国大会が開催され，合州国とカナダの大都市の11組織から32名の代議員が出席した。そこで組織が統合され，中央ビューローのメンバーが選出され，そして8月13日には機関誌（*Vestnik* (*the Messenger*)）が創刊された。同年11月には40の支部をもち，約1万人をかかえることになる［Тарле (1968), 74, 76, 81, 84］。

ここでは，その活動を直接追究することはせず，その技術援助を実際にめざす在米ロシア人移民労働者を考察することにして，いったんソヴェト・ロシア側による彼らの受入へ目を転じることにする。

1920年9-10月以降アメリカからのロシア人再入国の自然発生的な奔流が

押し寄せた。しかも，1920年の終わり数カ月と1921年の初め数カ月間，在米ロシア人移民のヨリ意識の弱い分子が，ソヴェト当局へいかなる許可を求めることも怠って，安易にロシアへの移住を開始した[7]。

干渉戦争のさなか飢えと戦禍に悩むソヴェト・ロシアにとって，いわゆる「労働者移民」はプロレタリア・インタナショナリズムのスローガンの一実践的表現であった。労働人民委員部は移民労働者のための特別委員会を創設し，外国人労働者をソヴェト鉱工業に配置もした。しかしながら，実際には工業失業者は非常に多く，穀物，家畜，および基本的工業技術の不足は非常に深刻なので，何も持たずに到着した工業労働者と貧農民の両方の移民は国家にとって負担となっていた［Felshtinsky (1982), 329-330］。

1921年2月末から3月にかけて，CHKと勤労防衛会議（Совет Труда и Обороны; СТО）はレーニン議長の下，移民受入の改善について審議を重ねた。2月25日，СТОはアメリカからの移民受入事業を一所管官庁の範囲に集中化することは不可避であるとみなし，その受入調整は3月1日にCHKの審議事項となり，内務人民委員部附属で特別委員会が設置され，そこにモスクワとペトログラート両ソヴェトおよび労働人民委員部の各代表が加わることとなった［Тарле (1968), 119-120］。

そのことは1921年3月19日に（ひと月前にモスクワに戻り，最高国民経済会議〔Высший Совет Народного Хозяйства; ВСНХ〕幹部会メンバーおよび同金属産業総管理部長に任命された）マルテンスからアメリカへ打電され，『ソヴェト・ロシア』4月2日号に次のように掲載された。「人民委員会議の命令によって，アメリカからの技術援助を利用するため当地に一委員会が形成されたことを，対ソヴェト・ロシア技術援助協会へ知らせよ。私はそれに所属し，すぐに十分な詳細と指示を送るつもりだ」。

早くも1921年4月9日にソヴェト政府は，合州国からロシアへのすべての入国移民を一時中止する命令を発した。その一方で，上記特別委員会は1921年3月28日，労働人民委員部によって準備された「アメリカからの労働者の再入国移民の調整の基本的立場」に依拠して，外国から到着した労働者を多くの企業のあちこちへ分散させることは許しがたく，「生産的な圧縮

されたかたまり」として労働集約を図ることを決め，その実現へ向けての検討も始めた。

『ソヴェト・ロシア』1921年8月号には，「ロシアへの労働者の帰国」に関するマルテンスから送られてきた以下の書簡が掲載された。すなわち，入国移民の受入のために便宜が図られるまで，またソヴェト政府の公式ミッションがその源において出国移民を指揮するためにアメリカで設立されるまで，アメリカからの出国移民の停止が強いられているけれども，アメリカからのロシア人労働者の帰国が我々の産業を築き上げる任務においてきわめて重要な要素であることは，当地の誰もが理解している，と。

『ソヴェト・ロシア』1921年10月号には，『エコノミーチェスカヤ・ジーズニ』（Экономическая жизнь）1921年7月20日号に掲載されたマルテンスの報告文が題名を変えて転訳載された。改めてここでも，ロシアの社会生活の再建のために外国人を活用する可能性が積極的に指摘された。本報告は，原掲載誌の注によれば，ВСНХ金属産業総管理部長マルテンスによってCTOへなされたのであり，CTOは1921年6月22日の会議で以下の議案を採択した，とある。

しかし，掲載された5項目から成る決議文は，採択以前のもののようであり，以下引用するのは，CTO議長レーニン署名の正式の決議「アメリカ〔からの〕産業移民について」からの全訳である[8]。

1. 個々の企業または企業群を，アメリカの労働者集団および工業的に発展した農民へ，彼らにある程度の経済的自治を保障するところの契約条件で引き渡す方法でもって，発展させることを望ましいと認める。
2. 外国からの労働者産業移民を，国の生産力向上のため彼らを利用する目的で，ВСНХの側からの指示および所定の手続を踏んだ認可に従うところの権利と条件の下で，この労働者の組織された集団をロシアへ誘致し，彼らに製作所や工場を引き渡す方法でもって，調整することを不可欠と認める。この労働者のカテゴリーの中に，あらゆる職業の産業労働者も補助的産業労働者も入らなければならない，そしてア

ルテリ，協同組合などに組織された農業労働者も排除せずに。上述の調整の組織形態および詳細な条件を，ВСНХ に全露労働組合中央評議会および労働人民委員部との合意により詰めるよう委任する。
3. ВСНХ に，アメリカの対ソヴェト・ロシア技術援助協会と連絡をとり，そのような生産集団を，いかなる種類の材料，生産道具，そして食料を，いかなる期間であらかじめ定められた企業のために自らの負担でロシアへ運ばなければならないかの指示を与えて，直ちに組織しはじめることを委任する。この仕事への監督のため，ソヴェト政権がアメリカに自らの代表をもつことが望ましい。
4. 総数 12 〜 15 名の同志リュトヘルスと彼の協力者たちに，アメリカ産業移民に提供されうる，そしてこの条件のために不可欠な企業および原料供給源の適地を確定するため直ちにウラルとクズネック炭田へ出発する機会を与える。
5. ВСНХ 幹部会に，調査旅行に関する出費に対してあとから支出明細書を出す条件で 200 万ルーブリを同志リュトヘルスへ直ちに支給することを委任する。
6. 第 2 条で言及された委員会の報告は，1 週間後に予定する。委員会の招集は，同志マルテンスに委任する。
　言及された委員会の任務に，ロシアでの労働者移民全体の条件と当該の施策との調整もまた入る。

第 6 条の報告については，マルテンスはすでに 1921 年 6 月 10 日に自らが属する ВСНХ 幹部会へ送り，その写しをレーニンのために СТО にも送っていた。その外国人労働者移民に関する詳細な報告の中でマルテンスは，「外国人，主として外国に居住しているロシア人労働者」の起用の拡大を考え，主としてアメリカのロシア人移民をソヴェト鉱工業に参加させる必要があると問題提起していた。マルテンスを長とするその特別委員会の提案に従って，6 月 29 日に СТО は ВСНХ の中央産業部に附属して産業移民サブセクションをマルテンスを議長として組織することを決議した。かくして 6 月 22 日の決議によって，労働者移民の新しい段階が確定されたのであり，同

決議はソヴェト・ロシアの産業および農業経済における外国人労働者の全労働のさらなる組織化のために根本的な意義をもつことになった［Тарле (1968), 131-133, 137-138］。

実は，その時構想されていたのが「ある程度の経済的自治」が保障された産業労働者コロニーであり，そのことが初めて第1条に規定された。その構想を具体的に進めるために第4,5条があり，それは自治産業コロニー・クズバス（Автономная индустриальная колония Кузбасс）として実現していく。ここでは，その発端についてだけ触れることにする。

産業労働者コロニー創設のアイデアは，リュトヘルス，キャルヴァート（H.S. Calvert），ヘイウッドの3人の意見交換の中から生まれ，それにマルテンスが一部関与した。リュトヘルスは1919年末〜1920年半ばのコミンテルン・アムステルダム・サブビューローの創設から解散までの活動後，1920-21年の冬を南欧イタリアで転地療養に努め，「1921年春〔4月〕，社会主義建設への自らの仕事を継続するためにモスクワへ戻って来た」[9]。「継続」と意識されたのは，彼には1919年1-2月のラトヴィヤ共和国建設への水利施設建設に関する技術顧問としての参加があったからである。1921年6月1日，リュトヘルスは独自に（外国からの資本導入よりもむしろ労働者による自力再建に力点が置かれた）「産業労働者コロニー」構想を公にした［РГАСПИ, 626/1/12/12-15］。

キャルヴァートは，IWWのメンバーで，デトロイト近郊のフォード自動車工場閉鎖による失職後，1921年3月にプロフィンテルン創立大会出席のためモスクワにやって来た。そこでキャルヴァートは，対ソヴェト・ロシア技術援助協会へ多くの労働者が登録しつつあり，またアメリカから帰国したロシア人が仕事を待っていることを聞き及び，アメリカで増えつつある失業労働者も含めて彼らに経済再建への参加を説く案を執筆した。それはボロジンを通じてレーニンに届き，レーニンから「良い考えだ；我々に明確なものを与えよ」との反応を得て，ヨリ明確な第2案「経済再建」［РГАСПИ, 515/1/4306/53-56］が提案されることになった。

その案にIWW指導者で，逮捕を逃れるようにコミンテルン第3回大会お

よびプロフィンテルン創立大会出席を理由に1921年4月末にモスクワへやって来たヘイウッドが共鳴した。すぐに三者は共同して6月前半，案のまとめに取りかかった[10]。

　彼らは（アメリカから戻って来たばかりで，アメリカの現地情報に通じ，技師としての経験をもつ）マルテンスに参加を求めたけれども，マルテンスはとくにキャルヴァートのIWWの立場および（亡命同然のヘイウッドは帰国困難であり）合州国での陣頭指揮への不安ゆえに，気が進まなかった。けれども，最終的にはマルテンスもリュトヘルス，キャルヴァートらの署名に加わり，1921年6月12日付レーニン宛書簡の中に掲げられる提案が作成された[11]。それがレーニンの強い後押しにより上記6月22日決議に盛り込まれることになった。

　上記調査旅行を6月28日から9月4日にかけて実施し終えたリュトヘルスは，9月12日に報告書を作成した［РГАСПИ, 515/1/4306/101-110］。その中で，ロシア到着からクズバスまでの4,000人の外国人輸送の保障，クズバス用の機械購入のため20万ドルの貸付金の支出，労働者募集のため合州国へ派遣するキャルヴァートへ全権を与え，その費用として総額5,000ドルをあらかじめ決めておくことなどのCTOへの要求が掲げられた。そのリュトヘルス提案は9月13日にCHKで討議されはじめ，CTOは9月23日にリュトヘルス・グループと契約するのが望ましいと認め，10月17日にはリュトヘルス－キャルヴァート－ヘイウッド計画に対して（後二者への上記の不安をやわらげるために）創始者グループ構成員を拡大し，ソヴェト政府の財政支援を30万ドルまでとするレーニン提案に正式な承認を与えた。10月21日にはCTOと創始者グループとの間で最終合意書［РГАСПИ, 515/1/4306/175-181］が取り交わされ，それは10月25日のCHKで最終的に承認された。

　マルテンスとリュトヘルス，ともに技師であり，社会主義者であり，そしてほぼ同時期に在米経験を積んだ両者が，1921年春モスクワに戻って来て同種の提案をし，アメリカからを主とした産業移民による社会主義建設への道を推進することになった。

　ただし留意すべきは，その1年前に両者には微妙な意見の対立があり，そ

の対立はその後も尾を引いていたことである。1年前のことは，コミンテルン・アムステルダム・サブビューロー書記であったリュトヘルスがマルテンスへ宛てた1920年1月16日付書簡がアメリカ司法省によってリークされ，一般紙に公表されたことに端を発する。その中で，リュトヘルスがマルテンス率いるソヴェト・ビューローが外交および商業活動にのみ専心し，「党共産主義的問題」に（たとえ表向きは関与できないとしても）触れることすら避けようとしていることへの懸念が表明されていた[12]。その1年後，マルテンスはリュトヘルス，ヘイウッド，キャルヴァートによる提案に一時は署名参加したものの，とくに後二者への不信をぬぐえなかった。レーニンのトロツキー宛1921年9月30日付書簡によると，マルテンスは三者を次のようにみていた。キャルヴァートは堂々としておらず，ヘイウッドは煽動家にすぎず，半分アナーキストであり，そしてリュトヘルスはすばらしい同志で，宣伝者であるが，おそらく管理者ではあるまい，と[13]。

そこには，リュトヘルスへの「管理者」としての不安も挙げられているのだが，そのことはリュトヘルスの回想の中で記された対立点と関わっていたであろう［Рутгерс (1935), 94-95］。すなわち，レーニンは技師マルテンスに我々〔リュトヘルスら〕とこのプランをさらに練ることを一任した。マルテンスは，プランはウラルに限定されるべきで，企業は協同組合的性格を帯びるべきであると提案した。これに対して我々は，それが利益享受を伴うゆえに断乎拒否し，内部組織がある程度の自由をもったソヴェト国営企業であることを主張した。我々は創設時およびその後の経過の中で官僚主義的干渉を懸念するので，新しい組織がBCHXを経ず，直接CTOへ従属することを要求した，と。

リュトヘルスによって批判されたBCHXはいまや工業管理機関へと降格され，創設当初BCHXに課された経済の全般的調整および計画化の任務が1920年12月にCTOへ引き継がれるようになったことも要求の背景にあったであろう。が，彼が1921年9月16日付レーニン宛書簡で説明した要求の理由は，同年6月29日のBCHX幹部会によって形成されたマルテンスを長とする移民問題部は未だ萌芽状態であり，活動できなかったからである，と

限定的であった。さらに続けて，いささか唐突に1年前のマルテンスとの対立がもち出された。「アメリカにおけるマルテンス使節団の勤務員は，そこで革命家の中に，そんなに容易に克服できない対立を招いた。それゆえこの問題の特別な審議が望ましいであろうに」と ["Организация автономной колонии" (1961), 85]。

実は，上記リュトヘルスらによるレーニン宛1921年6月12日付書簡の原案はリュトヘルスによってキャルヴァートとマルテンスの協力を得て作成されたのだが，その中で次のような表現があった。「クズネックが資本家の利権として割り当てられかねないとの理由でありうる反対は，深刻だとはみなされない。というのは，直ちに大量の資本を提供することにもとづいてクズネック炭田において真正の利権を得る好機は，目下非常に少ないからである」[14]。そこでは，外国資本を受け入れないで済むプロジェクトであることが意識されているのだが，その受入を否定していない限りにおいてマルテンスの署名参加が可能であったのではないだろうか。というのは，マルテンスばかりではなく，レーニン自身がリュトヘルスらの計画を支持するものの厳しい財政および困窮状態をヨリ強く認識し，外国資本主義企業家との提携も辞さずとの考えを抱いていたのであり，その相談をマルテンスに持ちかけていたからである。そのマルテンスの役割は，在米中の彼の商業活動に通ずるものであった。

モレイの表現を借りれば，レーニンは先進国の資本主義会社への利権許可に対するリュトヘルスによる非難を過度な「左翼主義」(leftism; левизна) の兆候とみなした [Morray (1983), 64]。レーニンにとっては，外国資本家がソヴェト共和国と話し合って利権を得はじめていることを世界に知らせることは政治的に非常に重要であった。1921年10月28日，（かつてソヴェト・ビューローに無給メンバーとして協力し，帰国後のマルテンスによって呼びかけられたその事業を請け負うことになる）ジュリアス・ハマーおよびその息子アーマンド (Julius & Armand J. Hammer) とソヴェト政府との間で，ウラル地方アラパーエフスクのアスベスト採掘権および同地方労働者への小麦粉100万プードの提供（買入）に関する契約が成り，そしてレーニンが強く望んだ「この利権

と契約のことをなるべく広く公表すること」は 11 月 3 日になされた。

　この自治産業コロニー・クズバスの行く手にも影を落としかねない問題の追究は，本論の範囲を超える。

　1921 年半ばまでに国外労働者のソヴェト・ロシアへの入国移民の歴史の第一段階が終わった。大量の組織されていない労働者の入国の可能性は，きっぱりと拒否された。それ以後，ロシア人移民のアメリカ合州国からの再入国が本格化することになる［Тарле (1968), 126, 136］。かくして入国移民が制限される中，在米ロシア人移民だけではなく「とりわけアメリカ人労働者および産業的に訓練された農民」とあるように，アメリカ人の入国はヨリ容易にされ，外務人民委員部は合州国で組織された工業および農業グループに「疑問のいかなる審議もなしに」入国ヴィザを与えることとなった［Felshtinsky (1982), 345］。

　このアメリカからの労働者の流入，つまり「労働者移民」が母国の社会主義的建設へ向かっていく流れは，米ソ労働者連帯前史として捉えられる。その流れの促進者のひとりがクズバス・コンビナート建設の立役者となるのだが，それがリュトヘルスである。ここに私のリュトヘルス研究と再びつながる見通しが立った。最後に，リュトヘルス研究の続篇の可能性を記して本書を閉じることにする。

1) *Голос Труда. Орган Федерации союзов русских рабочих Соед. Штатов и Канады* (New York), No. 132, 6.IV.1917, 1; Нитобург (2005), 86.

2) *HM*, No. 1223, 1.II.1918, 3. 合州国とカナダのグループと組織を代表する 185 名が出席した。代議員選出基数から推定して，大会は（ニトブルクが記す 4 万人は無理としても最低限）約 1 万人の背景をもっていたことになる。

3) *HM*, No. 1226, 5.II.1918, 3. 本大会の評価に関して，司法省は大会の目的がいわゆるロシア・ソヴェト共和国およびその根本方針と戦術を是認し，堅持し，あるいは支持するところの在米ロシア人組織および党のヨリ密接な同盟を確保することであったと捉えた。Brief of Department of Justice upon the status of Gdaly Gregory Weinstein under the Act of Congress, approved October 16, 1918, Records of FBI, BS202600-70. しかし，それはあまりにボリシェヴィキ政権との関係に注意が向けられすぎて，コロニー統一の試みというヨリ広範囲にわたる運動であったことへの認識を欠いていた。

4) Н. Гурвич, "К расколу в Российской рабочей колоний в Нью-Йорке. (Образование

двух Советов). Статья первая," *НМ*, No. 1908 [同紙は 1918 年 8 月 29 日の 1399 号の「3」を「8」と見誤ったかで，次号は一気に 1900 号へ飛んで訂正されないままとなる], 9.IX.1918, 3.

5) New York (State); Legislature; Joint Legislative Committee to Investigate Seditious Activities [Lusk Committee Records], L0032, Folder 14, New York State Archives and Records Administration, Albany, NY; *Papers Relating to the Foreign Relations of the United States. 1919. Russia* (Washington, 1937), 133-141.

6) *Советско-Американские отношения* (2002), 109-110; Records of FBI, BS202600-779.

7) Л.К. Мартенс, "Иммиграция русских рабочих из зарубежных стран и наша промышленность," *Экономическая жизнь* (Москва), No. 157, 20.VII.1921, 1. 判読困難な箇所があり，以下の英訳を参照した (同英訳はタイトルを変更しているものの全訳である。ただし，転載に際して原掲載誌の日付が「1921 年 6 月 22 日」と誤記された)。L.A. Martens, "Russian Workers from America," *Soviet Russia* (New York), Vol. 5, No. 4, X.1921, 156-158.

8) *Ленинский сборник*, Т. 20 (1932), 202; (やや大雑把な英訳文) РГАСПИ, 515/1/4306/79-80. 以下は，対ソヴェト・ロシア技術援助協会中央ビューローから入手したもので，「ロシアへ行く意志をもつ外国人労働者にとって重要である」との編注が付されて掲載されたその英訳であるが，第 4 〜 6 条は省略されている。*Soviet Russia*, Vol. 5, No. 3, IX.1921, 102.

9) Verkort overzicht Biografie Ir. S.J. Rutgers en B.E. Rutgers-Mees, Archief S.J. Rutgers, Map I-1, IISG; Рутгерс (1935), 93.

10) Morray (1983), 37-39, 43, 45-47. モレイのこのあたりの記述は，キャルヴァートの回想 "The Kuzbas Story"［РГАСПИ, 515/1/4306/1-51］に拠っているのだが，そこには問題があった。すなわち，回想の前半部（лл. 1-25）は 1922 年に，後半部（лл. 26-51）は 1963 年にそれぞれ執筆されており，両者の間には食い違い，遺漏などがある。例えば，案をレーニンに仲介したのはボロジンであったという後半部の記述をモレイは採用しているが，前半部ではブハーリンが仲介したとあり，またリュトヘルス，キャルヴァートらの上記調査旅行の護衛兵はトロツキーが手配したとある。回想はあくまでキャルヴァートの記憶あるいは判断によるものであり，引用に際しては裏をとる必要があるのだが，本書ではその細かい作業は割愛している。

11) "Организация автономной колонии" (1961), 71-74. ただし，復刻に際して日付を「6 月 21 日」と誤っている。Cf. Тарле (1968), 131.

12) CPA ロシア人連盟とマルテンスの対立に際して，1920 年 1 月 16 日に外務人民委員部（チチェーリン）はマルテンス宛書簡の中で，以前彼に与えた指示を以下のように再確認した。あなたはソヴェト共和国の国家利益を守るため，とりわけ干渉に反対する闘争のため，および商業目的のため外務人民委員部を代表する全権を与えられたのだが，しかしプロパガンダ目的のためでも共産党や第 3 インタナショナルの領域に関わる任務の遂行のためでも決してない。……我々は近い将来アメリカに一つの共産党

が創設されることを断乎として期待する。たとえあなたがたの活動が共産主義的ではなく純粋に国家的問題あるいは商業的任務に関係しようとも，それにもかかわらず何らかのあなたがたの歩みが党共産主義的問題（партийные коммунистические вопросы）に触れうる場合もある。我々はあなたがたと創設される共産党との間に紛争が生じないことが非常に重要であり，本質的だとみなす，と。*Советско-Американские отношения* (2002), 125-126.

そこで「調和的相互関係」が要請されているのだが，ソヴェト・ビューローの活動が「党共産主義的問題」に触れうる可能性が，それを語るソヴェト政府当局に確かに認識されていたのであり，アメリカ政府当局もまた，それをこそ警戒し，ビューローを強制捜査したのである。

司法長官パーマー（A.M. Palmer）の配下が検閲し秘密裡にコピーをとった「第3（共産主義）インタナショナル・アムステルダム・ビューロー執行委員会メンバー」リュトヘルスのマルテンス宛1920年1月16日付書簡が，暴露され，一般紙『ニューヨーク・ワールド』に公表された。ロシア人連盟もまた，別の意味でその可能性を警戒したし，マルテンスを牽制するための論拠として，同書簡を必要な論評を付してCPA機関誌『コミュニスト』1920年6月1日号に（『ニューヨーク・ワールド』同年4月15日朝刊第2版より）転載した。同書簡でリュトヘルスは次のように記している。あなたを〔在米ソヴェト政府代表に〕指名する時，あなたの技師としての資格は言及されもしなかったし，考えられもしなかった。非妥協的な共産主義原則に関するあなたの明確な考えが，ヴァインシチェイン〔Г.И. Вайнштейн〕ではなくあなたがヨリいっそう望ましいと決定させた。商業に関する限り，始まりとしてはそれは悪い芸当ではないが，しかし私見では，あなたははるかに遠くに行ってしまったし，その問題の悪い側面に集中することによって魂を奪われている。アメリカ政府によるあなたの代表権の承認のための努力はもちろん重要ではあるが，この点に関して私は断然グールヴィチに味方する。すなわち，承認における主要な力は労働者からの圧力であらねばならない。……あらゆる種類の中立外交的立場は，その出現が功利的理由から擁護されたかもしれないけれども，不可能か失敗のようにみえる。あなたの直接的関係はソヴェト政府とであるけれども，関連する問題は疑いなく共産主義インタナショナルに触れるのです。"A Significant Letter (The Letter of S.J. Rutgers to L. Martens)," *The Communist*, Vol. 2, No. 6, 1.VI.1920, 3, 8.

確かに，マルテンスが「党共産主義的問題」に触れざるをえなかった一例を紹介しておこう。それは1920年8月8日の「アメリカ問題」が議題のИККИ会議におけるフレイナの以下の発言に垣間見られる。すなわち，フレイナがCPAを代表して第2回コミンテルン大会に出席するため訪露することになり，1919年11月26日頃シカゴからニューヨークへ到着した直後，ソヴェト・ビューローのマルテンスを訪れ，彼に以下を要求した。①ストックホルムの同志ストレムへの証明書と推薦状；②乗船に必要な書類の受領のための助力。そしてマルテンスは，それらを準備することを約束した，と。РГАСПИ, 495/1/8/56（この非合法下の渡航準備への言及は，フレイナの上

補　章　在米ロシア人移民労働運動史研究

記30年後の証言にはない).
13) Ленин, *Полн. соб. соч.*, Т. 53（1982), 231-232; cf. Morray（1983), 63.
14) Second Kuzbas Paper-Prepared by S.J. Rutgers with the collaboration of H.S. Calvert and Ludwig A.C. Martens, Moscow, June, 1921, РГАСПИ, 515/1/4306/58-62.

追記
　補章では網羅的に紹介しなかったけれども，本研究は3年間にわたる『史淵』への論文連載のあと，科学研究費研究成果報告書『在米ロシア人移民労働運動史研究——在米ロシア人コロニー統一の試みを中心に——』(2012) として増補改訂のうえ，まとめられている（ただし，補章第2節として収録した箇所は，テーマの統一性を考えて収録していない）。以下に，章節構成だけを記しておく。
　　序
　　1　在米ロシア人移民史概観
　　2　在米ロシア人移民労働者の世界
　　3　ロシア語新聞報道にみる在米ロシア人の意識
　　4　逮捕・国外追放者にみる在米ロシア人労働者像
　　5　ロシア人労働者同盟
　　6　在米ロシア人コロニー統一の試みとロシア人全コロニー大会
　　　1）第1回ロシア人全コロニー大会まで
　　　2）第2回ロシア人全コロニー大会まで
　　　3）第3回ロシア人全コロニー大会まで
　　7　ロシア人コロニー全市民大会と在米ロシア人諸組織連盟
　　8　在米ロシア人移民労働者の帰国規模——結びにかえて——
2013, 14年のワシントンD.C. およびニューヨークでの現地調査において，アメリカ議会図書館およびニューヨーク公共図書館で新たに合州国およびカナダ労働者代表ソヴェトの日刊紙『労働と農民』(*Рабочий и Крестьянин. Ежедневная газета Советов рабочих депутатов Соединенных Штатов и Канады*)（New York, 1918-1919), URW連盟の機関誌『パンと自由』(*Хлеб и Воля. Еженедельный орган Федерации Союзов Русских Рабочих Соед. Штатов и Канады*)（New York, 1919), そしてロシア語日刊紙『ルースキー・ゴーロス』(*Русский Голос*)（New York, 1917-1921),『ルースコエ・スローヴォ/ノーヴォエ・ルースコエ・スローヴォ』(*Русское Слово/Новое Русское Слово*)（New York, 1917-1920) 等のコピーを得たので，機会があれば，さらに同報告書を増補改訂のうえ単行本化を図りたい。

あとがき

　1977年10月，私は京都大学大学院文学研究科博士課程西洋史学専攻（現代史学）を中途退学し，宮崎大学教育学部助手に採用され，以後24年6カ月，宮崎大学に勤務した。2002年4月に九州大学大学院人文科学研究院に転任し，2016年3月の定年退職を控え，38年6カ月に及ぶ教員生活を終えようとしている。
　それまでに私のリュトヘルス研究の続巻を是非とも仕上げたいと当初めざしていたのだが，日本学術振興会科学研究費補助金による共同研究などに追われ，ついにそのためにまとまった時間を割くことができなくなった。
　せめて私の40数年にわたるインタナショナル（国際社会主義）史研究——それはこの国においてほとんど研究者を見出せない専門分野なのだが——を振り返る著作を構想し，インタナショナル史研究とはどのようなものであるかの実例を示し，それになにがしかの意義を読者に感じ取っていただければ幸いかと思い立ち，本書をまとめることにした。
　その最初のきっかけは，母校である京都大学大学院文学研究科現代史学専修の主任教授永井和氏より，「若い院生・学生に現代史学専修の学問的伝統を伝えて」くれないか，と集中講義を依頼されたことにあった。これまで自らの専門研究を学生に講義するのはむずかしかろうと極力，集中講義を断ってきたのだが，一度は母校の後輩を前に自らの研究を振り返り，私のインタナショナル史研究を講義してみたいと思い直すに至った。永井氏には「私の」を冠した講義題目でよいかと尋ね，かまわないとの返事を得て，2013年9月に集中講義を行った。予想どおりと言うべきか，とくに学部学生には予備知識もなく理解が困難だったようだが，数名の修士課程および博士課程の院生には刺激的な講義だったようで，私自身も充実感を覚えることができ，受講生に感謝している。

数年前から私は，これまで収集してきた図書，とりわけ東欧諸語の雑誌バックナンバーを九州大学附属図書館に寄贈し，講座に配分された間接経費で製本をしてきている。本人以上に「長生き」するであろう「山内昭人教授寄贈」のゴム印が押された図書が九州大学に残るようにしようと思っている。定年退職後は宮崎に戻り，晴耕雨読をしながら残された研究の集大成をめざしたいと念じており，そして最後に残った図書は，宮崎大学附属図書館に寄贈させてもらうつもりでいる。

　本書は，九州大学大学院人文科学研究院の出版助成制度である「九州大学人文学叢書」の一冊として刊行されることになった。私の申請を承認して下さった人文科学研究院教授会構成員の同僚諸氏に感謝申し上げる。また，本書が少しでも良いものになるよう貴重な指摘や助言をいただいた匿名査読者および九州大学出版会の尾石理恵さんにも同じく感謝申し上げる。

2015 年 11 月 7 日

文 献 目 録

(Selected Bibliography)

1　文書館史料 (Archival Sources)

Российский государственный архив социально-политической истории (РГАСПИ) (Москва)
- ф. 5 (Секретариат Ленина (1917-1924))
- ф. 17 (ЦК КПСС)
    - оп. 3 (Политбюро ЦК (1919-1952))
    - оп. 84 (Бюро Секретариата (1918-1926))
- ф. 134 (Коллонтай, А.М. (1872-1952))
- ф. 286 (Балабанова, А.И. (1878-1965))
- ф. 324 (Зиновьев, Г.Е. (1883-1936))
- ф. 333 (Центральное бюро коммунистических организации оккупированных местностей (1918-1919))
- ф. 340 (Международное социалистическое движение (II Интернационал) (1889-1919))
- ф. 488 (Первый (учредительный) конгресс Коминтерна (1919))
- ф. 489 (Второй конгресс Коминтерна (1920))
- ф. 490 (Третий конгресс Коминтерна (1921))
- ф. 495 (Исполнительный комитет Коминтерна (ИККИ) (1919-1943))
    - оп. 1 (Заседания Исполкома Коминтерна (1919-1929))
    - оп. 2 (Президиум Исполкома Коминтерна (1919-1941))
    - оп. 18 (Секретариат ИККИ (1915-1943))
    - оп. 72 (Англо-Американский лендерсекретариат ИККИ (1921-1937))
    - оп. 98 (Коммунистическая партия Канады (1931-1943))
    - оп. 108 (Коммунистическая партия Мексики (1919-1940))
    - оп. 127 (Коммунистическая партия Японии (1916-1941))
    - оп. 154 (Восточный секретариат ИККИ (1920-1936))
- ф. 497 (Временное амстердамское бюро ИККИ (1919-1920))
- ф. 499 (Западноевропейское бюро ИККИ (1919-1933))
- ф. 510 (Скандинавская коммунистическая федерация (1924-1928))
- ф. 515 (Коммунистическая партия США (1912-1944))
- ф. 521 (Катаяма, Сэн (1859-1933))

ф. 534 (Красный интернационал профсоюзов (Профинтерн) (1921-1937))

ф. 549 (Центральная федерация иностранных групп при ЦК РКП(б) (1918-1920))

ф. 558 (Сталин, И.В. (1878-1953))

ф. 581 (Вайнкоп (Wijnkoop), Давид (1877-1941))

ф. 626 (Рутгерс (Rutgers), С.Ю. (1879-1961))

Государственный архив Российской Федерации (ГАРФ) (Москва)

ф. Р-8310 (Сибирский революционный комитет (1919-20))

ф. Р-9550 (Листовки разных авторов на иностранных языках и языках народов СССР (1917-1943))

Internationaal Instituut voor Sociale Geschiedenis (IISG) (Amsterdam)

Archief W. van Ravesteyn

Archief H. Roland Holst

Archief S.J. Rutgers

Archief H. Sneevliet

Archief D.J. Wijnkoop

Nationaal Archief (Den Haag)

Correspondentie tussen S.J. Rutgers en de Directies der Deli Spoorweg Maatschappij/ Nederlandsch-Indische Spoorweg Maatschappij [Photocopies in the Collection of H. Olink]

Verbaalarchief en Kabinetsarchief van het Ministerie van Justitie 1915-1955, Geheime verbalen 1915-1931, Inventaris nr. 16453

National Archives and Records Administration (NARA) (Washington, D.C.)

Records of the Federal Bureau of Investigation [1908-1922], RG 65

Correspondence of the Military Intelligence Division of the War Department General Staff, 1917-1941, RG 165

New York State Archives and Records Administration (Albany, NY)

New York (State); Legislature; Joint Legislative Committee to Investigate Seditious Activities [Lusk Committee Records]

L0032 (Russian Soviet Bureau Seized Files, 1918-1919)

Rare Book & Manuscript Library, Columbia University (New York)

Boris Alexandrovich Bakhmeteff Papers

Boxes 36-38 (Arranged Manuscripts)

Lewis Corey Papers

Box 2, #5 (Report of the Federal Bureau Investigation's of Lewis Corey, 1949-1950)

Manuscripts and Archives Division, New York Public Library (New York)

Federation of Russian Organizations in America 1918-1924

Hoover Institution Archives, Stanford University (Stanford)

Robert F. Wheeler Papers

Library and Archives Canada（LAC）(Ottawa)
　　Communist Party of Canada fonds, R3137-0-5-E（former No. MG28, IV4）
外務省外交史料館（東京）
　　4.3.2.1-1（過激派其他危険主義者取締関係雑件／本邦人之部）第 10 ～ 17 冊

2　公刊史料（Printed Documentary Sources）

Die Auswirkungen der Großen Sozialistischen Oktoberrevolution auf Deutschland (Berlin, 1959).
Balabanoff, A., "Die Zimmerwalder Bewegung 1914-1919," *Archiv für die Geschichte des Sozialismus und der Arbeiterbewegung*, Bd. 12 (1926), 310-413; Bd. 13 (1928), 232-284.
Comité Organisateur de la Conférence Socialiste Internationale de Stockholm, *Stockholm* (Stockholm, 1918) [p. iii-xxx: Préface par C. Huysmans].
Foner, Ph.S., *The Bolshevik Revolution. Its Impact on American Radicals, Liberals, and Labor* (New York, 1967).
Gankin, O.H./H.H. Fisher, *The Bolsheviks and the World War. The Origin of the Third International* (Stanford, 1940 [1960]).
Gautschi, W. (Hrsg.), *Dokumente zum Landesstreik 1918* (Zürich/Köln, 1971).
Hedeler, W./A. Vatlin (Hg.), *Die Weltpartei aus Moskau. Der Gründungskongress der Kommunistischen Internationale 1919. Protokoll und neue Dokumente* (Berlin, 2008).
Kealey, G.S., "The RCMP, the Special Branch, and the Early Days of the Communist Party of Canada: A Documentary Article," *Labour/Le Travail*, Vol. 30, Fall 1992, 169-204.
Kealey, G.S./R. Whitaker (eds.), *R.C.M.P. Security Bulletins. The Early Years, 1919-1929* (St. John's, Newfoundland, 1994).
Klehr, H./J.E. Haynes/K.M. Anderson, *The Soviet World of American Communism* (New Haven/London, 1998).
Lademacher, H. (Hrsg.), *Die Zimmerwalder Bewegung. Protokolle und Korrespondenz*, Bd. 1 (The Hague/Paris, 1967).
Meijer, J.M. (ed.), *The Trotsky Papers 1917-1922*, Vol. 1 (The Hague, 1964); Vol. 2 (The Hague/Paris, 1971).
Papers Relating to the Foreign Relations of the United States. 1919. Russia (Washington, 1937).
Revolutionary Radicalism. Report of the Joint Legislative Committee Investigating Seditious Activities, Filed April 24, 1920, in the Senate of the State of New York, Part 1, Vol. 1-2 (Albany, 1920).
Russian Propaganda. Hearing before a Subcommittee of the Committee on Foreign Relations, United States Senate, Sixty-sixth Congress, Second Session pursuant to S. RES. 263 (Washington, 1920).
La Russie des Soviets et les Peuples du Monde. Discours prononcés au meeting international de Pétrograd, le 19 décembre 1918 (Pétrograd, 1920).

Saich, T., *The Origins of the First United Front in China: The Role of Sneevliet (alias Maring)*, Vol. 1, 2 (Leiden et al., 1991).

Sinanoglou, I. (ed.), "Journal de Russie d'Albert Thomas 22 avril−19 juin 1917," *Cahiers du Monde russe et soviétique*, 1973, No. 1-2, 86-204.

Spenser, D./R.O. Peralta, *La Internacional Comunista en México: Los Primeros Tropiezos. Documentos, 1919-1922* (México, 2006).

Stern, L. (Hrsg.), *Die Auswirkungen der Großen Sozialistischen Oktoberrevolution und Deutschland* (Archivalische Forschungen zur Geschichte der Deutschen Arbeiterbewegung, Bd. 4/I-IV) (Berlin, 1959).

Testimony of Ludwig C.A.K. Martens taken before the Joint Legislative Committee of the State New York Investigating Seditious Activities (n.p. [New York], n.d. [1919 or 1920]).

Der zweite Kongreß der Kommunistischen Internationale. Protokoll der Verhandlungen vom 19. Juli in Petrograd und vom 23. Juli bis 7. August 1920 in Moskau (Hamburg, 1921).

"Американские дневники А.М. Коллонтай (1915-1916 гг.)," *Исторический архив*, 1962, No. 1, 128-159.

Будницкий, О.В. (ред.), *«Совершенно лично и доверительно!» Б.А. Бахметев − В.А. Маклаков переписка 1919-1951*, Т. 1 (Москва, 2001).

ВКП(б), Коминтерн и Корея. 1918-1941 гг. (Москва, 2007).

ВКП(б), Коминтерн и национально-революционное движение в Китае. Документы, Т. 1 (Москва, 1994).

ВКП(б), Коминтерн и Япония. 1917-1941 гг. (Москва, 2001) [和田春樹 / G.M. アジベーコフ監修『資料集　コミンテルンと日本共産党』富田武 / 和田春樹編訳（岩波書店, 2014)].

Владимир Ильич Ленин. Биографическая хроника, Т. 3, 4, 7, 9, 10 (Москва, 1972, 1973, 1976, 1978, 1979).

Восьмой съезд РКП(б). Март 1919 года. Протоколы (Москва, 1959).

Дажина, И.М. (ред.), "А.М. Коллонтай о первой советской зарубежной делегации. Начало 1918 г.," *Исторический архив*, 2008, No. 3, 154-184; No. 4, 79-103.

Дальневосточная политика Советской России (1920-1922 гг.). Сборник документов Сибирского бюро ЦК РКП(б) и Сибирского революционного комитета (Новосибирск, 1996).

Документы внешней политики СССР, Т. 2 (Москва, 1958).

"Из архива А.М. Коллонтай. (Дневник, письма, статьи 1915-1917 гг.)," *Иностранная литература*, 1970, No. 1, 226-236; No. 2, 226-245.

Коминтерн и идея мировой революции. Документы (Москва, 1998).

Коминтерн и Латинская Америка. Сборник документов (Москва, 1998).

"Организация автономной колонии американских рабочих «Кузбасс» (1921-1923 гг.),"

Исторический архив, 1961, No. 2, 69-98.

Пак, Б.Д., *СССР, Коминтерн и корейское освободительное движение 1918-1925. Очерки, документы, материалы* (Москва, 2006).

Пятый созыв Всероссийского Центрального Исполнительного Комитета Советов Рабочих, Крестьянских, Казачьих и Красноарм. Депутатов. Стенографический отчет. Москва, 1918 г. (Москва, 1919).

Первый конгресс Коминтерн. Март 1919 г. (Москва, 1933).

1-вый съезд народов Востока, Баку, 1-8 сент. 1920 г. Стенографические отчеты (Петроград, 1920).

Первый съезд революционных организаций Дальнего Востока. Сборник (Петроград, 1922).

Политбюро ЦК РКП(б)-ВКП(б) и Коминтерн. 1919-1943. Документы (Москва, 2004).

Протоколы заседаний Совета Народных Комиссаров РСФСР. Ноябрь 1917 — март 1918 гг. (Москва, 2006).

Россия и США: дипломатические отношения 1900-1917 (Москва, 1999).

Седьмая (Апрельская) Всероссийская РСДРП (большевиков). Апрель 1917 года. Протоколы (Москва, 1958).

Сибирское бюро ЦК РКП(б) 1918-1920 г.г. Сборник документов, Ч. 1 (Новосибирск, 1978).

Советская Россия и народы мира. Речи произнесенные на международном митинге в Петрограде (Петроград, 1919).

Советско-Американские отношения. Годы непризнания. 1918-1926 (Москва, 2002).

Совещание Российских Консулов и представителей русской колонии 29-30 сентября и 1 октября 1917 г. в Нью-Йорке. Краткий отчет, составленный редакционной комиссией, в которую входили участники совещания О. Дымов, Е. Омельченко и П. Бланк (New York, 1917).

Шляпников, А., "Февральская революция и европейские социалисты. (Материалы о международной конференции.)," *Красный архив*, Т. 15, 1926, 61-85; Т. 16, 1926, 25-43.

稲葉千晴 / D.B. パヴロフ編『ロシア共産党文書館日本関連文書目録（1904-1954年）』（ナウカ, 2001）.

岡直樹 / 塩田庄兵衛 / 藤原彰編『祖国を敵として――一在米日本人反戦運動』（明治文献, 1965）.

荻野富士夫編『特高警察関係資料集成』第1, 6巻 (不二出版, 1991).

加藤哲郎「1922年9月の日本共産党綱領（上）」『大原社会問題研究所雑誌』481号, 1998年12月, 43-60.

加藤哲郎「第一次共産党のモスクワ報告書（上）」同上, 489号, 1999年8月, 35-56.

近代日本史料研究会編『特別要視察人状勢一斑』続二, 続三 (明治文献資料刊行会, 1962).

二村一夫「片山潜の未発表書簡について――「パーマ・レイド」前後とモスクワ便り」『資料室報』（法政大学大原社会問題研究所）, 259号, 1979年10月, 1-22.

廣畑研二編『一九二〇年代社会運動関係警察資料』(不二出版, 2003).
松尾尊兊編『社会主義沿革 (一),(二)』(みすず書房, 1984, 1986).
村田陽一編訳『コミンテルン資料集』第1巻 (大月書店, 1978).
村田陽一編訳『資料集　コミンテルンと日本』第1巻 (大月書店, 1986).

3　同時代新聞・雑誌 (Contemporary Newspapers and Periodicals)

Bote der Russischen Revolution. Organ der ausländischen Vertretung des Zentralkomitees der sozialdemokratischen Arbeiterpartei Russland (Bolscheviki) (Stockholm), 1917 [Reprint: Glashütten im Taunus, 1972].

Bulletin of the provisional Bureau in Amsterdam of the Communist International/Bulletin of the Sub-Bureau in Amsterdam of the Communist International (Amsterdam), 1920.

The Call Of the workers and peasants of Russia, to their English speaking fellow workers/The Call. The organ of The English Speaking Group of Communists in Russia (Москва), 1918-1919.

The Class Struggle (New York), 1917-1919 [New York, 1968].

The Communist (Chicago), 1919 [two different periodicals bound together in the 1968 reprint, New York].

The Communist. Official Organ of the Communist Party of America (Chicago), 1919-1921.

The Communist. Official Organ of the Communist Party of Canada (Section of the Communist International) (n.p.), 1921.

demain. Pages et Documents (Genève), 1916-1918; (Moscou), 1919.

Gale's (Mexico City), 1920.

The International Socialist Review (Chicago), 1900-1918.

Internationale socialistische Kommission. Nachrichtendienst (Stockholm), 1917-1918.

Internationale socialistische Kommission zu Bern. Bulletin (Berne), 1915-1917.

The Internationalist (Boston), 1917.

Die Kommunistische Internationale. Organ des Exekutiv-Komitees der Kommunistischen Internationale (Berlin), 1919-1921.

The Liberator (New York), 1918-1919.

The New International (Boston/New York), 1917-1918.

(The) New Review (New York), 1913-1916.

The New York Call (New York), 1916-1919; *The Evening Call*, 3.XII.1917-10.VIII.1918.

The New York Communist (New York), 1919 [Westport, Connecticut, 1970].

De Nieuwe Tijd (Amsterdam), 1896-1921.

The Revolutionary Age (Boston/New York), 1918-1919 [New York, 1968].

Die Rote Fahne. Organ des Zentralkomitees des Sozialdemokratie (Kommunisten) Lettlands (Riga), 1919.

Russische Korrespondenz "PRAWDA" (Stockholm), 1917.

Soviet Russia (New York), 1919-1921.
De Tribune (Amsterdam), 1913-1920.
The Worker. Official Organ of the Workers' Party of Canada (Toronto), 1922.
Workers' Dreadnought (London), 1920-1921.
Vorbote. Internationale Marxistische Rundschau (Bern), 1916.
Het Vrije Woord (Semarang), 1915-1919.

Голос Труда (New York), 1911, 1917.
Известия (Петроград/Москва), 1918.
Коммунистический Интернационал. Орган Исполнительного Комитета Коммунистического Интернационала (Петроград/Москва), 1919-1921.
Наше Слово (Paris), 1915-1916.
Новый Мир (New York), 1916-1919.

『社会主義研究』1919-1921.
『新社会』1915-1919［復刻版：不二出版, 1982］.
『平民』/ *The Heimin* (San Francisco), 1916; (New York), 1917-1919.
『労働運動』1921.

4　同時代文献（Contemporary Literature）

Balabanoff, A., *Erinnerungen und Erlebnisse* (Berlin, 1927).
Balabanoff, A., *My Life as a Rebel* (New York/London, 1938)［New York, 1968］［A. バラバーノフ『わが反逆の生涯』久保英雄訳（風媒社, 1970）］.
Bukharin, N., "Der imperialistische Staat," *Arbeiterpolitik*, Jg. 1, No. 25, 9.XII.1916, 193-195.
Fraina, L.C., "The Proletarian Revolution in Russia," *The Class Struggle*, Vol. 2, No. 1, I.-II.1918, 29-67.
Gorter, H., *Het Imperialisme, de Wereldoorlog en de Sociaal-Democratie* (Amsterdam, n.d.［XII.1914］)［German version: *Der Imperialismus, der Weltkrieg und die Sozialdemokratie* (München, n.d.)］.
Gorter, H., *Die Moskauer Internationale* (Berlin, 1921).
Guilbeaux, H., *Du Kremlin au Cherche-Midi* (Paris, 1933).
Katayama, S., "Socialistische Propaganda onder de Japanners," *Het Vrije Woord*, Jg. 2, No. 12, 25.III.1917, 107; No. 14, 25.IV.1917, 132.
Lenin, N., *The Soviets at Work. The International Position of the Russian Soviet Republic and the Fundamental Problems of the Socialist Revolution* (New York, 1918).
Lenin, N./L.Trotzky, *The Proletarian Revolution In Russia.* Edited, with an Introduction, Notes and Supplementary Chapters by Louis C. Fraina (New York, 1918).

Lore, L., "Leon Trotzky," *One Year of Revolution Celebrating the First Anniversary of the founding of the Russian Soviet Republic* (Brooklyn, New York, 1918), 7-10.

Luxemburg, Rosa, "Der Wiederaufbau der Internationale," *Die Internationale. Eine Monatschrift für Praxis und Theorie des Marxismus* (n.p. [Berlin]), [Jg. 1] Heft 1, IV.1915, 4-15.

[Nicolaevsky, B.] "Les Premières années de l'Internationale communiste. D'après le récit du «camarade Thomas» recueilli, introduit et annoté par Boris Nicolaevsky," J. Freymond (dir.), *Contributions à l'histoire du Comintern* (Genève, 1965), 1-28.

[Roy, M.N.] *M.N. Roy's Memoirs* (Bombay, 1964).

Rutgers, S.J., *Uit Sowjet-Rusland. 25 september 1918 – 15 october 1919* (Amsterdam, 1920).

Rutgers, S.J., "Een/Mijn ontmoeting met Lenin," *Kommunisme/Communisme* (Amsterdam), Jg. 1, No. 11, XI.1935, 390-397; Jg. 2, No. 6, VI.1936, 241-245; No. 7, VII.1936, 296-303.

Scheidemann, Ph., *Memoiren eines Sozialdemokraten*, Bd. 1 (Dresden, 1928).

Shipman, Ch., *It Had to Be Revolution. Memoirs of an American Radical* (Ithaca/London, 1993).

Zinoviev, G., *Report of the Executive Committee of the Communist International to the Second World Congress of the Communist International* (Petrograd, 1920).

Балабанова, А., *Из личных воспоминании Циммервальдца* (Ленинград/Москва, 1925).

Вильчур, М., *Русские в Америке* (New York, n.d.).

Зиновьев, Г., *Сочинения*, Т. 5 (Москва/Ленинград, 1924).

Коллонтай, А.М., *Из моей жизни и работы* (Москва, 1974).

Ленин, В.И., *Сочинения*, Изд. 3, Т. 19, 20, 29 (Москва/Ленинград, 1930, 1936, 1933).

Ленин, В.И., *Полное собрание сочинений*, Т. 27, 30, 49, 50 (Москва, 1969, 1969, 1964, 1970).

Ленинский сборник, Т. 2, 4, 17 (Москва/Ленинград, 1924, 1925, 1931), 20, 36 (Москва, 1932, 1959).

Окунцов, И.К., *Русская Эмиграция в Северной и Южной Америке* (Buenos Aires, 1967).

Омельченко, Е.И., *К вопросу об организации российской колонии* (New York, 1917).

Омельченко, Е.И./О.А. Корф (Omeltchenko, E.I./O.A. Korff) (chief editors), *Русско-американский справочник/Russian-American Register* (New York, 1920).

Рутгерс, С., "Встречи с Лениным," *Историк-марксист*, 1935, No. 2-3 (42-43), 85-98.

Свердлов, Я.М., *Избранные произведения*, Т. 2 (Москва, 1959).

Стучка, П., *Пять месяцев Социалистической Советской Латвии. Сборник статей и заметок*, Ч. 1 (n.p. [Москва], 1919).

Стучка, П., *Пять месяцев Социалистической Советской Латвии*, Ч. 2: Сборник документов и важнейших декретов (n.p. [Псков], 1921).

Стучка, П., *За Советскую власть в Латвии 1918-1920. Сборник статей* (Рига, 1964).

Троцкий, Л., *Война и революция. Крушение Второго Интернационала и подготовка Третьего*, Т. 2 (Петроград, 1922).

Юренев, И., *Борьба за единство партии. (Очерк возникновения и деятельности*

Петроградскаго Междурайоннаго Комитета)（Петроград, 1917）.

石垣栄太郎「片山潜とその同志たち――アメリカ放浪四十年⑥――」『中央公論』67 巻 14 号, 1952 年 12 月, 232-241.
大杉栄『自叙伝・日本脱出記』飛鳥井雅道校訂（岩波書店, 1971）.
片山潜生誕百年記念会編『片山潜著作集』第 2, 3 巻（河出書房新社, 1960）.
片山潜『わが回想』下（徳間書店, 1967）［Russian version: Сэн Катаяма, Воспоминания（Москва, 1964）］.
近藤栄蔵『コムミンテルンの密使　日本共産党創生秘話』（文化評論社, 1949）.
鈴木茂三郎『ある社会主義者の半生』（文藝春秋新社, 1958）.
田口運蔵『赤い広場を横ぎる』（大衆公論社, 1930）.
同志社大学人文科学研究所編『近藤栄蔵自伝』（ひえい書房, 1970）.
山川菊栄 / 向坂逸郎編『山川均自伝――ある凡人の記録・その他』（岩波書店, 1961）.
渡辺春男『片山潜と共に』（和光社, 1955）.
渡辺春男『思い出の革命家たち　片山潜・トロッキー・スターリン・徳田球一など』（芳賀書店, 1968）.

5　研究文献（Secondary Literature）

Agosti, A., "The Concept of World Revolution and the 'World Party for the Revolution' (1919-1943)," *The International Newsletter of Historical Studies on Comintern, Communism and Stalinism*, No. 9-13, 1997/98, 73-83.

Angus, I., *Canadian Bolsheviks. The Early Years of the Communist Party of Canada*, First Edition (Montreal, 1981); Second Edition (Victoria, BC, 2004).

Avakumovic, I., *The Communist Party in Canada. A History* (Toronto, 1975).

Avery, D., *"Dangerous Foreigners." European Immigrant Workers and Labour Radicalism in Canada 1896-1932* (Toronto, 1979).

Baxter, Th.C., Selected Aspects of Canadian Public Opinion of the Russian Revolution and on Its Impact in Canada, 1917-1919 (MA thesis, University of Western Ontario, 1972).

Bell, D., "The Background and Development of Marxian Socialism in the United States," D.D. Egbert/S. Persons (eds.), *Socialism and American Life* (Princeton, 1952), Vol. 1, 213-406.

Björlin, L., "Zwischen Sozialdemokratie und Bolschewismus – der schwedische Politiker Zeth Höglund," *Jahrbuch für Historische Kommunismusforschung 2008* (Berlin, 2008), 296-309.

Blänsdorf, A., *Die Zweite Internationale und der Kriege. Die Diskussion über die internationale Zusammenarbeit der sozialistischen Parteien 1914-1917* (Stuttgart, 1979).

Buhle, P., "The Meaning of Debsian Socialism," *Radical America*, 1968, No. 1, 44-51.

Buhle, P., "Debsian Socialism and the 'New Immigrant' Worker," W.L. O'Neill (ed.), *Insights and Parallels. Problems and Issues of American Social History* (Minneapolis, 1973), 249-277.

Buhle, P., *Marxism in the United States. A History of the American Left*. Third Edition (London/New York, 2013).

Campfens, M./M. Schrevel/F. Tichelman (red.), *Op een beteren weg. Scheten uit de geschiedenis van de arbeidersbeweging aangeboden aan mevrouw dr. J.M. Welcker* (Amsterdam, 1985).

Carpenter, N., *Immigrants and Their Children 1920. A Study Based on Census Statistics Relative to the Foreign Born and the Native White of Foreign or Mixed Parentage* (Washington, 1927).

Carr, B., *Marxism & Communism in Twentieth-century Mexico* (Lincoln/London, 1992).

Christopulos, D.K., American Radicals and the Mexican Revolution 1900-1925 (Ph.D. diss., State Univ. of New York at Binghamton, 1980).

Cohen, S.F., "Bukharin, Lenin and the Theoretical Foundations of Bolshevism," *Soviet Studies*, 1970, No. 4, 436-457.

Cohen, S.F., *Bukharin and the Bolshevik Revolution. A Political Biography 1888-1938* (New York, 1973 [1975]) [S.F. コーエン『ブハーリンとボリシェヴィキ革命——政治的伝記, 1888-1938 年』塩川伸明訳 (未来社, 1979)].

Collart, Y., *Le Parti socialiste suisse et l'Internationale 1914-1915. De l'Union nationale à Zimmerwald* (Genève, 1969).

Collmer, P., "Zwischen Selbstdefinition und internationaler Behauptung. Frühe bolschewistische Diplomatie am Beispiel der Sowjetmission in Bern (Mai bis November 1918)," L. Thomas/V. Knoll (Hg.), *Zwischen Tradition und Revolution. Determinanten und Strukturen Sowjetischer Aussenpolitik 1917-1941* (Stuttgart, 2000), 225-283.

Daniels, R.V., "The State and Revolution: A Case Study in the Genesis and Transformation of Communist Ideology," *American Slavic and East European Review*, 1953, No. 1, 22-43.

Daniels, R.V., *The Conscience of the Revolution. Communist Opposition in Soviet Russia* (Cambridge, Mass., 1960) [R. ダニエルズ『ロシア共産党党内闘争史』上, 国際社会主義運動研究会訳 (現代思潮社, 1970)].

Davis, J., *The Russian Immigrant* (New York, 1922).

Davis, J., *The Russians and Ruthenians in America. Bolsheviks or Brothers?* (New York, 1922).

Draper, Th., *The Roots of American Communism* (New York, 1957).

Draper, Th., *American Communism and Soviet Russia. The Formative Period* (New York, 1960).

Fainsod, M., *International Socialism and the World War* (Cambridge, Mass., 1935) [New York, 1966].

Felshtinsky, Y., "The Legal Foundations of the Immigration and Emigration Policy of the USSR, 1917-27," *Soviet Studies*, Vol. 34, No. 3, 1982, 327-348.

Graß, M., *Friedensaktivität und Neutralität. Die skandinavische Sozialdemokratie und die neutrale Zusammenarbeit im Krieg, August 1914 bis Februar 1917* (Bonn-Bad Godesberg, 1975).

Hobsbawm, E., "Problems of Communist History," *New Left Review*, No. 54, III.-IV.1969, 85-91.

Hulse, J.W., *The Forming of the Communist International* (Stanford, 1964).

Jeifets, L./V. Jeifets/P. Huber, *La Internacional comunista y América Latina, 1919-1943.*

Diccionario biográfico ([Genève], 2004).
Kan, A., *Nikolai Bucharin und die skandinavische Arbeiterbewegung* (Mainz, 1993).
Kan, A., "Die Skandinavische Kommission der Komintern 1919-1921," *JahrBuch für Forschungen zur Geschichte der Arbeiterbewegung*, 2004/III, IX.2004, 51-69.
Kheyfetz, L./V. Kheyfetz, "Michael Borodin. The First Comintern-emissary to Latin America (Part One)/(Part Two)," *The International Newsletter of Historical Studies on Comintern, Communism and Stalinism*, Vol. 2 (1994/95), No. 5/6, 145-149; Vol. 3 (1996), No. 7/8, 184-188.
Kirby, D., *War, Peace and Revolution. International Socialism at the Crossroads 1914-1918* (Aldershot, 1986).
Kirby, D., "Zimmerwald and the origins of the Third International," T. Rees/A. Thorpe, *International communism and the Communist International 1919-43* (Manchester/New York, 1998), 15-30.
Kowalski, R.I., The Development of "Left Communism," until 1921: Soviet Russia, Poland, Latvia and Lithuania (Ph.D. diss., University of Glasgow, 1978).
Kriegel, A., *Aux origines du communisme français 1914-1920. Contribution à l'histoire du mouvement ouvrier français*, t. 1, 2 (Paris/La Haye, 1964).
Lasch, Ch., *The American Liberals and the Russian Revolution* (New York, 1962).
Lazitch, B./M.M. Drachkovitch, *Lenin and the Comintern*, Vol. 1 (Stanford, 1972).
Lazitch, B./M.M. Drachkovitch, *Biographical Dictionary of the Comintern*. New, Revised, and Expanded Edition (Stanford, 1986) [B. ラジッチ / M.M. ドラチコヴィチ『コミンテルン人名辞典』勝部元 / 飛田勘弐訳 (至誠堂, 1980)].
Linden, M. van der, *Transnational Labour History: Explorations* (Aldershot/Burlington, 2003).
Loupan, V./P. Lorrain, *L'argent de Moscou. L'histoire la plus secrète du PCF* (Paris, [1994]).
McDermotto, K./J. Agnew, *The Comintern. A History of International Communism from Lenin to Stalin* (Basingstoke/London, 1996) [K. マクダーマット/J. アグニュー『コミンテルン史——レーニンからスターリンへ——』萩原直訳 (大月書店, 1998)].
Magosci, P.R./S. Stotsky, General Editor, *The Russian Americans* (New York/Philadelphia, 1996).
Mayer, A.J., *Political Origins of the New Diplomacy, 1917-1918* (New Haven, 1959).
Mellink, A., "Een 'hollands marxist' geportretteerd ir. S.J. Rutgers," *Jaarboek voor de geschiedenis van socialisme en arbeidersbeweging in Nederland. 1976* (Nijmegen, 1976), 256-262.
Meschkat, K., "Die Komintern in Lateinamerika. Biographien als Schlüssel zum Verständnis einer Weltorganisation," M. Buckmiller/K. Meschkat (Hrsg.), *Biographisches Handbuch zur Geschichte der Kommunistischen Internationale. Ein deutsch-russisches Forschungsprojekt* (Berlin, 2007), 111-126.
Meynell, H., "The Stockholm Conference of 1917," *International Review of Social History*, 1960, Part 1, 1-25; Part 2, 202-225.
Morray, J.P., *Project Kuzbas. American Workers in Siberia (1921-1926)* (New York, 1983).

Nation, R.C., *War on War. Lenin, the Zimmerwald Left, and the Origins of Communist Internationalism* (Durham, 1989).

Nettl, J.P., *Rosa Luxemburg*, 2 Vols. (London, 1966).

Olink, H., *De vermoorde droom [Drie Nederlandse idealisten in Sovjet-Rusland]* (Amsterdam, 1993).

Orr, S.E., Deporting the Red Menace: Russian Immigrants, Progressive Reformers, and the First Red Scare in Chicago, 1917-1920 (Ph.D. diss., University of Notre Dame, 2010).

Palmer, B., *James P. Cannon and the Origins of the American Revolutionary Left, 1890-1928* (Urbana/Chicago, 2007).

Panunzio, C.M., *The Deportation Cases of 1919-1920. A Study* (New York, 1921).

Penner, N., *Canadian Communism. The Stalin Years and Beyond* (Toronto et al., 1988).

Pfannestiel, T.J., *Rethinking the Red Scare. The Lusk Committee and New York's Crusade against Radicalism, 1919-1923* (New York/London, 2003).

Reisberg, A., *Lenin und die Zimmerwalder Bewegung* (Berlin, 1966).

Rodney, W., *Soldiers of the International. A History of the Communist Party of Canada 1919-1929* ([Toronto], 1968).

Rojahn, P.J., "Um die Erneuerung der Internationale: Rosa Luxemburg contra Pieter Jelles Troelstra. Zur Haltung der radikalen Linken in Deutschland nach dem 4. August 1914," *International Review of Social History*, 1985, Part 1, 2-150.

Schmid-Ammann, P., *Die Wahrheit über den Generalstreik von 1918. Seine Ursachen, Sein Verlauf, Seine Folgen* ([Zürich], 1968).

Schmidt, R., *Red Scare. FBI and the Origins of Anticommunism in the United States, 1919-1943* (Copenhagen, 2000).

Schröder, J., *Internationalismus nach dem Krieg. Die Beziehungen zwischen deutschen und französischen Kommunisten 1918-1923* (Essen, 2008).

Senn, A.E., "Les Russes dans le mouvement Zimmerwald," *Cahiers du Monde russe et soviétique*, 1969, No. 2, 219-227.

Senn, A.E., *The Russian Revolution in Switzerland 1914-1917* (Madison, Wisconsin, 1971).

Shannon, D.A., *The Socialist Party of America. A History* (New York, 1955).

Siegel, K.A.S., *Loans and Legitimacy. The Evolution of Soviet-American Relations 1919-1933* (Kentucky, 1996).

Slice, A. van der, *International Labor, Diplomacy, and Peace* (Philadelphia, 1941).

Spenser, D., "Emissaries of the Communist International in Mexico," *American Communist History*, Vol. 6, No. 2, 2007, 151-170.

Spenser, D., *Los primeros tropiezos de la Internacional Comunista en México* (México, 2009) [*Stumbling its way through Mexico. The Early Years of the Communist International* (Tuscaloosa, 2011)].

Stillig, J., "Das Problem Elsaß-Lothringen und die sozialistische Internationale im Jahr 1917,"

Vierteljahrshefte für Zeitgeschichte, 1975, H. 1, 62-76.

Stillig, J., *Die Russische Februarrevolution 1917 und die Sozialistische Friedenspolitik* (Köln/Wien, 1977).

Stoljarowa, R., "W.I. Lenin und die Partei der Bolschewiki im Kampf für eine Kommunistische Internationale," *Beiträge zur Geschichte der Arbeiterbewegung*, 1969, H. 2, 215-238.

Svátek, F., "The Governing Organs of the Communist International: their growth and composition, 1919-1943," *History of Socialism. Year Book 1968* (Prague, 1969), 179-266.

Tosstorff, R., *Profintern: Die Rote Gewerkschaftsinternationale 1920-1937* (Paderborn/München/Wien/Zürich, 2004).

Trincher[-]Rutgers, G.C./K. Trincher, *Rutgers. Zijn leven en streven in Holland, Indonesië, Amerika en Rusland* (Moskou, 1974).

Voerman, G., *De meridiaan van Moskou. De CPN en de Communistische Internationale, 1919-1930* (Amsterdam/Antwerpen, 2001).

Voerman, G., "Proletarian Competition. The Amsterdam Bureau and its German Counterpart, 1919-1920," *Jahrbuch für Historische Kommunismusforschung 2007* (Berlin, 2007), 201-220.

Watlin, A., *Die Komintern 1919-1929. Historische Studien* (Mainz, 1993), 21-44 [The first appearance: M. Wehner/A. Vatlin, "„Genosse Thomas" und die Geheimtätigkeit der Komintern in Deutschland 1919-1925," *Internationale wissenschaftliche Korrespondenz zur Geschichte der deutschen Arbeiterbewegung*, 1993, H. 1, 1-19].

Weill, C., "A propos du terme «Bolchevisme»," *Cahiers du Monde russe et soviétique*, 1975, No. 3-4, 353-363 [山内昭人 / 本秀一「『ボリシェヴィズム』という用語について——編訳とまえがき——」『宮崎大学教育学部紀要』（社会科学）, 60 号, 1986 年 9 月, 6-16].

Weinstein, J., "Socialism's Hidden Heritage: Scholarship Reinforces Political Mythology," *Studies on the Left*, 1963, No. 4, 88-108.

Weinstein, J., *The Decline of Socialism in America, 1912-1925* (New York, 1967).

Weinstein, J., "A Reply," *Radical America*, 1968, No. 1, 51-56.

Welcker, J.M., "Zwischen Wirklichkeit und Traum. Die Stockholmer Friedenskonferenz von 1917," *Internationale Tagung der Historiker der Arbeiterbewegung. 19. Linzer Konferenz 1983* (Wien, 1985), 33-68.

White, J.D., "National Communism and World Revolution: The Political Consequences of German Military Withdrawal from the Baltic Area in 1918-19," *Europe-Asia Studies*, 1994, No. 8, 1349-1369.

Winter, J.M., "Arthur Henderson, the Russian Revolution, and the Reconstruction of the Labour Party," *The Historical Journal*, 1972, No. 4, 753-773.

Адибеков, Г.М./Э.Н. Шахназарова/К.К. Шириня, *Организационная структура Коминтерна. 1919-1943* (Москва, 1997).

Баевский, Д., "Борьба Ленина против бухаринских «шатаний мысли»," *Пролетарская рево-*

люция, 1930, No. 1, 18-46.

Бауман, Г.Г., *Трибунисты — революционные марксисты Нидерландов* (Ростов-на-Дону, 1981) [Dutch version: G. Bauman, *De Tribunisten – de revolutionaire marxisten van Nederland* (Moskou, 1988)].

Бауман, Г.Г., *Ленин и нидерландские трибунисты* (Ростов-на-Дону, 1990).

Ватлин, А.Ю., *Коминтерн: Идеи, решения, судьбы* (Москва, 2009).

Воробцова, Ю.И., *Деятельность представительства ЦК РСДРП(б) в Стокгольме (апрель-ноябрь 1917 г.)* (Москва, 1968).

Интернационалисты. Трудящиеся зарубежных стран – участники борьбы за власть Советов (Москва, 1967).

Карлинер, М.М., "Миссия Гендерсона в Россию в 1917 г.," *Европа в новое и новейшее время* (Москва, 1966), 569-606.

Копылов, В.Р., *Октябрь в Москве и зарубежные интернационалисты* (Москва, 1988).

Ленин в борьбе за революционный Интернационал (Москва, 1970).

Нитобург, Э.Л., *Русские в США. История и судьбы 1870-1970. Этноисторический очерк* (Москва, 2005).

Пак, Б.Д., "Первый посланец Коминтерна на Дальнем Востоке," *Восток*, 2001, No. 6, 36-44.

Пантелеев, М., *Агенты Коминтерна. Солдаты мировой революции* (Москва, 2005).

Петров, П.С., "Америка читала В.И. Ленин (1917-1919 гг.)," *Вопросы истории*, 1968, No. 11, 55-68 [The abridged version in: *Political Affairs*, 1970, No. 9, 51-54].

Ручкин, А.Б., Русская диаспора в Соединенных Штатах Америки в первой половине XX века. Работа выполнена на общеуниверситетской кафедре истории Московского гуманитарного университета (Москва, 2007).

Тарле, Г.Я., *Друзья страны Советов. Участие зарубежных трудящихся в восстановлении народного хозяйства СССР в 1920-1925 гг.* (Москва, 1968).

Темкин, Я.Г., *Ленин и международная социал-демократия. 1914-1917* (Москва, 1968).

Темкин, Я.Г./Б.М. Туполев, *От Второго к Третьему Интернационалу* (Москва, 1978).

Тринчер, Г./К. Тринчер, *Рутгерс* (Москва, 1967).

Фирсов, Ф., *Секретные коды истории Коминтерна 1919-1943* (Москва, 2007).

Хейфец, В.Л., Коммунистический Интернационал и Латинская Америка. 1919-1921 гг. (диссертация, Санкт-Петербургский государственный университет, 1997).

Хейфец, В.Л., "Провал континентальной революции: Коминтерн и эволюция левого движения Мексики в 1919-1921 гг.," *Россия контексте мировой истории. Сборник статей* (Санкт-Петербург, 2002), 252-277.

Хейфец, В.Л., "Панамериканское бюро Коммунистического Интернационала и Южная Америка. Миссия Генри Аллена," *Латиноамериканский исторический альманах*, 2002, No. 3 (Москва, 2002), 137-150.

Хейфец, Л.С., *Латинская Америка в орбите Коминтерна (Опыт биографического словаря)*

(Москва, 2000).
Хейфец, Л.С., *Коминтерн в Латинской Америке: формирование и эволюция организационных связей III Интернационала и его национальных секций (от зарождения коммунистического движения до создания Южноамериканского секретариата ИККИ)* (Санкт-Петербург, 2004).
Штейнберг, В., *Чарлз Скотт, его друзья и враги. О Карле Янсоне* (Москва, 1983).

石川禎浩『中国共産党成立史』(岩波書店, 2001).
犬丸義一『第一次共産党史　増補　日本共産党の創立』(青木書店, 1993).
岸本英太郎/渡辺春男/小山弘健『片山潜』第二部 (未来社, 1960).
黒川伊織『帝国に抗する社会運動——第一次日本共産党の思想と運動——』(有志舎, 2014).
「初期コミンテルンと東アジア」研究会編著『初期コミンテルンと東アジア』(不二出版, 2007).
富田武「帝国主義と国際主義——コミンテルン初期における東アジア連帯の可能性」『現代の理論』2010 年秋号 (Vol. 25), 94-103.
西川正雄『社会主義インターナショナルの群像 1914-1923』(岩波書店, 2007).
村田陽一「最初に日本へ紹介されたレーニンの文献」『経済』72 号, 1970 年 4 月, 391-411.
山泉進「大杉栄, コミンテルンに遭遇す——(付) 李増林聴取書・松本愛敬関係史料」『初期社会主義研究』15 号, 2002 年 12 月, 86-121.
ユ・ヒョヂョン (劉孝鐘)「コミンテルン極東書記局の成立過程」, 前掲『初期コミンテルンと東アジア』, 3-83.
和田春樹「コミンテルンと日本共産党」『ソ連共産党, コミンテルンと日本, 朝鮮』(平成 10 年度～平成 11 年度　科学研究費補助金基盤研究 (B)(2) 研究成果報告書, 研究代表者　石井規衛, 2000 年 3 月), 1-26.

6　山内著作目録 (Writings of A. Yamanouchi)

1)　著書
(単著)『リュトヘルスとインタナショナル史研究——片山潜・ボリシェヴィキ・アメリカレフトウィング——』ミネルヴァ書房, 1996 年 4 月, 全 viii, 373 頁.
(共編著)「初期コミンテルンと東アジア」研究会編著『初期コミンテルンと東アジア』不二出版, 2007 年 2 月, 全 x, 338 頁.
(単著)『初期コミンテルンと在外日本人社会主義者——越境するネットワーク——』ミネルヴァ書房, 2009 年 11 月, 全 viii, 334 頁.

2)　学術論文
「ボリシェヴィキとツィンメルヴァルト運動——1917 年 3 月－11 月——」『史林』59 巻 5 号,

1976 年 9 月, 79-118.

「ストックホルム会議とツィンメルヴァルト運動」『史林』61 巻 5 号, 1978 年 9 月, 93-129.

「第 3 回ツィンメルヴァルト会議（上）」『宮崎大学教育学部紀要』（社会科学), 45 号, 1979 年 3 月, 1-12.

「第 3 回ツィンメルヴァルト会議（下）」『宮崎大学教育学部紀要』（社会科学), 46 号, 1979 年 10 月, 21-33.

"The Stockholm Conference of 1917――The Causes of Its Failure――," *Japanese Slavic and East European Studies* (Kyoto), Vol. 1, September 1980, 39-54.

「片山潜の盟友リュトヘルスとインタナショナル (I)」『宮崎大学教育学部紀要』（社会科学), 49 号, 1981 年 3 月, 1-22.

「伝統的労働運動史と社会史的・数量的アプローチとの接合――ロバート・ウィーラー追悼――」『西日本史学会宮崎支部報　1950 年 - 1979 年』1981 年 5 月, 72-78.

「片山潜の盟友リュトヘルスとインタナショナル (II)」『宮崎大学教育学部紀要』（社会科学), 53 号, 1983 年 3 月, 27-56.

「片山潜の盟友リュトヘルスとインタナショナル (III) ――第 I・II 篇のための補論――」『宮崎大学教育学部紀要』（社会科学), 59 号, 1986 年 3 月, 1-26.

"'Internationalized Bolshevism': The Bolsheviks and the International, 1914-1917," *Acta Slavica Iaponica. A Journal of Soviet and East European Studies* (Sapporo), Vol. 7, March 1989, 17-32.

「片山潜の盟友リュトヘルスとインタナショナル (IV)」『宮崎大学教育学部紀要』（社会科学), 68 号, 1990 年 9 月, 15-42.

「ボリシェヴィキ文献とアメリカ――1917 年 3 月 - 1919 年春――」『西洋史学』159 号, 1991 年 1 月, 35-51.

「片山潜の盟友リュトヘルスとインタナショナル (V)」『宮崎大学教育学部紀要』（社会科学), 70・71 合併号, 1992 年 3 月, 35-66.

「ジョルジュ・オープトの生涯・研究・方法論――スターリニズム批判・インタナショナル・労働運動史――」『史林』75 巻 5 号, 1992 年 9 月, 130-150.

「片山潜の盟友リュトヘルスとインタナショナル (VI)」『宮崎大学教育学部紀要』（社会科学), 72 号, 1992 年 9 月, 1-23.

「片山潜の盟友リュトヘルスとインタナショナル (VII) ――第 VI 篇のための補論――」『宮崎大学教育学部紀要』（社会科学), 75 号, 1993 年 11 月, 1-18.

「片山潜の盟友リュトヘルスとインタナショナル (VIII)」『宮崎大学教育学部紀要』（社会科学), 79 号, 1995 年 7 月, 1-33.

「ボリシェヴィキ文献と初期社会主義――堺・高畠・山川」『初期社会主義研究』10 号, 1997 年 9 月, 101-115.

「在露英語を話す共産主義者グループと機関紙『コール』――片山潜の盟友リュトヘルスとインタナショナル (IX)――」『宮崎大学教育文化学部紀要』（社会科学), 2 号, 2000 年 3 月, 1-37.

「初期ソヴェト・ロシアにおける英語出版——片山潜の盟友リュトヘルスとインタナショナル（Ⅹ）——」『宮崎大学教育文化学部紀要』（社会科学），5-6 号，2002 年 3 月，1-19.

「片山潜，在米日本人社会主義団と初期コミンテルン」『大原社会問題研究所雑誌』544 号，2004 年 3 月，38-68.

「ラトヴィヤ・ソヴェト政権と「世界革命」（1918 年秋〜 1919 年春）——リュトヘルスとインタナショナル（続 1）——」『史淵』142 輯，2005 年 3 月，77-134.

「片山潜，在露日本人共産主義者と初期コミンテルン」『大原社会問題研究所雑誌』566 号，2006 年 1 月，29-53.

「初期コミンテルンとシベリア・極東」『史淵』144 輯，2007 年 3 月，35-76.

「初期コミンテルンとアムステルダム・ニューヨーク・メキシコシティ（上）」『史淵』145 輯，2008 年 3 月，1-55.

「初期コミンテルンとアムステルダム・ニューヨーク・メキシコシティ（下）」『史淵』146 輯，2009 年 3 月，91-151.

"The Early Comintern in Amsterdam, New York and Mexico City," *The Shien or the Journal of History* (Faculty of Humanities, Kyushu University), No. 147, March 2010, 99-139.

「在米ロシア人移民労働運動史研究ノート（1）」『史淵』148 輯，2011 年 3 月，37-65.

「在米ロシア人移民労働運動史研究ノート（2）」『史淵』149 輯，2012 年 3 月，31-78.

「在米ロシア人移民労働運動史研究ノート（3）」『史淵』150 輯，2013 年 3 月，129-172.

「カナダ共産党創設とコミンテルン・パンアメリカン・エイジェンシー」『史淵』152 輯，2015 年 3 月，51-106.

3） 研究成果報告書

（単著）『コミンテルン・アムステルダム・サブビューローの基礎的研究』平成 11 〜 12 年度科学研究費補助金（基盤研究（C）(2)）研究成果報告書，2001 年 3 月，全 x，235 頁.

（単著）『コミンテルン・パンアメリカン・エイジェンシーの基礎的研究』平成 16 〜 18 年度科学研究費補助金（基盤研究（C））研究成果報告書，2007 年 5 月，全 192 頁.

（編著）『在米ロシア人移民労働運動史研究——在米ロシア人コロニー統一の試みを中心に——』2009 〜 2011 年度科学研究費補助金（基盤研究（C））研究成果報告書，2012 年 5 月，全 95 頁.

（単編著）*Comprehensive Research on the Pan-American Agency of the Comintern*. An Interim Publication of Scientific Research Results promoted through the Grant-in-Aid for Scientific Research (C) of the Japan Society for the Promotion of Science in the Fiscal Years 2012-2014, March 2014, xviii, 178 p.

4） 教科書

（共著）森平雅彦・岩﨑義則・高山倫明編『東アジア世界の交流と変容』（九州大学文学部人文学入門 1），九州大学出版会，2011 年 3 月，全 vii，230 頁［99-116：「初期コミンテルンと東アジア——もう一つの日本共産党創立史——」］.

5) 翻訳
(共訳) 松田道雄編『ロシア革命』(ドキュメント現代史 1), 平凡社, 1972 年 10 月, 全 viii, 389 頁 [181-193: ローザ・ルクセンブルク「ロシア社会民主党の組織問題」/336-340: 同「ロシア革命論」].
(編訳)「『ボリシェヴィズム』という用語について――編訳とまえがき――」『宮崎大学教育学部紀要』(社会科学), 60 号, 1986 年 9 月, 1-19 [共訳者: 本秀一].

6) その他
① 史・資料紹介
"Unpublished Letters of Sen Katayama to Karl Kautsky, 1907-1915"『宮崎大学教育学部紀要』(社会科学), 58 号, 1985 年 9 月, 1-25.
"Sen Katayama and the Second International: In Search of New Documents, 1904-1916"『宮崎大学教育学部紀要』(社会科学), 65 号, 1989 年 3 月, 1-26.
"Sen Katayama, S.J. Rutgers and H. Sneevliet, 1916-1921: In Reprinting Nos. 1-6 of *The Heimin*"『宮崎大学教育学部紀要』(社会科学), 66 号, 1989 年 9 月, 27-57.
「アラン・ハット旧蔵 世界労働運動史コレクション」『大原社会問題研究所雑誌』460 号, 1997 年 3 月, 43-54.
"Allen Hutt's Collection in the Library of Miyazaki University in Japan," *International Review of Social History* (Cambridge), Vol. 42, Part 1, April 1997, 147-148.
(監修) *Catalogue of Allen Hutt's Working Library of Books, Periodicals, and Manuscripts on the British Labour Movement, Anglo-Soviet Relations, and the Theory of Marxism-Leninism.* Compiled and edited by the librarians of Miyazaki University under the direction of Akito Yamanouchi, Library of Miyazaki University, May 1998, iii, 91 p.
「アラン・ハット著作および草稿・切抜類目録――アラン・ハット旧蔵 世界労働運動史コレクションより――」『宮崎大学教育文化学部紀要』(社会科学), 1999 年 9 月, 1 号, 1-17.
「日本社会主義者とコミンテルン・アムステルダム・サブビューローとの通信, 1919-1920 年」『大原社会問題研究所雑誌』499 号, 2000 年 6 月, 48-63.
「在墨片山潜の書簡と草稿類, 1921 年」『大原社会問題研究所雑誌』506 号, 2001 年 1 月, 31-69.
「アラン・ハット著作(論文・記事・書評類)目録――アラン・ハット旧蔵 世界労働運動史コレクションより(2)――」『宮崎大学教育文化学部紀要』(社会科学), 5-6 号, 2002 年 3 月, 21-46.
② 書評
「戦争と平和, そして革命の時代のインタナショナル史研究――西川正雄著『第一次世界大戦と社会主義者たち』によせて――」『現代史研究』36 号, 1990 年 12 月, 63-76.
③ 学会報告
(編著)「アメリカ移民労働史研究の再検討――ヨーロッパとアメリカをつなぐ視点か

ら──」『西洋史学論集』49 号, 2011 年 12 月, 133-142 [共著者: 田中ひかる, 山本明代, 大津留厚, 野村達朗].

人名索引

ア 行

アイスナー（Kurt Eisner） 48, 55
青木雅浩 16
アクセリロート, トーヴィヤ（Товья Л. Аксельрод） 130
アクセリロート, パーヴェル（Павел Б. Аксельрод） 89
アクトン（John Acton） 84
アゴスティ（Aldo Agosti） 206
アジベーコフ（Грант М. Адибеков） 200, 232
アトウッド（Henry Atwood [Caleb Harrison]） 215
アブラムソン（М.М. Абрамсон） 225
アブラモヴィチ（Александр Е. Абрамович; A. Albrecht） 199
荒畑寒村 159
イェムニッツ（Jemnitz János） 30
イェルマンスキー（Осип А. Ерманский） 119
石垣栄太郎 216
石川禎浩 251
犬丸義一 229
猪俣津南雄（佐田俊雄） 216, 217, 219, 231, 234
ヴァイアン（Edouard Vaillant） 31
ヴァインシチェイン（Григорий И. Вайнштейн） 274
ヴァーツィアティス（Jukums Vācietis） 180
ヴァトリン（Александр Ю. Ватлин; A. Watlin） 16, 200
ヴァルスキ（Adolf Warski [Warszawski]） 108, 109
ウィバウト（Florentius M. Wibaut） 92, 99

ウィーラー（Robert F. Wheeler） 6, 9-11, 46-52, 54-65, 96, 126, 134, 238-244
ウィリアムズ（John D. Williams） 149
ウィルソン（Woodrow Wilson） 95, 100, 118
ヴィレンスキー – シビリャコフ（Владимир Д. Виленский-Сибиряков） 222-225, 227
ウェインコープ（David J. Wijnkoop） 142, 203
ヴェーユ（Claudie Weill） 68
ヴェルカー（J.M. Welcker） 97
ヴォイチンスキー（Григорий Н. Войтинский; Тарасов） 227
ウォーラーステイン（Immanuel Wallerstein） 43
ヴォロダルスキー（В. Володарский） 149
ヴォロフスキー（Вацлав В. Воровский; П. Орловский） 125, 128, 130, 134, 163, 164, 197
ウスチノフ（Алексей М. Устинов） 165
ウルフ（Bertram D. Wolfe） 153
エーベルト（Friedrich Ebert） 78
エンゲルス（Friedrich Engels） 29, 46
エンゲルマン（Dieter Engelmann） 62
オーア（Susanne E. Orr） 256
大杉栄 161, 162, 226-228, 231
岡繁樹 148
オシンスキー（Н. Осинский [Валериан В. Оболенский]） 196
小野容照 251
オープト（Georges Haupt） 6, 9-11, 19-43, 45, 46, 57, 81, 83-91, 96, 98, 100
オリンク（Hans Olink） 17

カ 行

カー（Edward H. Carr） 84

299

ガイアー（Dietrich Geyer） 89
ガイリス（Kārlis Gailis） 188
カウツキー（Karl Kautsky） 29, 38, 42, 48, 68, 75, 84, 87, 89, 90, 93-95, 104, 114, 145
片山潜（Yavki） 7, 8, 78, 84, 85, 139, 142, 143, 147-149, 159, 160, 201, 203, 209-213, 215-220, 229-234, 248, 249, 251, 252
カービィ（David Kirby） 16, 79, 84, 97-99, 105, 240-244
ガポン（Филипп И. Гапон） 235
カーメネフ（Лев Б. Каменев） 130, 173, 174
カーレソーン（Carl N. Carleson） 134, 245
川北稔 8
カン（Aleksander Kan） 16, 193, 197
ガンキン（Olga H. Gankin） 84, 121
木畑洋一 99
キャルヴァート（Herbert S. Calvert） 268-271, 273
ギュリング（Edvard Gylling） 197
金河球 228
金立 228
キンギセップ（Viktor Kingisepp） 200
クラウゼ（Hartfrid Krause） 55, 56, 61
グラス（Martin Graß） 84, 97, 98, 104, 105
クラスティン（Kārlis Krastiņš） 176
クラスノシチョーコフ（Александр М. Краснощеков） 222
クリショーフ，アンナ（Anna Kuliscioff） 32, 33
栗原浩英 16
グリム（Robert Grimm） 92, 106, 108, 109, 112, 122, 128, 129, 134, 196, 238, 243
グリムルンド（Otto Grimlund） 197
グールヴィチ（Николай И. Гурвич; N.I. Hourwich） 155, 260, 274
クレプス（Krebs; Felix Wolf） 199
黒川伊織 251, 252
クン（Kun Béla） 168, 170, 196
ゲイル（Linn A.E. Gale） 202

ゲオルギュ－デジ（Gheorghe Gheorghiu-Dej） 21
ケレンスキー（Александр Ф. Керенский） 22
黄介民 228
コーエン（Stephen F. Cohen） 69
小山弘健 251
コラール（Yves Collart） 103
ゴーリキー（Максим Горький） 75, 172
コロンタイ，アレクサンドラ（Александра М. Коллонтай） 8, 136, 147, 149, 160, 161, 163-166, 185
コワルスキー（Ronald I. Kowalski） 181
近藤栄蔵 77, 219, 228, 230, 231, 235

サ 行

堺利彦 78, 148, 162, 226, 228
サドゥール（Jacques Sadoul） 173, 196
サルヴァドーリ（Massimo Salvadori） 94
ジェームズ →ライヒ
ジーゲル（Robert Sigel） 84
シチェインベルク（Valentīne A. Šteinbergs） 188
シニャフスキー（Андрей Д. Синявский） 68
ジノヴィエフ（Григорий Е. Зиновьев） 59, 107, 108, 113, 134, 172, 175, 193, 195, 198, 200, 201, 208, 209, 215, 240, 245
島田顕 16
シャノン（David A. Shannon） 155
シュタインベルク（Hans-Josef Steinberg） 36, 84
シュテッカー（Walter Stoecker） 48, 252
シュレーダー（Joachim Schröder） 11
ジョレス（Jean Jaurès） 27, 28, 31, 87
スヴァーテク（Frantisek Svátek） 167, 201, 245
スヴェルドロフ（Яков М. Свердлов） 130, 164, 177, 178
杉山正三 161, 162, 218

人名索引

スコット →ヤンソン
鈴木茂三郎（佐々木三郎）　231
スターリン（Иосиф В. Сталин）　20-22, 29, 36, 165, 180, 182
スティーンソン（Gary P. Steenson）　94
ステフェンズ（Lincoln Steffens）　73
ストゥーチカ（Pēteris Stučka）　174, 181-183, 186-188, 247
ストレム（Fredrik Ström）　196-198, 274
スネーフリート（マーリン）（Hendricus J.F.M. Sneevliet; H. Maring）　8, 18, 143, 160, 202, 208, 228
スペンサー（Daniela Spenser）　16
スミルノフ（Иван Н. Смирнов）　221, 227
施存統　228
セン（Alfred E. Senn）　97, 105, 244
ゼンダー，トニー（Toni Sender）　48

タ 行

高尾平兵衛　228, 229, 231
高畠素之　78, 148
田口運蔵　216-219, 228, 230, 231, 233, 234
ダニエルズ（Robert V. Daniels）　69
ダニシェフスキ（Jūlijs K. Daniševskis）　175
タールハイマー，アウグスト（August Thalheimer）　199
タールハイマー，ベルタ（Berta Thalheimer）　108
チェルノフ（Виктор М. Чернов）　77
チチェーリン（Георгий В. Чичерин）　130, 188, 262, 273
チヘイゼ（Николай С. Чхеидзе）　77
チュドノフスキー（Григорий И. Чудновский）　149
張太雷　228
チョムキン（Яков Г. Темкин）　16
チルブム（Karl Kilbom）　129, 163, 164, 196, 245
陳独秀　227

ツィーツ，ルイーゼ（Luise Zietz）　110
ツヴェトコフ（Александр П. Цветков）　166
ツェトキン，クララ（Clara Zetkin）　48, 75, 89
デイヴィス（Jerome Davis）　261
ディスマン（Robert Dissmann）　48
ディマンステイン（Semyon M. Dimanstein）　176
ティール（Emil Thiel）　48
ドゥ・ブルケール（Louis de Brouckère）　28
トゥラティ（Filippo Turati）　106
ドゥンカー，ケーテ（Käte Duncker）　119, 241
ドブロジャーヌ-ゲーリァ（Constantin Dobrogeanu-Gherea）　32
トーマ（Albert Thomas）　115, 116
トーマス →ライヒ
富田武　252
トムスン（Edward P. Thompson）　35
ドメラ-ニーウェンハイス（Ferdinand Domela Nieuwenhuis）　99, 141
トラー（Ernst Toller）　48
ドラチコヴィチ（Milorad M. Drachkovitch）　205, 208
トランペ（Rolande Trempé）　35
トリアッティ（Palmiro Togliatti）　21
ドレイパー（Theodore Draper）　74, 145, 146, 150
トロツキー（Лев Д. Троцкий）　70-75, 77, 124, 125, 130, 135, 147, 149-151, 153, 160, 161, 174, 175, 220, 221, 240, 252, 270, 273

ナ 行

中山昭吉　4
ナタンソン（Марк А. Натансон; Бобров）　165
ニコラエフスキー（Boris Nicolaevsky）　199, 200
西川正雄　12, 13, 16, 41, 81-87, 89-94,

301

97-101
ニッパーダイ（Thomas Nipperdey）　52
ニトブルク（Эдуард Л. Нитобург）　255, 272
ヌオルテヴァ（Santeri Nuorteva）　150, 262
ネーヌ（Charles Naine）　106
ネルマン（Ture Nerman）　129, 134, 245
野中誠之　148
ノブス（Ernst Nobs）　120, 243
ノラウ（Günther Nollau）　17

ハ 行

バウアー（Otto Bauer）　29
パウケル，アンナ（Anna Pauker）　22
バエフスキー（Д. Баевский）　70
バーガー（Victor L. Berger）　156
朴鎮淳　228, 229, 235
パク，ボリス（Борис Д. Пак）　224
ハーゼ（Hugo Haase）　78, 94, 119, 243
バトゥリン（Николай Н. Батурин [Замятин]）　130, 136
パネクーク（Antonie Pannekoek）　75, 76, 79, 144, 145, 161, 203, 204
ハネツキ（Jakub Hanecki）　124, 134
バフメチェフ（Борис А. Бахметев）　258
ハマー，アーマンド（Armand J. Hammer）　271
ハマー，ジュリアス（Julius Hammer）　271
パーマー（Alexander M. Palmer）　274
バラバノフ（バラバノヴァ），アンジェリカ（Angelica Balabanoff; Анжелика И. Балабанова）　7, 93, 105, 106, 109, 120-137, 164, 165, 172, 173, 190, 195, 196, 238, 239, 243, 245
ハルス（James W. Hulse）　16, 184, 247
パンクハースト，シルヴィア（Sylvia Pankhurst）　234
ハンセン（Arvid G. Hansen）　197
ハンゼン（Fritz Hansen）　48

ピーターソン（Larry Peterson）　55, 56, 61
ピャタコフ（Георгий Л. Пятаков）　70
ビュール（Paul M. Buhle）　156, 157
ヒルキット（Morris Hillquit）　156
ファインベルク（Иосиф И. Файнберг; I. Fineberg）　172, 173, 185, 186
ファン・コル（Henri H. van Kol）　99
ファン・デァ・リンデン（Marcel van der Linden）　229
ファン・ラフェステイン（Willem van Ravesteyn）　142, 203
フィシャー（Harold H. Fisher）　84, 121
フェインソド（Merle Fainsod）　84, 94
フォーナー（Philip S. Foner）　72
フォン・ラウフ（Georg von Rauch）　174
フックス（Eduard Fuchs）　199, 200
ブディン（Louis B. Boudin）　145, 149-151
ブハーリン（Николай И. Бухарин）　8, 18, 70, 71, 76, 79, 130, 149, 160, 161, 198, 273
ブラウン，オットー（Otto Braun）　84
ブラウンタール（Julius Braunthal）　17
プラーガー（Eugen Prager）　55
プラッテン（Fritz Platten）　131, 240
ブランティング（Hjalmar Branting）　92
フリーヘン（Willem H. Vliegen）　99
フールマン（Gerrit Voerman）　16, 17, 205
フレイナ（Louis C. Fraina; Thompson; Carter）　8, 74, 77, 145, 146, 149, 151-155, 208-210, 213, 215, 232, 274
プレハーノフ（Георгий В. Плеханов）　90
ブレンスドルフ（Agnes Blänsdorf）　84, 97, 98, 105
ブロニスキ（Mieczysław Broński; Zürcher; M. Braun）　199
ブロンシチェイン（Моисей Н. Бронштейн）　225
ヘイウッド（William D. Haywood）　159, 268-270
ヘイフェッツ，ヴィクトル（Виктор Л. Хейфец）　16

302

人名索引

ヘイフェッツ, ラザリ（Лазарь С. Хейфец） 16
ヘイモ（Mauno Heimo; G. Fried） 197
ヘグルンド（Zeth Höglund） 75, 122, 124, 125, 129, 133, 134, 163-165, 196, 197, 245
ペケルハリング（Baltus H. Pekelharing） 141
ペーゲルマン（Hans G. Pöögelman） 176
ペストコフスキ（Stanisław S. Pestkowski） 176, 178, 180
ベダハト（Max Bedacht; James A. Marshall） 211, 214
ペトリック（Fritz Petrick） 64
ペトロフ, ピョートル（Петр М. Петров） 165, 185
ペトロフ, ピョートル（Петр С. Петров） 72
ベル（Daniel Bell） 155
ベールジン（Jānis Bērziņš-Ziemelis; Winter） 132-134, 136, 165, 189
ベールツェ（Augusts Bērce） 178, 179
ヘルツフェルト（Josef Herzfeld） 48
ペロ（Michèle Perrot） 35
ヘンダーソン（Arthur Henderson） 100, 115, 116
ボビニスキ（Stanisław F. Bobiński） 178, 179
ホブズボーム（Eric J. Hobsbawm） 23, 24, 30, 31, 35, 41, 158, 229
ボルケナウ（Franz Borkenau） 48
ホルツマン（Eduard Holzmann） 133
ホルテル（Herman Gorter） 75, 145, 203, 204, 250
ボロジン（Михаил М. Бородин ［M.M. Грузенберг］） 207, 268, 273
ホワイト（James D. White） 184, 231, 246
ボング（Bong） 189

マ 行

マクダーモット（Kevin McDermotto） 16
マーシィ, メアリ（Mary E. Marcy） 144, 159
マーシャル →ベダハト
マルクス（Karl Marx） 25, 29, 37, 46
マルテンス（Людвиг К. Мартенс） 8, 257, 262-271, 273, 274
マルトフ（Юлий О. Мартов） 68, 75
ミツキャヴィチュス-カプスカス（ミツケヴィチ）（Vincas S. Mickevičius-Kapsukas; В.С. Мицкевич-Капсукас） 176, 179, 180
ミヘリソン（С.В. Михельсон） 185
ミュンツェンベルク（Willi Münzenberg） 199
ミラー（Susanne Miller） 61-63
村田陽一 76
メイアー（Arno J. Mayer） 83, 95
メトロン（Jean Maitron） 22, 23, 41
メーリング（Franz Mehring） 75, 94
モーア（Carl V. Moor） 93
モーガン（David W. Morgan） 55, 56, 61-63
モディリャーニ（Giuseppe E. Modigliani） 107
モルガリ（Oddino Morgari） 106
モレイ（Joseph P. Morray） 271, 273

ヤ 行

山川均（KY） 76-78, 148, 160, 162, 217, 226
ヤンソン（Kārlis Jansons; Charles E. Scott; A. Bray） 7, 209, 211-214, 216, 232-233
ユイスマンス（Camille Huysmans） 31, 68, 69, 85
姚作賓 228
吉田只次 160, 162
吉原（源）太郎（乃木） 217-219, 227-231, 235
ヨッフェ（Адольф А. Иоффе） 131

303

ラ 行

ライヒ（Яков С. Рейх; Jacob Reich; Thomas; James Gordon） 136, 198-200, 207
ラコフスキ（Cristian Racovski; Кръстьо Раковски） 32, 99, 122, 123, 135, 173, 195, 240
ラシカス（Rapolas Rasikas） 176
ラジッチ（Branko Lazitch） 205, 208
ラッシュ（Christopher Lasch） 72
ラデク（Karl Radek） 119, 120, 123, 124, 130, 134, 163, 198, 199, 205, 243, 244
ラーデマハー（Horst Lademacher） 97, 105
ラビンバック（Anson G. Rabinbach） 41
ラブルース（Ernest Labrousse） 10, 30, 34
ラポポール（Charles Rappoport） 75
ランシング（Robert Lansing） 263
李漢栄 226
李春熟 226
李東輝 227, 228
リード（John Reed） 152-154
リトヴィノフ（Максим М. Литвинов） 69, 90
リッター（Gerhard A. Ritter） 84
劉紹周 235
リュトヘルス，セバルト（Sebald J. Rutgers; G.L. Trotter） 6-9, 14, 15, 17, 18, 75, 76, 130, 135, 136, 139-149, 151, 152, 158-162, 168, 171-173, 185-189, 191, 198, 200, 201, 203, 204, 210, 218, 247-249, 252, 267-274
リュトヘルス，バルタ（Lubbartha［Bartha］E. Rutgers-Mees） 142, 159, 186, 188
リュトヘルス，ヘールトライダ（Geertruida［Truus］C. Rutgers; G.C. Trincher-Rutgers） 17, 142
リュトヘルス，マリア（Maria W.H. Rutgers-Hoitsema） 141
リュトヘルス，ヨハネス（Johannes Rutgers） 141
ルカ（Vasile Luca） 22
ルクセンブルク，ローザ（Rosa Luxemburg; Róża Luksemburg） 3-5, 24, 29, 31, 36, 69, 75, 90, 92, 94, 99, 120, 179, 181
ルダシ（Rudas László） 196
ルチュキン（Александр Б. Ручкин） 255
ルドニャーンスキ（Rudnyánszky Endre） 168
レインシチェイン（Борис Рейнштейн; B. Reinstein） 172, 173, 185, 190
レーヴィ（Paul Levi） 199, 200
レシチンスキ（Julian Leszczyński; J. Leński） 176
レーデブーア（Georg Ledebour） 94, 119, 120, 239, 243, 252
レーニン（Владимир И. Ленин） 3-5, 18, 29, 31, 39, 40, 43, 58, 64, 67-79, 86, 89-91, 101, 108, 109, 111-114, 124, 128, 131, 134, 136, 147, 149, 153, 160, 161, 164, 167, 168, 175, 180, 182, 183, 204, 216, 221, 233, 240, 244, 249, 252, 253, 257, 265-271, 273
レンツマン（Jānis Lencmanis） 175
呂運亨 227
ロイ（Manabendra N. Roy; Roberto Allén） 4, 5, 17, 18, 202
ロジン（Fricis Roziņš） 8, 130, 135, 146, 186, 187
ロベール（Jean-Louis Robert） 28
ロヤーン（Jürgen Rojahn） 84, 86, 92-94, 97, 105
ロラント-ホルスト，ヘンリエッテ（Henriette G.A. Roland Holst-van der Schalk） 18, 75, 144, 203
ローレ（Ludwig Lore） 149-151

ワ 行

ワインスタイン（James Weinstein） 155-157
和田春樹 220
ワピンスキ（Stanisław Łapinski） 107

著者紹介

山内 昭人（やまのうち・あきと）

1950 年　長崎市生まれ。
1977 年　京都大学大学院文学研究科博士課程中途退学
　　　　（西洋史学〔現代史学〕専攻）。
　　　　京都大学博士（文学）。宮崎大学名誉教授。
現　在　九州大学大学院人文科学研究院教授。
主　著　『リュトヘルスとインタナショナル史研究――片山潜・ボリシェヴィキ・アメリカレフトウィング――』ミネルヴァ書房，1996 年。
　　　　『初期コミンテルンと在外日本人社会主義者――越境するネットワーク――』ミネルヴァ書房，2009 年。

九州大学人文学叢書 10
戦争と平和，そして革命の時代のインタナショナル
2016 年 2 月 15 日　初版発行

　著　者　山　内　昭　人
　発行者　五十川　直　行
　発行所　一般財団法人　九州大学出版会
　　　　　〒 814-0001　福岡市早良区百道浜 3-8-34
　　　　　九州大学産学官連携イノベーションプラザ 305
　　　　　電話　092-833-9150
　　　　　URL　http://kup.or.jp
　　　　　印刷／城島印刷㈱　製本／篠原製本㈱

Ⓒ Akito Yamanouchi 2016　　　　　　　ISBN 978-4-7985-0174-1

6 始めから考える——ハイデッガーとニーチェ——
菊地惠善（九州大学大学院人文科学研究院・教授）

7 日本の出版物流通システム——取次と書店の関係から読み解く——
秦　洋二（流通科学大学商学部・准教授）

8 御津の浜松一言抄——『浜松中納言物語』を最終巻から読み解く——
辛島正雄（九州大学大学院人文科学研究院・教授）

9 南宋の文人と出版文化——王十朋と陸游をめぐって——
甲斐雄一（日本学術振興会特別研究員PD）

10 戦争と平和、そして革命の時代のインタナショナル
山内昭人（九州大学大学院人文科学研究院・教授）

（著者の所属等は刊行時のもの、以下続刊）

九州大学大学院人文科学研究院

「九州大学人文学叢書」刊行にあたって

九州大学大学院人文科学研究院は、人文学の研究教育拠点としての役割を踏まえ、一層の研究促進と研究成果の社会還元を図るため、出版助成制度を設け、「九州大学人文学叢書」として研究成果の公刊に努めていく。

1 王昭君から文成公主へ――中国古代の国際結婚
　藤野月子（九州大学大学院人文科学研究院・専門研究員）

2 水の女――トポスへの船路――
　小黒康正（九州大学大学院人文科学研究院・教授）

3 小林方言とトルコ語のプロソディー――一型アクセント言語の共通点――
　佐藤久美子（長崎外国語大学外国語学部・講師）

4 背表紙キャサリン・アーンショー――イギリス小説における自己と外部――
　鵜飼信光（九州大学大学院人文科学研究院・准教授）

5 朝鮮中近世の公文書と国家――変革期の任命文書をめぐって――
　川西裕也（日本学術振興会特別研究員PD）《第四回三島海雲学術賞受賞》